恐懼

THE GIFT OF FEAR

是保護你的天賦

GAVIN DE BECKER

蓋文·德·貝克——著

梁永安、賴皇良————譯

暴力年代
完全
自救指南

SURVIVAL SIGNALS
THAT PROTECT US
FROM VIOLENCE

獻給

大力教導我勇氣與仁慈的兩位親姊妹，克斯堤與莫莉莎。

以及我的母親、爺爺還有父親。

各界讚揚

「如果有種武器被證明能在大多數犯罪發生前就防止其發生，你會跑去買嗎？世界知名的安全專家德·貝克說，這種武器是存在的，但你已經擁有它了。它是「名為恐懼的天賦」。」

——歐普拉·溫芙蕾（Oprah Winfrey），主持人

「對於關心自己和家人安全的人來說，這是本全面且極富同理心的入門書。這本書不僅增強了讀者的能力，還能吸引你的注意力，不翻到最後一頁絕不罷手。」

——梅莉·史翠普（Meryl Streep），演員

「一本指南書竟能讀來像部驚悚片……超前部署……堪稱「賦權」之書。」

——《波士頓環球報》（*Boston Globe*）

「德·貝克對恐懼以及對犯罪的恐懼知無不言，而且頗有說服力……他集同理心、慰藉和常識於一體，令讀者為之驚嘆。」

——《新聞周報》（*Newsweek*）

「作者的核心前提為透過個人直覺，培養自身免於暴力行為的能力，如此恐懼將成為一份禮物。本書敲響了一個時代的焦慮。」

——《紐約時報》（*New York Times*）

「學習預測暴力，是預防暴力的基石。德．貝克是暴力心理學的大師，他的建議能拯救你的生命。」

——Amazon.com

「這份名為恐懼的禮物，也給了我們名為求生的禮讚。快讀吧。」

——林登．葛斯（Linden Gross），《擁有還是受傷》（*To Have or to Harm*）的作者

「絕佳且引人入勝，帶我們專注在人類回應實際或意識到危險時的複雜性。德．貝克重新定義了暴力的特徵，更挑戰了回應危險時的準則。本書適合曾因危險威脅而擔驚受怕的你。」

——安．伍伯特．柏格斯（Ann Wolpert Burgess），賓夕法尼亞大學護理學教授

「這本書能救你的命……每個想克服恐懼的人都該好好細讀。」

——史考特．葛登（Scott Gordon），前洛杉磯郡國內暴力委員會主席

「蓋文・德・貝克的著作是第一本解釋直覺如何絕佳地幫助我們抵禦暴力的書籍。」

——丹尼爾・彼得羅切利（Daniel M. Petrocelli，O・J・辛普森案原告弗雷德・高曼的律師）

「一部傑作……極具吸引力、啟發性的一本書，它剖析了暴力現象、闡明了它的神祕面紗，並向我們展示如何戰勝它。」

——艾瑞克・厚瑟（Erika Holzer），《以眼還眼》（*Eye for an Eye*）作者

「每個女人與她們所愛之人都該閱讀本書，它以引人入勝的方式提供了拯救生命的潛在資訊。這是我讀過教我們如何處理暴力的書籍裡，最值得向大家推薦的一本。」

——泰瑞莎・索爾達娜（Theresa Saldana），演員及電影受害者的發起人

「蓋文・德・貝克優異的洞察力，以及百科全書般地知悉犯罪者心理，這大大地幫助眾多案件成功起訴，當中也包含我處理的案件，現在作者即將跟讀者分享這些知識。」

——瑪西亞・克拉克（Marcia Clark），美國檢察官

臺灣版前言

人們不時總因各種原因擔心自己的人身安全。問題在於：該擔憂的時間點究竟是何時？談到如何預測暴力發生的時間點，我認為你已認識早該知道的注意事項。你擁有身為人類這物種的智慧，你也早已掌握絕大部分的專業關鍵。

暴力鑲嵌在各文化中，因其本身就是人類的一部分。不可否認，在世界的各個角落，暴力以各種不同面貌出現。本書透過觀察美國社會的人為暴力，來拼湊並探索如何確保人身安全。雖然人類的行為皆有其共通性，然而某些方面會因文化不同而有其獨特的一面。例如，美國的槍枝數量比成年人口還多，槍火甚至成為當地青少年的主要死因。儘管這不是臺灣的案例，但我們依然能從美國經驗中獲益不少。

各位所面臨的眾多危機都有其相似之處。本書的各篇章將呈現這些危機的型態樣貌（當中也許與你想像中的正好相反），藉此提供方法確切辨認暴力行為，或起碼能夠依照自身的能力來預測。一旦暴力訊號出現時，你將能確信它的出現，而不會視若無睹。我誠摯希望你能更加熟知判別危機，也更加無須時時提心吊膽。

蓋文・德・貝克

洛杉磯，加利福尼亞

附註：

網際網路（Internet）：美國較其他國家更早廣泛利用網際網路來溝通交流。我們已經知道有些狩獵者（predator）會使用網路搭上潛在受害者。然而我們不該僅將焦點放在網路上；相較於網路，狩獵者更常透過電話、手機及文字訊息等管道來加害。無論是何種交流管道，重點都該放在交流的內容為何，為的是永遠不要**造成肉體可見的傷害**。本書探討這些別有所圖的狩獵者所採用的交流方式：無論是網路、電子郵件、文字訊息、電話或面對面對談，他們所採用的伎倆全都相同。

二〇二一版前言

二〇〇九年，著名脫口秀主持人歐普拉・溫芙蕾親切地製作了長達一小時的節目，以茲紀念本書發行十周年，出版社也因此緊急大量加印鋪貨。總的來說，自本書發行二十四個年頭以來，已有二十五個版本問世，當中包含原始精裝版、好幾種平裝版、有聲書兩版、亞馬遜電子書 Kindle 版，還被譯成十八國語言發行。

每當有新版發行，我總考慮著是否要加入當時的世界時事或者最新發展。九一一恐怖攻擊後，我想著是否要加入更多恐怖主義相關題材。隨著網際網路社交漸漸成為時下生活核心，我也問自己是否需要加入這類的內容？現下，書中是否該增加新的篇幅，探討像是新冠肺炎封城伴隨而來的衝擊，政治文化分歧，或是佩戴口罩帶來的辨識困難，失業引起的危機，還有二〇二〇年發生的一萬兩千場示威活動等等？

就算每次有新的議題抓住眾人的目光，我仍舊認為人為暴力的基礎，以及與之相關的人身安全基礎，都不會改變。書中有相當的篇章會討論跟蹤與騷擾。另外，網際網路在生活中扮演的角色日益增加，比起本書一開始發行時，現今的罪犯已發展出更廣泛的入侵手法。再者，網路為那些想鬧事的狂熱分子提供了更佳的匿名性，他們的下手目標也更缺少隱私。然而，科技增加了罪犯搜尋侵擾或傷害對象的管道，但在此同時，科技也使得罪犯更難將自己藏匿起來。相關科技也讓暴力的電玩遊戲變得更廣泛散布，更令人身歷其境。

社群網絡已改變了人們進入他人生活的方式。儘管它在一段關係剛開始時，能為女人提供一層線上隔絕，但這些服務仍將會員照片和個人資訊提供給更多可能不夠警覺的大眾。許多人透過網路將感情投入虛擬關係，然而在虛擬關係中，人們並不真的那麼瞭解彼此。這份親密錯覺可能會在惱人的方式下惡化，甚至演變成謀殺線上情敵。

儘管有這些改變與進化，但人類行為的基本原則依然維持不變。狩獵者與目標者之間無論透過何種管道交流，真正的安全挑戰都不會發生在線上或電話中，只有在面對面的時候才發生；真正改變的是，狩獵者已經有了更多方法說服目標者親自與會。本書描述了這些狩獵者說服目標的手法，像是透過網際網路、電子郵件、簡訊、社群網絡、電話、郵件或面對面等等，不過無論何種管道，這些手法都不會改變。

媒介改變，人性依然如故。數百萬年來，暴力與狩獵早已是人類生活的一部分；相較之下，本書出版後僅僅二十五年間的變化，根本微不足道。縱觀人類歷史，最佳的自保策略依然相同：**對那些你覺得會傷害自己的人，避而遠之**。

近年來我已寫了一個新的篇章，講述發展中的性別角色與認同，然而以下這件事仍然未曾改變，那就是：在我們的文化中，當男人說「不」時，就表示該話題結束，而女人說「不」時，卻是討價還價的開始。

在著作本書的同時，政府為應對新冠肺炎而引起的社經劇變，已使得這世界大受影響。儘管當下並未改變人類行為的架構，然而大眾失業、供應鏈中斷確實影響了人類所做的決定。尤其，有更多人轉向犯罪以滿足基本需求，儘管這群人過往未曾想過這麼做。雖然犯罪與暴力並非同一件事，但社會秩序的普遍紊亂，更助長了恐懼、絕望，最終導致更多的暴力憾事發生。

自二〇一五年起，我們一直在拍攝關於本書概念的深造班系列。除了訪問許多暴力及安全專家之外，我們還與隨機選取的十八位女士做了為期一周的電視討論。製播期間，我們得知每位參與者都曾經遭受慘痛的暴行。我想這十八位美國女士的遭遇都是真的。有一位原本也打算參與錄製的第十九位雅普．傑斯女士，在最後一刻取消了出席。數周後，她在兩個兒子面前遭丈夫射殺身亡。這提醒了世人，我們每一個人都應免於伴侶暴力。

研究任何主題到一個程度時，你總會停止發掘新的困難，並開始識別那些不斷反覆規律出現的因素。舉例來說，在伴侶謀殺案研究中，總不乏相關資料：在美國，每隔幾個鐘頭就有女性遭丈夫或男友謀殺。從數千個案例中，你會看出相同的發展變化一再出現，這有可能幫助發展出一些理論，這些都將在本書中討論。有趣的是，一些透過研究人類暴力行為而得知的關鍵智慧，動物們早就知道了。

自然界發展出了非凡的防禦系統，像是保護烏龜的龜殼及防禦工事精良的蜂巢，蜜蜂會上下一心地偕同抵禦入侵者，並無條件地保護女王蜂。就像自然界中的每種動物，你也擁有了不起的防禦系統。你是最新款的人類，是歷代研發的結果，讓最厲害的電腦看起來卻像個算盤那樣構造簡單。自然界在你身上的投資太大了，所以不會讓你毫無防備；雖然人類沒有得到最鋒利的爪，最強壯的下巴，卻得到了最大的腦袋。你腦細胞的數量遠比你最愛的海灘上的沙還要多，而且你有聰明才智、靈巧的雙手和無限的創意，在陷入危機時，這一切將會結合成強大的力量，助你度過難關——只要你聽從你的直覺。

然而，無論防禦系統多麼精密或長期進化，狩獵者總能抓到疏於防備的獵物；相對地，無論狩獵者有多精妙，捕獵時也還是經常失敗。在這些危險的你來我往中，你能做些什麼，讓自己站在有利的一方？第一步就是成為最了解狀況的參與者。

若將狩獵者與獵物之間的關係視為一場競逐，某些人的行為，就像是大自然動物的掠食行為：例如嚇唬對方、突然移動、猛然暴衝、愚蠢抵抗、積極求生。如果被捕獲的動物能說話，牠大概會告訴我們：事發太快太突然，根本來不及反應。

但如果是人類，通常會有時間，大把的時間跟大把的徵兆可供反應。藉由準確描述出危險徵兆的樣貌，我希望接下來的篇章能將你與你與生俱來、那優秀的防禦系統做個連結。

蓋文・德・貝克　二〇二一年二月

推薦序

中正大學犯罪防治學系暨研究所教授、諮商心理師、社工師
林明傑

蓋文・德・貝克（Gavin de Becker）的《恐懼，是保護你的天賦》（*The Gift of Fear*），雖然是寫於一九九〇年代，但是書中所描述的各種暴力型態與犯罪手法，在二十一世紀的現代依舊如此鮮明，可見人性的幽暗面亙古不變，暴力防治工作是一條長路。書中所談的親密暴力、家庭暴力、性侵害、青少年暴力、兒童虐待、跟蹤、騷擾、暗殺名人政要等各類暴力於今依然經常發生在每天的日常中，書中娓娓道來的實例與防治方法，依然非常受用。對於社會大眾及專業人員，都是非常有用的知識與策略，可說是一部暴力防治的經典之作。

個人對暴力的研究愈多，愈能知道防範之道，尤其是愈了解加害人的心理，也就愈能知道如何幫助他們與幫助社會。在我輔導家暴者與性侵犯的二十多年經驗裡，總會詢問他們一個問題：「自出生至今，最令自己感到不舒服的事情是什麼？」他們的回答多半是幼年受到不當對待的身心傷害經驗，尤其是來自於父母與家庭的傷害，也有來自於學校老師及同學的霸凌。可知童年受過傷害的人缺乏自信，進而對人沒有安全感，也缺乏建立穩定親密關係的能力。在錯誤的學習下，遂連結了以暴力解決問題，並形成穩定的偏差想法。近十年我取得了自然醫學碩士與營養學學士，專研營養與病態行為之關係，才恍然大悟，原來營養會影響三分之一到一半的行為。因此整理出**行為四關鍵，就是「行為是悶來的、學來的、想來的、神經**

營養不足或生理異常來的」，各約占四分之一原因。供學生與諮商後輩記誦，並勉勵別忘記或放棄任何一個。細節可看個人的《矯正社會工作與諮商》一書。

以我自身對偏差者的輔導經驗，會使用「**確定方向、找出優點、找出作法、營養身心**」十六字訣。首先我會詢問他們「未來想去監獄還是回社區」，接著讓他們整理自己的優缺點及如何改進，來增進自信。我會邀請大家說說自己的優點，但他們常常都說自己沒有優點。這時我會告知一定有，優點就是對自己有信心的某些特質或能力，可從長輩親友的稱讚或老闆是否給工錢找起，之後再請他們努力回想，多半能夠說出一、二項。再來，我會請他們討論怎樣找出合法的方式來滿足財富、性慾、洩憤，不傷害自己也不傷害別人，避免再犯入獄。接著，我會詢問他們至今最不舒服的事有幾成不舒服，再以「情緒釋放療法」敲打經絡釋放情緒。最後鼓勵他們補充維生素B群來保護肝臟與神經，吃鈣鎂片來改善衝動與睡眠，每天可吃兩拳頭分量的水果或每週吃兩、三次小海魚（秋刀魚或鯖魚），減少細胞或神經發炎。

談到面對暴力的經驗，我內人、專攻被害人輔導的陳慧女教授自述高中放學時，曾遭一位迎面走來約莫四十幾歲的男子摸臀。她說當時直覺即認為該人很奇怪，為何跟她走同一邊？原想換走另一邊，但還是按原路線靠右走，沒想到該男子經過她身旁時，竟摸了她的臀部。她沒有傾聽自己的直覺走左邊，而往危險的情境直直走，結果遭遇了性騷擾。本以為光天化日下，應該不會發生可怕的事。但也因為這個經驗，她學習到要相信直覺，同時更學習到，當時沒有換邊走並不是她的錯，錯誤的是那雙骯髒的手。將問題外化給加害人，是被害人學習自我療癒的開始。**上述經驗告訴我們，除了預防之外，也要學習遭遇傷害後，如何幫助自己與別人，讓自己更有力量**。正如本書作者在開頭時分享凱莉的故事，內人仔細探索遇襲的經驗，積極學習防範，療癒自我，最後成為了暴力防治的講師，去幫助更多人。建議有親友有情緒困擾或偏差行為的讀者，可去影音平台搜尋「簡易身心輔導法」，裡面介紹簡易而迅速的改善法。

改善社會人心是一段漫長的路途。長年從事輔導工作的我，也從輔導暴力者與觀看人類戰爭史中，積極思索要如何減少人類的衝突與暴行。近年來，筆者以大愛、小愛及自私來檢視道德。大愛是愛人不分親疏、小愛是愛人先親後疏、自私則是只愛自己不管親疏。用這樣的觀念來檢視中國傳統思想，孔子曾在《禮記．禮運大同篇》與《小康篇》講到大同之世時天下為公，類似民主制而可選賢與能，但孔子亦稱當時封建制度天下為家，只能一姓傳國，稱只能倡導恢復周禮，各親其親。從此可知，孔子的理想是大愛，但封建制度下只能推行小愛。難怪到了孟子就變成「親親而仁民、仁民而愛物」，意思是先愛親人再來愛不認識的人，再來愛萬物。這只能算小愛思想，已然偏離孔子理想中的大愛思想。

孔子後百年的墨子發現孔教偏頗，遂主張兼愛思想以導正孔教。墨子說「亂自何起，起不相愛……唯有『兼相愛、交相利』以代之」，兼愛是指無差等的愛，這當然算大愛。他警示人類只有互愛互利才有未來，不可繼續只偏愛親友而少愛陌生人，因為每人若都如此，就必然為食物資源而征戰搶奪。但這卻是孔子的仁愛所教導。原來，若現代人再無思辨而全盤接受孔子仁愛，世界仍將大亂。原來，社會會亂是我們沒去思辨的仁愛想法造成。這該怎麼辦呢？其實，只要「改變心態到大愛，學好善意溝通六問句」（可找到此影音），徹底代替偏愛親友的小愛與只顧自己的自私，人類就能團結一體，而開始互利與共享資源；時日一久，自然也不用再擔心暴力的來襲。

關鍵就在身為讀者的每一個你身上。只要關心此議題且改變自己，而後推展給親友，這世界自然將啟動改善。

目次

男性，不分年紀、地域，都要比女性來得暴力。職是之故，本書在提到暴力犯的時候，用的一律是男性化的代名詞：**他**。女性可以很驕傲地告訴世人，在暴力這件事情上，她們不打算和男性一爭長短。由此可見，政治上正確的事情，不一定在統計學上也正確。

本書中的故事皆為真人真事，當中百分之九十為當事人真實姓名，其餘百分之十為保護隱私及人身安全則經過易名處理。

蓋文・德・貝克

（本書初版的出版年分為一九九七年，特此說明。）

第1章——危機四伏

最重要的是，斷然拒絕成為受害者。

——瑪格麗特・愛特伍（Margaret Atwood），作家

我們並不知道，或許他已經在暗處盯著她有一陣子了；我們唯一確知的是：她不是他第一個加害的人。那天下午，當凱莉一心想把所有採購回來的東西一次從車上搬回家的時候，她顯然是高估了自己兩隻手能捧多少東西。不過，凱莉不想多走一趟還有一個理由：天立刻就要暗下來了，而她一向盡量避免人黑後在外頭走動。當她踩上公寓的台階時，她看到公寓的公共鐵門又沒有關好（已經不知道是第幾次了）。這公寓的住戶老幹這種事，她在心裡嘀咕。雖然鄰居鬆懈的戒心常常讓凱莉感到困擾，但這一次她倒是很高興鐵門沒關好，因為如此一來，她就可以省掉了掏鑰匙的麻煩。

凱莉用身體把鐵門頂上。她記得，當時她清清楚楚聽到門鎖發出「卡」的一聲，這表示她已把門關好。這樣說來，在她進入公寓以前，他早就潛伏在公寓的走道間了。

凱莉得爬四層樓梯才到得了自己的住處。就在她走到二、三樓的拐彎處時，一個袋子從她的懷抱中掉落到地上。袋子破開，裡面的貓罐頭散了出來，沿樓梯往下滾去。滾在最前頭的一罐在二樓的地方慢了一慢，然後，好像有長眼睛似的，轉了個彎，又繼續從二樓的樓梯往下滾，消失在凱莉的視線之外。

「抓到了！我幫妳拿上來。」一個聲音從樓梯下方傳了上來。凱莉並不喜歡這個聲音。這聲音有什麼地方讓她覺得不對勁。但一個面容和善的年輕人隨之出現在她的面前。這年輕人三步作兩步的拾級而上，邊走邊撿拾掉落在樓梯間的罐頭。

他說：「讓我來幫妳拿些東西吧！」

「不，謝謝，我自己應付得來。」

「妳可沒有半點自己應付得來的樣子。妳到哪一樓？」

她猶豫了一下子，然後答道：「四樓。我自己拿沒問題，真的。」

他沒打算聽她的話。他用一隻手把剛才撿到的罐頭抱在胸前，說道：「我也是要到四樓。我已經遲到了——不過可不是故意的，而是因為手錶壞了——所以，我們不要繼續待在這裡了。那一包給我拿吧。」說完，就伸出一隻手，搭在凱莉臂彎中看起來比較重的一個袋子上頭。「真的不用，謝謝。我自己可以。」

但他仍然抓住袋子上頭不放。「妳有沒有聽過一種叫拒人千里的人？」

凱莉的手堅持了一下子就鬆開了，讓年輕人把袋子拿了過去。這個小動作看似無足輕重，但卻是一個訊息：表示她願意信任他。當凱莉把袋子的操控權交到對方手上的時候，她實際上也把自己的操控權交到了對方的手上。

「我們動作最好快點，」年輕人走在她前頭，邊走邊說：「有一隻餓壞了的貓在上面等著我們呢。」

雖然這個年輕人看來除了想幫忙以外別無他意，不過凱莉仍然覺得怪怪的，但又說不出個所以然來。他既友善而又彬彬有禮，凱莉很為自己的多疑感到內疚。她不希望自己成為一個不信任任何人的人，於是他們一起走回她家門口。

「妳知不知道貓三星期不吃東西照樣可以活？」他問道：「妳猜我怎麼會知道這件趣事的：有一次，我答應幫一個出遠門的朋友餵貓，結果卻把整件事情忘得一乾二淨！」

現在，凱莉已經走到了住處的門外，打開了門。

「東西在這裡給我就可以了。」她希望他會把袋子遞給她，接受過她的道謝以後就轉身離開。不過事與願違。他說：「啊哈，我可不想只差幾步路就讓妳把另一袋貓食打翻。」就在她猶豫是否讓他進屋的時候，他笑著說道：「嗯，妳擔心什麼的話，學老片子裡那些太太那樣把門開著不就得了。我把東西放下就走，我承諾。」

她讓他進了屋，但他卻沒有信守承諾。

勇氣來自恐懼

在向我陳述她被強暴和凌虐那三小時的經過時，凱莉不時會停下來，靜靜掉淚。她現在已經知道，那歹徒曾經用刀子捅死過另一個受害人。

稍早，我先帶凱莉到我辦公室外頭的小花園促膝而坐了好一會兒。進到我的辦公室以後，她的雙手始終握著我的雙手不放。凱莉今年二十七歲，原從事心理疾患兒童的輔導工作，不過，在遭到強暴以後，她已經有好一段時間沒有回到工作崗位了。那個面容和善的年輕人為她帶來了三個小時的身體折磨和最少三個月的心理創傷。她被他撕開的自信心有待重建，她被他刺破的自尊有待復原。

凱莉正在學習傾聽那個曾拯救她生命的微小求生訊號，當初好像就是未能聽從其他類似訊號，才在第一步就陷自己於險境之中。

凱莉用她那雙淚汪汪但卻清澈的眼睛直視著我，說她想了解那歹徒所使用的每一個策略。她想要我告訴她，是什麼樣的直覺救了她一命。其實，這還得由她來告訴我。

「他強暴我後就一直拿槍指著我的頭。他下了床，穿上衣服，然後關上窗子。他看了看錶，一副有事情趕著要去做的樣子。『我得去一個地方。妳不必怕成那個樣子嘛，我承諾不會傷害妳的。』」凱莉肯定他是在撒謊。她知道他打算要殺她。凱莉感到了一種事發迄今都沒有過的大恐懼。

他用槍朝凱莉晃了晃，說道：「妳給我乖乖待在這裡，不要動。我要到廚房找些喝的，之後，我就會離開。我承諾。妳留在這裡，不要動。」他沒有任何理由擔心凱莉會違抗他的指示，因為自始至終——打從凱莉讓他幫她提袋子開始——她都完全在他的掌控之下。「你知道我動都不會動一下。」她作出了承諾。

但就在他踏出房間的一剎那，凱莉也立刻披上床單，跟了上去。「我像個影子一樣跟在他後面，但他並沒有察覺。我們一起走過走廊。他停了一下，我也立刻停下來。他把目光定在當時正播著音樂的音響上。他把音響的聲量調大，然後就又繼續向前走。在他轉往廚房的時候，我就朝客廳的方向走去。」

凱莉穿過客廳，打開大門，走了出去。走出大門的時候，她聽得見他在廚房裡拉抽屜的聲音。她讓大門半開著。她走到對面的一戶人家，直接推門進去（她以前就知道這戶人家常常不鎖門）。她用一根手指放在嘴唇上，示意她那些驚疑不定的鄰居不要講話，然後輕輕把門鎖上。

「我知道，要是我留在臥室裡，他就會回過頭來殺我。我很肯定——雖然我不知道自己為什麼如此肯定。」

「妳知道為什麼的。」

她嘆了一口氣，然後續續花心思去理清腦子裡的頭緒。「他起床、穿衣、關窗戶、看錶。他答應不傷害我，但這個話來得沒頭沒腦。他說他要到廚房找飲料，但我卻聽到他拉抽屜的聲音。他在找一把刀子，這一點毫無疑問。但不用等到他拉抽屜，我就已經曉得他到廚房要幹嘛。」她停了一下。「我猜，他之所以想找把刀子，是因為他嫌用槍聲音太大。」

「你憑什麼覺得他在乎殺妳的時候會不會弄出聲音來。」

「我不知道。」她頓了好一下子，目光穿過我身後，望向事發的當時。「啊……我知道。我懂了，我懂了，是因為他關窗戶的舉動。我就是從這一點知道他想殺我。」

假如他真的準備離開，他沒理由要關窗戶。這個細微的訊號提醒了凱莉。不過，驅使凱莉立刻從床上下來、跟在施暴者身後的勇氣，卻是來自恐懼。據凱莉的描述，她所感受到的那種恐懼，完全排除了她身上的其他感覺。它像一隻潛伏在她體內的野獸，並利用她腿部的肌肉讓自己站了起來。「這感覺反而讓我彷彿像個事不關己走過大廳的路人。」

凱莉所感受到的恐懼，是一種真真正正的恐懼，這種恐懼，既不同於突然被人嚇一跳，或是我們在看恐怖電影時感覺到的那種，也不同於我們被迫在人群前面發言時所感受到的那種。這種恐懼，是一個人身處危險時最有力的盟友，它會對你說：「照我說的話做。」有時它會教你裝死，有時它會教你暫時止住呼吸，有時它會教你全力奔跑、尖叫或反擊，不過，這一次它教凱莉的卻是：「只要妳保持安靜，信任我，我一定會帶妳脫險。」

凱莉告訴我，當她得知是自己的直覺救了自己一命以後，她就重新恢復了自信。她也說，她受夠了自己一而再再而三地自責讓那人進到她屋子裡。她更對我說，從跟我的會面中學會了很多事情，她相信自己再也不會犯同樣的錯誤。

「也許這件事對我不無益處。」凱莉若有所思地說：「奇怪的是，有了這一次經驗和你教我認識到的事情以後，我反而不像以前那樣怕單獨一個人在街上逛——不過，我想別人應該不必得像我一樣經歷這種遭遇才學會這些。」

其實我早就有凱莉同樣的想法。我知道，救凱莉一命的事情同樣可以救你一命。拯救凱莉的是她的勇氣，是她願意傾聽自己的直覺，是她決定去讓這些感受有意義，是她戰勝恐懼的情緒。我覺得，這一類的知識不應該僅限受害者享有，也應該與那些未成為受害者、也永遠不想成為受害者的人分享。

由於我對暴力問題有深入研究，而且對某些暴力事件的發生有洞悉於未然的能力，像是熟知殺人犯、跟蹤狂、潛在暗殺者、遭拒的男友、分居的丈夫、憤怒的前員工、大規模殺人犯等類型罪犯的行為。所以人們稱我為專家。儘管我已知道了很多，不過我寫這本書的一個基本前提是，每個人其實都是一個有能力預見暴力行為的專家。就像其他任何一種生物一樣，你有能力在危險逼近時察覺出來。每個人都有一個內在的守護神，他會在危難來到以前預先警告你，並在你身陷險境時領你安然度過。

這些年來從訪談過的暴力受害人那裡，我學到了好些事情。當我問他們：「事情發生的時候有預兆嗎？」他們通常的回答都是：「沒有，就像是從天而降似的。」不過，歇了一歇以後，他們就會說出像以下一類的話來：「我剛碰到那傢伙的時候就覺得不舒服……」，「噢，我想起來啦，當他走近我的時候，我就有點懷疑……」，「我現在記起我那天稍早就見過那車子一次」。

可見，他們在危險逼近時，就已經察覺到危險的存在。我們每個人都可以辨識出暴力的徵兆，因為那是一套具有共通性的符碼。在接下來的章節裡，我會教你們怎樣去解讀這些符碼，不過，它們大部分其實本來就是你們早已認識的。

每年被謀殺一百萬年的壽命

暴力是我們文化底層的一道暗流。對某些美國人來說，暴力就像冬天裡的一陣微風，雖然令人不快，但仍然可以勉強忍受；但對另一些美國人來說，暴力卻像一場颶風，把他們的生活摧毀殆盡。但不管是誰，只要他住在美國，就沒有不被暴力觸及的。暴力是美國的一部分，不只那樣，它還是我們人類這物種的一部分。暴力不只包圍在我們四周，也存在於我們的血液裡面。作為有史以來最強大的物種，我們現在已經爬到了世界食物鏈的頂峰。由於再也沒有其他敵人或掠食者足以對我們構成威脅，我們於是就把刀口轉而向內。

如果有人懷疑這一點的話，我請他看看以下的統計數字。過去兩年來，全美被槍殺的人數加起來比在越戰中戰死的美軍還要多。相反的，日本（總人口一億兩千萬）每年被槍殺的年輕男性，人數只及紐約市的一個周末。美國持械行搶的發生比率是日本的一百倍。這部分當然是由於美國是一個槍械比成年人還要多的國家：在美國，每天投入買賣的槍枝高達兩萬枝。任何對上述統計數字沒有認真看待的美國人，都很難說得上對自身的安危有充分的認知。從現在起到明天的這個時候，遭槍擊的美國人會再增加四百個，碰上持槍歹徒的人會再增加一千一百個。在一小時內，會有七十五個女性像凱莉一樣遭到強暴。

不要以為特權和聲望可以保障一個人的人身安全：相較於一百八十五年前，近三十五年來遭受攻擊的美國公眾人物變得更多了。平民百姓的生命就更加沒有保障了：在導致女性死於工作場所的各種原因中，謀殺高居首位。二十年前，持槍在工作場所濫射這種事，在美國簡直就是天方夜譚；但現在，這一類的新聞卻幾乎每個星期都上演。這使得管控員工的恐懼，變成董事會上常見的討論主題。

我們文明的美國人整天忙著翻閱其他國家的人權紀錄，但卻忘記了，我們文明的美國自身謀殺案的數量，是其他西方國家的十倍；至於我們的婦女及小孩死於謀殺的比率，更是高得驚人。就算每個月有一部巨無霸客機墜毀，而機上的乘客又無一倖免，每年墜機加起來的罹難人數，也不及全美國被丈夫或男友殺害的婦女人數。

我們惴惴不安地在電視機前面看著一具具從奧克拉荷馬州大爆炸現場抬出來的屍體，而當我們得知一共有十九個兒童死於爆炸的時候，更是不勝惶恐。不過你可能不知道，就在同一個星期，一共有七十個小孩——這個數字沒有比其他的星期高——死於他們父母之手，而大部分都未滿五歲。去年，美國遭父母虐待的兒童一共有四百萬個——這個數字也沒有比往年高。

這類統計數據往往能讓我們遠離悲劇，因為人們對於統計數據的驚愕，終究遠大於現實生活。然而，若我們將場景拉至生活周遭來看的話，你所認識的女性當中，有人其實長期受虐，而你或許也察覺過一些警訊。她或她的丈夫跟你一同工作，住在你家附近，在運動場上有驚人表現，在藥局跟你收處方籤，或在稅務上給過你一點建議。但是，你也可能不知道，在因傷被送進急診室的婦女當中，被丈夫或男友毆打致傷的人數，要大於因交通意外、搶劫或強暴致傷的人數。

我們的司法系統常常有欠正義，而且更常毫無道理。例如，美國排著隊待處決的人犯大約有三千個，這是有史以來最高的數字。然而，這些死囚最常見的死因卻是「自然死亡」。那是因為，實際執行死刑的人數，不及全部待決死囚的百分之二。當然，讓這些人繼續留在牢裡等死，還是總比放他們出來當我們左鄰右舍來得好些。

我談及死刑並不是為了鼓吹死刑。我這樣做，只是為了提出一個跟本書主題息息相關的問題：我們對待暴力問題的態度足夠認真嗎？答案顯然是否定的。因為，如果我們對待暴力問題的態度足夠認真，又怎麼會受得了以下這個事實：每年被謀殺剝奪掉的壽命（以美國人的平均壽命計算），累加起來足足有一百萬年之久。

我不厭其煩地強調暴力事件在美國的發生機率，為的是提醒各位，你本人，或你所關心的某個人，會成為暴力事件受害人的機率，要遠比你想像的為高。有沒有這種危機意識攸關重要，因為它直接關係到你能不能在危險逼近的當下辨識出警訊。我知道，有些讀者即使在讀過上述的統計數字之後，仍然會找出種種理由，把自己區隔於高危險群之外：「沒錯，暴力事件的確很頻繁，不過那是在城中區才如此」；「對，很多婦女都被丈夫男友毆打，但我目前既無丈夫，也無男友」；「暴力是老一點或年輕一點的人才會碰到的問題」；「只有在三更半夜出門的人才會碰到危險」；「那都是人們自找的」；等等等等。美國人都是掩耳盜鈴的專家。

否認問題會出現一種意想不到的副作用。那些不肯正視暴力有可能會發生在自己身上的人，他們所感受到的焦慮，要遠超過那些接受這種可能性的人。逃避問題，就等於簽下一紙分期付款的合約；現在少付，將來就要加倍償還。之所以會如此，是因為那些掩耳盜鈴的人並不是真的不知道自己的安危受到威脅，他們只是不肯承認罷了，結果，他們反而恆常處於低度的焦慮中。數以百萬計的美國人受到焦慮的困擾，但逃避的心態卻讓他們無法採取積極的措施去減低自己所面對的風險（跟焦慮）。

若我們研究其他自然界的生物，然後發現了人類同類相殘的習性，我們會因此感到反感，將之視為自然法則的一大扭曲——但我們不會否認這點。

當站在鐵軌上時，只要我們願意正視，願意去預測火車並不會剎車，就能夠避開疾駛而來的列車。然而，當今的美國不是選擇去改善這種預測危險的科技，而是改進衝突的科技（武器），像是槍枝、監獄、特警隊、空手道課程、防狼噴霧、電擊棒和催淚瓦斯。生活在今時今日的我們，比從前任何時候都更需要對暴力行為有精確的預測。不妨想想我們現在是怎樣過生活的：無論是登機前、拜訪市政廳、參加電視節目錄影，還是參加總統的演講，我們都要先通過安全檢查。政府大樓的前面也是設下一重又一重的柵欄，這一切宛如我們拆開藥盒、服用阿斯匹林來治病一樣，治標不治本。這一切，全都是由為數不超過十個的危險人物所引發的。他們做過的事讓我們驚恐，讓我們擔心會舊事重演。試問在美國的歷史上，除了美國憲法的起草者以外，還有什麼人比他們對我們日常生活的影響還要大呢？由於恐懼在我們的生活中占有這麼重的分量，所以花點工夫去了解恐懼在什麼情況下是天賦，在什麼情況下又是詛咒，是一件完全值得的事情。

在我們這個國家，一個人只要有一支槍，再加上一點點神經質，就有可能把有史以來最強大的國家的總統給斃掉。帶槍的冷面殺手儼然成為我們文化的標記。不過，對這一類人的研究，相對來說卻很少，而關於這類人對我們日常生活的影響的研究，更是鳳毛麟角。

許多人覺得，既然已經有警察、司法機關、專家代勞，我們實在沒必要再花工夫去學習跟暴力有關的知識。雖然暴力已經觸及了我們中間的每一個人，而且我們或多或少可以為改善這種現象盡一分力，但我們仍然願意相信別人所告訴我們的事情：暴力是無法預測的；會不會遇到暴力純屬偶然；焦慮是生命中無可避免的部分。

那全是鬼話。

不必等到所有圖塊都到位，就可以看出拼圖的輪廓

在這世上，我們每個人都得在沒有專家的協助下，靠一己之力做出重大的行為預測。透過此預測，我們會從茫茫人海中選擇一些人進入我們的生命，比如像是雇主、雇員、顧問、商業夥伴、朋友、情人以及配偶。

無論這份學習是難是易，不爭的事實是，自身的安全只握在自己手裡。現今我們都太容易把自己的命交在別人的手裡了。我們相信政府、警察、大樓的保全人員可以保護我們的安危。但這就好像盲目投資，卻還懶得去評估這筆投資究竟是賠是賺。我們每天在把小孩送到學校以後，就心安理得，以為學校可以絕對保護我們小孩的安全，事情果真是如此嗎？（讀過本書的第十二章你就不會這樣想了。）保全公司值得你信任嗎？你知道的，他們曾經雇用過一大票後來犯下各樁案件的危險人物，如號稱山姆之子（Son of Sam）的殺人犯、殺害約翰．藍儂（John Lennon）的兇手、連續殺人犯以及許許多多的縱火犯、強姦犯。這一類案件的報導多得你讀不完。保全業有贏得你的信任了嗎？政府呢？沒有錯，我們是有一個司法部，但我們要的毋寧是一個暴力預防部，那才是我們需要的、在乎的。司法很好，但唯有確保安全才能保障我們存活。

除了指望政府或專家來保護我們之外，我們也指望科技來保護我們。不過在稍後你將會看到，指望科技來保護自身的安全，有如緣木求魚。真正能保護你安全的東西，就在你本人身上。那就是你的直覺。

許多人對直覺這回事不屑一顧，因為在我們有思想的西方人看來，直覺是一種情緒化、不可理喻、無法解釋的東西。丈夫把太太的判斷譏笑為「女人的直覺」，從不認真看待。如果女人靠直覺來解釋她所做

的決定，或是揮之不去的擔憂，男人只會翻翻白眼然後視而不見。我們鍾情於邏輯推理，我們喜歡思考有根有據。即使邏輯有犯錯的時候，美國人仍然崇拜邏輯；即使直覺大多數都可靠，美國人仍然鄙棄直覺。

男人當然也有屬於他們自己版本的直覺，而且不是那麼無足輕重：但他們告訴自己，直覺是屬於女人的東西。嚴格來說，男人的直覺不只是一種感覺，它是一種運算得比最快的電腦還要快、還要合乎邏輯的程序。它既是最複雜的一種認知程序，也是最簡單的一種。

直覺把我們跟世界和跟自我接通聯繫。它不受邏輯判斷的羈絆，只與感官知覺為友。直覺會帶給我們一些事後令我們目瞪口呆的預測。有時候，在不期而遇一個朋友或接到一通好久都沒聯絡的朋友的來電時，我們會說：「我就知道。」因為我們早有預感。很多時候，在危險逼近的時候，我們也可以講這句話。「我就知道。」凱莉是如此，你也可以是如此。

有一對夫婦來找我，想請我找出常常打匿名電話搔擾他們的傢伙是誰。從對方所講的話來判斷，他跟他們顯然是認識的。但他到底是誰呢？是那位太太的前夫嗎？是他們以前租他房子那個怪人嗎？是被他們房子的裝潢工程發出的噪音惹火的鄰居嗎？是給他們解雇掉的承包商嗎？

他們以為，專家可以告訴他們答案。其實，答案要由他們來告訴我。沒有錯，我了解過的個案不下千百個，但他們的這個個案，卻沒有人比他們自己更了解。在他們自己的腦子裡就已經包含著足夠多的資訊，可以做出精確的評估。我那些受匿名恐嚇的客戶，幾乎總會在晤談的中途講出以下這一類的話：「還有一個人，但我沒有任何具體的理由懷疑他。那只是一種感覺。我甚至會為自己有這種感覺而不好意思，可是……」這時候，我就可以起身送客，然後把帳單寄到他們家裡去了，因為嫌犯鐵定就是她心想的那位。我會跟著客戶的直覺走，直到「謎團解決」為止。客戶常常會誇我技巧高明，不過在大部分的情況，我所做的事情都只是聆聽，還有就是指導他們聆聽自己所說的話罷了。在這類案例會議一開始時，我會說「沒有遙不可及的推測，沒有不列入考慮的人選，沒有任何感覺是無法證實的」（事實上，正如你即將發現的，每個直覺都能被證實）。當客戶問：「這些恐嚇我們的人會做這個、做那個嗎？」我會回說：「對，有時他們會。」藉由這句話，讓客戶繼續揣測下去。

在接待受到匿名恐嚇信的客戶時，我不會問他們：「你想誰**有可能**會寫這樣的信給你？」因為，他們幾乎會懷疑任何一個他們認識的人。我會問他們的問題是：「據你所知，有誰寫得出這樣內容的信件？」我會請他們列一張名單。然後，我會請客戶輪流為每一個榜上有名的人設想一個可能的恐嚇動機（不管多荒謬都沒關係）。最後，一經對比，我的客戶幾乎無一例外，可以悟出誰是真正的恐嚇者。這種做法的優點是，我的客戶不需要因為擔心錯怪了某個人，而在猜測的時候有所保留。

很多時候，我之所以可以助客戶一臂之力，解開一個神祕的謎團，正是在於我不認為它有什麼「神祕」可言。其實，那些謎團更像是一幅拼圖，只要我們手上有夠多的圖塊，就可以瞧出是什麼樣貌。由於我接觸過非常多這一類的圖塊，所以我能比別人更快看出一個訊息是不是一塊有用的圖塊；不過我的主要任務，畢竟只是把客戶手上已有的圖塊統統攤在桌面上而已。

在後面的章節，我將會教你辨認構成「人類暴力行為」這幅拼圖的各個圖塊的顏色及形狀。由於你跟「人」和「人性」相處了這麼長的一段日子，所以這些圖塊很多你都肯定不會覺得陌生。最重要的是，我還想讓你知道，一幅拼圖，不必等全部的圖塊都到位，我們就可以看出它的輪廓。

暴力行為都可以有個解釋

人們總說：「出乎意料」，「事出突然」，「不知哪冒出來的」等等一類的話，來解釋一個受歡迎的迷思：人的行為是無法預測的。不過，每天早上，當我們開車穿梭在公路的車陣中時，不是成功地預測出成千上百個駕駛的行為了嗎？我們可以下意識地辨識出一些沒有人教過我們的細微訊號：就算是遠在一百英尺外的陌生司機，只要瞥見他稍微擺一下頭，就可以瞬間判斷出超他那輛兩噸重的大卡車是否安全。人們總期待所有駕駛的開車習慣都與自己相仿，但我們還是得謹慎看出不同的那幾位；雖然嘴上說預測行為是不可能的，但我們實際上還是在預測。現在的我們，遠比一九〇〇年代以前的任何人，都還能更加快速地移動（除非是從懸崖上掉下來才會比我們快），我們以非凡的準確率判斷用路人的意圖，甚至還能成功閃過大型車和開快車的駕駛，卻嚷嚷著人類行為無法預測。

我們不是多少可以預測得出一個小孩對一項警告會有怎樣的反應嗎？不是多少可以預測得出一個證人對檢察官的一個問題會有怎樣的反應嗎？不是多少可以預測得出陪審團對證人的一項證供會有怎樣的反應嗎？不是多少可以預測得出消費者對一句廣告標語會有怎樣的反應嗎？不是多少可以預測得出觀眾對某個電影場面會有怎樣的反應嗎？不是多少可以預測得出夫妻對彼此的一個批評會有怎樣的反應嗎？不是多少可以預測得出一位讀者對某個句子會有怎樣的反應嗎？諸如此類的例子不勝枚舉。預測暴力行為，比預測上述的事項還要來得容易。然而，自從人們將暴力行為逕自想像成自身之外的人才會有的脫序行為後，我們才認定它難以預測。黑猩猩研究專家珍．古德（Jane Goodall）的紀錄片中紀錄到一群黑猩猩跟蹤殺害另一群公黑猩猩的時候，我們對此做出解釋，說這種無端的攻擊是為了爭地盤或控制族群數量。帶著這類論定，我們人類認為地球上每一種生物的暴力行為都有其原由和目的——但我們偏偏就是不信，人類的暴力行為也都一定可以找出答案。

我們喜歡把那些最令人髮指和懼怕的暴行稱為是「隨機且不可理喻的」，實際上，它既不隨機也非不可理喻，每一件暴力行為都是有目的和有意義的（最少對罪犯本人來說是如此）。我們也許不會選擇探索並理解它們，但事實就擺在眼前，不容抹殺；只要你一天認定暴力行為是「不可理喻的」，就一天不會試著去弄懂它。

有些暴行是如此的嚇人，以致我們會把凶犯稱為怪獸。不過稍後你將會看到，他們其實也是人，而且，正因為他們也是像你我一樣的人，所以他們的行為才不會是不可預測的。雖然你讀本書的目的，是想多了解一些暴力犯的想法，不過讀下去之後你將會發現，很多暴力犯的想法，其實就存在於你我的心中。即使就連最稀奇古怪的暴行，也都有一定的模式和警訊可循。你還會發現更加平凡的暴力型態，它跟情感一樣廣為人知，而且與你我息息相關；因為它就存在於親密關係的愛恨情仇之中（事實上，愛情還比暴力更加複雜呢）。

電視上播報著一則新聞，說的是丈夫跑到妻子的公司射殺她。他們倆離婚才沒多久。那男的在接到法院離婚判決書的同一天還接到禁制令（restraining order），巧的是，那一天剛好也是他的生日。那則新聞還提到了一些別的事情：那男的曾恐嚇他太太；他被老闆開除；他在殺他太太前一星期才用槍指著她的頭；他常常跟蹤她。儘管如此，新聞播報員卻用以下的話來結束這段新聞：「當局認定沒有人能料到會有這種事發生。」

我們之所以老認為人的行為無法預測，是因為我們認定人是一種無限複雜的生物，有著百萬個以上的可能動機與可能行為方式。要在這百萬個動機與行為的可能組合中猜出最後出來的結果，預測暴力的出現不是比中樂透彩券還要難嗎？其實常常一點都不難。我們之所以認定暴力行為是不可理解的，因為只要它一直是個謎團，我們就不用承擔起回避、探索跟預防的義務了。況且如果它是個謎團且沒有任何警訊的話，我們也就無須負起未能判讀的責任了，不是嗎？你當然有權相信暴力行為是沒有預警的，有權相信暴力行為通常只會發生在別人身上，但那樣一來，在這種迷思的推波助瀾下，只會苦了受害者、樂到歹徒而已。

然而事實是：感知處理著每個想法，每個想法又處理著每股衝動（或說一絲念頭），每個行為又由衝動而來。再來，人們的行為模式也沒有隱密到既看不見又無法預測，所以這些都是有跡可循的。因此，很多事關重大的問題都是可回答的。那個恫嚇我的人會不會真的傷害我？

我該資遣的員工會不會對我暴力相向？我該怎麼對付死纏爛打的人？回應恐嚇最好的方式是什麼？陌生人會造成什麼危險？我怎麼知道我雇的褓母會不會回過頭來傷害我的小孩？我怎麼判斷我小孩的某個朋友有沒有危險性？我自己的小孩有沒有暴力傾向？我怎樣才能幫助我所愛的人，讓他們更安全？所有這些問題，都是有答案的。

我相信，在讀完本書後，各位將更懂得怎樣回答這些問題，也將更懂得信賴那些你們本已有的暴力預測能力。

為什麼我說得如此斬釘截鐵？因為我透過一些最夠資格的老師，研究這些問題研究了四十年。

凱莉和我其他的客戶都是我最好的老師。當我打電話給凱莉，告訴她我打算花一年的時間寫這本書（結果寫了兩年），並感謝她所教給我的許多東西時，她說：「噢，我並不認為你有從我這裡學到什麼新的東西。不過有一件事情我倒是很好奇：你覺得你從誰的身上學到最多？」

由於有太多的人選，我告訴凱莉我不知道答案；但就在掛上電話的同時，我意識到自己原來知道。我的思緒不由自主又飄回到那個客廳。

持槍的女人

在客廳裡，有一個女人用槍指著自己丈夫，她丈夫則伸出雙手，擋在身前。那女的顯得焦躁不安，反覆換手握著那把半自動手槍。「我要把你斃掉。」她冷冷地重複著這句話，聲音低得像是在自言自語。她是個修長、有吸引力的女人，今年三十三歲，穿一件白色的男襯衫和一條黑色的寬褲子。槍膛裡有八顆子彈。

我站在走道的一旁，目睹了整件事情的發生經過。正如我經歷過無數次的那樣——我有責任預測一宗謀殺案會不會就此發生。情況相當緊急，如果我猜錯的話，後果堪虞，因為除了那個被槍指著的男人以外，屋內還有兩個小孩。

我知道，像這類的恐嚇總是說易行難。如同所有的恐嚇一般，她在話語中流露出了這樣的態度：我別無他法，只好出此下策。而且像所有恐嚇者一樣，她不是得進，就是得退。有可能，她會對自己的恐嚇所收到的效果感到滿意，因而就此打住。

不過，也不能完全排除她有扣扳機的可能。驅使和制止她開槍的兩股力量，像兩道巨浪，在她體內互相拉扯。她一會兒暴躁，一會兒沉默。在某一剎那，開槍看來像是她的唯一選擇，下一刻，開槍又像是她最不可能的一個選擇（不過暴力仍然是部分人的**最後選擇**）。

但自始至終，她的槍口都堅定地對著她丈夫。

除了不斷喘大氣以外，那男的一動也不敢動。他用兩手擋在身前，彷彿這樣就可以抵擋子彈的攻擊似的。有那麼一剎那，我竟然分了神，去想人被子彈打中是不是真的會很痛；不過，我心靈的另一半立刻把我拉了回來，要我趕快完成眼前的評估工作。我可不能錯過每一個細節。

這時候，那女人情緒有點緩和下來，再度陷於沉默。我知道，某些觀察者會認為這是個好跡象，不過也有可能，她只是在用沉默來凝聚開槍的決心，又或只是藉這個時間在心裡把對方的罪狀默數一遍，數完後就要開槍。我注意到那女的沒穿鞋子，但我隨即就把這個細節評定為不重要而予以丟棄。觀察細節是搶拍快照，不是肖像畫，動作一定要快。一堆散在一張被推倒的桌子旁邊的紙張，一個從電話機上掉落的話筒，一個摔碎的玻璃杯子——我迅速審視現場的每一個細節，看能不能找到對我的評估有幫助的細節。

終於，我看到了一個意義重大的細節：那女的大拇指向後移動了四分之一英寸（對危險評估來說，幅度大的動作會引起我們注意，但通常都不會有很大的重要性）。她把她的大拇指向後移一英吋，搭在了撞針上面。這雖然只是一個微不足道的小動作，但卻比她說過的任何話更有力地把她推向開槍之路。她把撞針扳了下來，開始破口大罵。整個房間充斥著謾罵聲，情勢看來已經非常急迫，我得加緊腳步完成評估。但我知道我還有時間。想要得到最好的評估，就應該把能用的時間用到極限。而且評估過程應有效地完成於一個絕妙的落點上，剛好落在先見之明與事後諸葛之後，還有已然與未然之間。

這就好像在超車時，得評估對方的車速是否減慢到你能安全地超過，整個過程極其複雜，但一切都發生在彈指之間。話說回來，雖然我當時並不曉得，但我不自覺在運用的，實際上是一種最有效的預測工具：「前事件指標」（pre-incident indicator）。

「前事件指標」是指那些在事件未發生以前，就可以讓我們預知結果的可觀察跡象。踩在梯子的第一級，是一個人會爬到梯子頂端的一個重點「前事件指標」；踩在第六級則是一個更強的「前事件指標」。這指標一次出現在心中，一次出現在行動上，想法和衝動就是行為的前事件指標。本事件中，這個女人興起了恐嚇謀殺的念頭，便是整個事件的第一步，數月前購入的槍枝並持槍與丈夫爭吵，則又是更進一步。

那個女的現在開始往後退。也許有些人會認為這是她準備讓步的表現，但我卻不這樣認為。我的直覺告訴我，這是她在扣扳機前的最後一個「前事件指標」。槍不是一件近身的武器，她後退，表示她準備要開槍。我的評估已經結束，我迅速轉身。

我從客廳靜靜往回走，穿過廚房，經過那些已經在爐子上燒焦了的晚餐，往位於房子後頭的一間睡房走去。有一個小女孩正在那裡睡覺。在我前往小女孩的睡房途中，正如我所料槍聲響了。我有點驚惶，但並不覺得意外。槍聲過後，屋內變得悄無聲息，這倒是令我覺得不安。

我本來打算把小女孩帶到屋外，但槍響後的寧靜卻讓我改變了主意。我吩咐小女孩繼續待在床上。她才兩歲，應該不會知道事情的嚴重性，但我卻不會不知道，畢竟，我已經十歲了。

九顆子彈還嵌在老家的牆上和地板

這已經不是我第一次聽到那把手槍的怒吼聲了；幾個月前，我母親在把弄手槍的時候，手槍走火，子彈咻的一聲飛過我耳邊打在牆上。

返回客廳途中，整間屋子靜悄悄地，我聞到一股煙硝味便停下腳步，在原地試著能否聽出發生了什麼事。就在我竭力想聽出點什麼時，隨之而來的是一陣震天巨響，那是連珠炮似的槍聲。完全出乎意料，我趕緊拐進客廳。

我看到我繼父蜷伏著雙膝，而我母親則俯身向著他，似在察看他的傷勢。我繼父的手腳血跡斑斑。當他抬頭看我的時候，我試著讓自己鎮靜以安撫他。我知道，他從未像我一樣經歷過這種事。

槍在地板上，就離我不遠。我俯身握著槍管把槍撿了起來。槍管還很燙。

在預測下一步該如何是好時，眼前出現了轉機。我本來是想在撿起了槍以後就直往後門奔去，但新的預感讓我改變了主意，我把槍藏到了沙發的墊子底下。據我判斷，在開了那麼多槍以後，我母親的怒意和恨意都已經發洩了出來，而且開始懊悔自己居然開了槍。至少在目前，她又變回了一個可以理喻的女人了；尤有甚者，她現在還扮演起妻子的角色，正在為丈夫察看傷勢，就好像丈夫受傷完全跟自己無關似的。這樣的轉變，使得我們一點都無須害怕她，而且還變成我們該感激的人。她會確認繼父的傷勢，會處理聯絡警察和救護車的事，會恢復我們的生活；這一切就彷彿她能把子彈拽回槍裡似的。

我再跑去看我的妹妹，她現在已經坐了起來。我傍在妹妹的身邊躺著。我聽說過，大難不死，必有後福，雖然我沒辦法真的在這一連串的評估後，好好地去放個假，但總算能放鬆一下好好休息。沒多久，我就進入了夢鄉。

一年後，我們搬出了那裡——那個牆垣和地板曾鑲有九顆子彈的地方。我想，它們現在還靜靜的留在那吧！

一個十歲小男孩的發明

當美國司法部和聯邦調查局（Federal Bureau of Investigation, FBI）局長為我所設計的 MOSAIC™＊系統表揚我時，我確定他們都沒有意識到，那實際上是一個十歲小男孩的發明。我小時候用來評估危險的方法（把各項暴力的元素拆開來評估），到頭來竟然會成為一套最先進的暴力預測系統，真是我始料未及。那鬼魅一般的童年，搖身一變成為我的導師。

我常常自問，我是怎麼走上現在這條道路的。若以電影來比喻的話，答案會快速地出現在各場景中；第一幕，一名十一歲的小男孩與一群粉絲追著一輛豪華保姆車跑，熙熙攘攘的只為瞥見伊莉莎白・泰勒（Elizabeth Taylor）和李察・波頓（Richard Burton），下一幕會跳到我在那台車內，為這對知名夫妻服務了八年；之後是我在電視機上看著甘迺迪總統的就職演說，二十年後我站在另一位發表就職演說的總統身旁、然後再下一個十二年也一樣；再來是我震驚地看著甘迺迪總統遇刺的新聞報導，到後來為參議院議員設計恐嚇評估系統那一幕。

接下來還有，未能成功避免我某任繼父遭受母親的槍擊，到採用新方法訓練眾多的紐約警探，以利評估國內的暴力現況。母親某次企圖自殺後我到精神病院探望她，再之後則是於加州州長拜訪精神病院時擔任導覽顧問。在這一幕幕場景中，最重要的一幕是：我從與恐懼相伴，到最後能夠幫助人們管理恐懼。

我的童年時代當然不是一部電影，然而卻充斥著追逐、打鬥、槍擊、劫機、命在弦上、自殺等等。這些恐怖情節，對當初還是個小男孩的我來說絲毫沒有任何意義，如今卻已大不相同。

後來，我算是上了所專科院校，就如同各位讀者一樣，希望能在此學習各種科目。但無論您的專長為何，您一定也好好地研究了「人」好長一段時間，且早已發展出各種預測暴力的推測和應對法了。

＊一套用以評估美國最高法院法官收到的各種恐嚇的嚴重性高下的系統。

來我的蓋文・德・貝克顧問公司（Gavin de Becker & Associates）求教的客戶，常常會大吃一驚。那是再自然不過的事情，因為蓋文・德・貝克顧問公司確實是一家很不尋常的公司。我們客戶的涵蓋層面非常廣泛：有各個聯邦政府的機構（包含美國法警局、美國聯邦儲備委員會、美國中央情報局）、檢察官、受虐婦女庇護所、大企業、大學、電視明星、電視台、警察部門、市政府、州政府、電影製片廠、文化人、宗教領袖、金牌運動員、政治家、唱片藝人、電影明星和大學生。我的客戶中，有世界上最赫赫有名的人，也有世界上最默默無名的人。

我們公司派出去的人，有的要在東岸參加總統的就職典禮，有的要在西岸參加奧斯卡和艾美獎頒獎典禮。我們有時要小心翼翼地穿過憤怒的抗議群眾，然後迅速進入聯邦法院的地下停車場。我們派員到非洲、歐洲、亞洲、中東、南美和南太平洋，觀察和研究發生在那裡的暴力事件。我們的人員，有時要坐灣流式噴射機或熱氣球，有時則要航行於亞馬遜河流域，時而坐在裝有防彈玻璃的汽車中，時而則坐在象背或人力車上，被有敵意或支持的群眾包圍到快窒息。我們已在參議院委員會作證，還參與了政府的機密任命。我們深夜在雨林流域漂流時舉行了員工會議。我們一周乘坐總統的車隊，下一周就換坐囚車。我們向暗殺未遂的目標和暗殺受害家屬提供建議，當中包含了外國總統的遺孀。我們被小報記者追趕，隨後馬上還擊反追他們。在「六十分鐘」（60 Minutes）這個新聞雜誌節目上，我們與工作人員在鏡頭外討論著國家詐欺，又同時應付記者愛德華・布萊德雷（Ed Bradley）探詢一個又一個的謀殺案。

每當有替人墮胎的醫生遭反墮胎的狂熱分子槍擊，每當有聯邦雇員遭人開火時，政府就會來向我們求教。賴利・金（Larry King）請我們上他的節目，談O・J・辛普森*符不符合「配偶殺手」（spousal killer，指有潛在殺妻傾向的人）的典型——起訴辛普森的檢察官也找我們，問的是同樣的問題。我們會在凶案發生後的幾分鐘趕到現場，向那些心有餘悸的倖存者探詢細節。我們為那些遭受恐嚇的客戶提供意見，我們自己也常常成為死亡恐嚇的對象。正如我先前說過的，我們的公司是一家很不尋常的公司。這樣的公司，大概只會存在於美國，也大概只有美國才需要。

能把以上南轅北轍的業務結合在一起的只有一件事情：預測。我們的公司的基本服務項目是預測人類行為，而我們所預測的人類行為又集中在一個範疇：暴力，這是為了能確保自身安全。我們會向文化界或宗教界的領袖獻策，教他們怎樣才不會讓別人恨得太過和愛得太過；我們給大企業和政府機構建議，教他們怎樣處理有暴力傾向的員工；我們也向影視界的名人獻策，教他們怎樣迴避那些窮追不捨的仰慕者、跟蹤者和潛在的暗殺。大部分的人沒意識到，媒體人物都處在恐怖追求者帶來的絕望漩渦當中；更少人了解到，跟蹤普通公民這件事，是個影響千千萬萬人的流行病。

在所有的美國怪奇冒險當中，你可曾幻想過有一棟倉庫，裡面放著三十五萬件形形色色的恐嚇文件（物件）嗎？我四十六名同仁的大部分就在這樣的一棟房子內工作。在這棟房子所收藏的各式稀奇古怪東西中，有上千頁的死亡威脅，有疊起來像電話本一樣厚的情書，有動物的屍體，有手指腳趾，有假炸彈，有刮鬍刀片，也有用血寫的便條。我的同仁每天都在這樣的一棟房子內努力改進偵測危險的方法，努力幫助人們駕馭他們的恐懼，努力向美國文化最黑暗的部分投入一線光明。

＊前知名美式足球球員，於一九九四年被控謀殺前妻及其友人。歷經九個月的「世紀審判」，辛普森雖於刑事法庭獲判無罪，但在隨後的民事法庭遭判支付民事賠償。

在我們全部處理過的兩萬件個案中，曾經見報的不及五十件，儘管如此，其中攸關生死的仍所在多有。為了把我們的工作做到最好，我和我的同仁把人類直覺加以系統化，但將它神奇的力量馴為己用的，只是其中一小部分。

你早已擁有這股力量了，而且經過一連串生死攸關的預測後，你會學到方法保有更安全的生活。在探討過直覺能怎樣幫你的忙、自欺會怎樣誤你的事之後，我將會向各位闡明，我們是怎樣常常把攸關我們安危的關鍵——恐懼——擺錯了位置。我還會討論「恐嚇」在我們生活中所扮演的角色，並教各位辨別何種恐嚇不能掉以輕心，而何種恐嚇只不過是虛張聲勢。我會教各位怎樣從那些有意傷害我們的人身上辨識出他們的意圖。

當遭遇陌生人攻擊時，對方身上發出的各種訊號就是最好的自保建議，因此我會從陌生人帶來的危險這塊開始解釋。雖然數據顯示，只有百分之二十的兇殺案是由陌生人所犯下，但這種危險總是優先抓住了我們的恐懼目光。剩餘的百分之八十，則一律是被害人的舊識。所以，之後我會將焦點放在那些人身上，比如你的雇員、同事，被資遣的職員、約會對象、配偶還有前夫前妻。

我將會透過一則故事來討論一種很罕見、但卻重要到影響每個人的暴力罪行：暗殺（故事中的這名男士，雖然兇嫌先後殺害了其他五人，但仍未暗殺到想殺的那一位名人）。

在第十五章，各位將會看到，如果各位的直覺能獲得精確的參考資訊，它就肯定能適時警鈴大作，助你們脫險。只要願意信賴你們的直覺，各位將不只會擁有更大的安全，而且可能有生之年再也不用生活在心驚膽顫之中。

第2章——直覺的力量

科技無法拯救我們，我們的電腦、我們的工具、我們的機械也一樣。只能仰賴自身的直覺，這真實的自我天賦。

——喬瑟夫・坎伯（Joseph Campbell），神話學家

「我走入便利店，想買幾本雜誌，但不知道為什麼，我突然感到……害怕，於是立刻掉頭就走。我不知道是什麼聲音要我離開，但當天稍晚，我聽說店裡發生了槍擊事件。」

逃過一劫的飛機師羅勃・湯普遜和我現在就站在槍擊事件的現場。我問他看見了什麼，怎麼反應。

「沒有，純粹是一種莫名其妙的感覺。〔他停頓了一下〕嗯，我想起來了，我走入便利店的時候，櫃台後面的店員匆匆看了我一眼就轉過頭去，我對此感到奇怪，因為依我過去的經驗，便利店員在客人進門的時候總會稍微打量客人一下。但他卻專注地盯著另一位客人，我猜當時我一定是知道他在擔心什麼了。」

當我們無須作判斷時，我們天生就會尊重他人的直覺。但當感受到其他人在評估危險的特殊狀況時，我們也就跟著警覺起來，就好像看見貓狗突然從睡夢中驚醒，並緊盯著黑漆漆的走廊時一樣。

湯普遜繼續說下去：「店員注視的那個顧客，身穿著一件厚重的大衣。現在回想起來，那麼熱的天氣

穿那麼厚的大衣，實在不合情理。那傢伙一定是把獵槍藏在了大衣裡面。在從新聞上看到歹徒所開的車型後，我才想起來，在便利商店外頭的停車場停著一輛同型的休旅車，裡面坐著兩個人，引擎還開著。那是怎麼回事，現在當然一清二楚了。但當時這一切對我都毫無意義。」

「不，事實上，你當時就知道是怎麼回事。」我告訴他。

種種因素加起來讓湯普遜逃過了一劫：店員掛在臉上的擔心表情、在大熱天穿厚大衣的顧客、沒關引擎的車、新聞經年累月地報導便利商店的搶劫事件，這讓湯普遜早已下意識地熟悉起搶劫，加上他隱約記得警察常常來光顧這便利店（他開車經過這便利店不下數百次）。當然待我們發現的事還很多，那些都存在他的潛意識裡；這也難怪，他才剛一安全離開，一位隨後入店的員警就被驚慌失措的搶匪開槍射死。

被湯普遜與眾人說成是「巧合」和「莫名其妙」的直覺，其實是一個有系統的認知過程，它跟我們平素仰賴的那種一步一步來的邏輯推理思考方式大異其趣。我們常常以為按部就班的思考方式要優勝於直覺，其實，如果把邏輯性的思考比喻為走路的話，直覺簡直有如飛行。人腦這個大自然最不可思議的創造物，總是在它主人身處險境的時候發揮最高效率。危險逼近的時候，直覺會把人的判斷能力彈射到另一個層次，且準確度奇蹟似地優雅，直覺是從A直接到達Z，中間不在任一個字母上停留。直覺是知其然而不知其所以然。

大腦會從士兵和警衛的觀點看事情

雖然直覺在我們的生活中扮演著平常不過的角色，但我們卻常常把它視為一種很玄的事情。一位女士告訴我一件她認為非常神祕的事情：「我簡直不敢相信，有一次，當電話響起來的時候，我竟然立刻猜到是已經十年沒聯絡的大學室友打來的！」人們常常以為他們對誰打電話來的預感是一種奇蹟，但事實很少如此。以我們這位女士的個案為例，她接到大學室友電話的當天，正好是太空梭發生爆炸的當天。在大學的時候，這位女士和她的室友都有一個共同的信念：沒有理由女性不能當太空人。而在爆炸的太空梭上，正好有一名女太空人參與。在太空梭爆炸的那個早上，她們兩個人同時看到新聞報導，同時想起對方，會是一種奇蹟嗎？

起初這類非批判性的直覺使我們印象深刻，但事實上卻常常未被完全呈現。相較之下，在可能遇到危難時，腦袋內所傳遞的東西反而更加鮮明。

在《感官之旅》（*A Natural History of the Senses*）一書中，作者黛安・艾克曼（Diane Acherman）告訴我們：「大腦是一個很好的後台工作人員。當我們忙於在台前演出的時候，它會把燈光音效服裝等一切都打點妥當。當我們看到一件新事物的時候，我們的所有感官都會　動起來。每一個大腦都會按照自己主人的觀點去評估眼前的事物：公務員從公務員的觀點，會計師從會計師的觀點，學生從學生的觀點，農人從農人的觀點，機械士從機械士的觀點。」我可以為黛安・艾克曼補充的一點是：每個大腦，除了會從主人的觀點看事情以外，還一律會從士兵和警衛的觀點看事情。這些士兵和警衛為我們隨時留心周遭的一切，把周遭尋常與不尋常的成分區分開來；他們評估任何時間點、聲響、快速的移動、香味、物體表面的質地，整片土地。從中他們會過濾掉不相干的成分，只留下有參考價值（幫助存活的訊息）的成分，然後轉達給我們。

雖然我向社會大眾推介直覺的效用已經有不少年，但我還是到最近才曉得，原來 intuition（直覺）的字根 tuere 就是「防範、保護」的意思。直覺為羅勃・湯普遜所做的事，正是防範與保護。猶有餘悸的湯普遜很好奇的問我，為什麼接在他後面進入便利店的警官沒能意識到他所意識的事情？依我看，有可能是因為那警官的所見，有別於他所見。湯普遜在停車場見到的只是一輛車子，但警官看到的卻是兩輛（一輛是湯普遜的）；另外，店員在看到警官出現的時候，臉上的表情有可能不再是憂心忡忡而是如釋重負。不過還有一個可能：那警官掉入了專家所經常掉入的陷阱。他是一個治安方面的專家，而根據他的專業知識，便利店的搶案極少發生在日間——說不定就是這種認知讓他放鬆了警戒的心理。

很多時候，一個人專家當久了，反而會失去外行人那種創造性與想像力。專家由於對某種既定的模式或架構太過熟悉，往往會忽略掉一些新細節所代表的意義。畢竟，應用專長的過程，就是將不重要的細節，編織成相關的。日本禪學大師鈴木俊隆（Suzuki Shyunryu）說過：「新手的心靈是一張白紙，沒有任何專家之見的束縛，隨時準備去接受、去懷疑，對一切的可能性開放。」人們常常說新手的運氣會比較好，可能就是這個道理。

即使是從事跟自然科學有關工作的人，也會自覺或不自覺地仰賴直覺。問題是，一般人常常不鼓勵他們那樣做。不妨想像你去看某個特殊疾病的名醫，假如他在你還沒有坐到診間之前就跟你說：「你沒問題，請出去付費。」你一定會覺得不值得付這個錢。你希望他動用一大堆花俏的設備為你檢查，這樣，你付錢才會付得心安理得（雖然診斷的結果很可能還是跟原先一樣）。我一位當醫師的朋友說，若要病人相信他的直覺，他必須得先向他們證實科學的「精準度」。「這過程我稱之為跳踢躂舞。我跳了幾步以後，病人就會說：『可以了，我看見你跳了。』然後他們就會相信我的診斷。」

從不是專家的湯普遜所經歷的便利商店槍擊案，我們知道聽從直覺遠比單純的知識更有價值。直覺是種天賦，而保有知識是種技能。只有專家才會將自身的見地、直覺以及好奇結合起來。畢竟，當直覺在低語「有東西在那」時，便會勾起我們的好奇心。這是我工作時常用的技巧，它可以幫忙解鎖隱藏在客戶內心深處的資訊。

在聽客戶敘述的時候，我常常會把一些他們匆匆帶過的細節給抓回來。我特別感興趣的是那些看似不是故事重點的細節。我將這些附帶的、不重要的細節稱為「資訊衛星」，因為它們就像發射到太空上去的衛星一樣，可以向我們傳回來極寶貴的資訊。我每次都會全神貫注地追蹤它們的下落。

曾經有一名女客戶因為接到匿名的死亡恐嚇信來找我。當時，她剛打完一場纏訟甚久的官司，所以她認定恐嚇她的人，一定非她告的那個男人莫屬。不過，在她的敘述中，我注意到了一些額外的細節。「我可以料到那傢伙在打輸官司以後一定會恨得牙癢癢，我只是沒料到，他居然有膽寄恐嚇信給我。官司結束以後，我就跟湯尼——他本來是幫我律師工作的見習律師——說過，我希望整件事情會就此落幕，而我當時也真的以為會如此。沒想到，恐嚇信跟著就來了。」

這段敘述的「資訊衛星」在哪裡？**官司結束以後，我就跟湯尼——他本來是幫我律師工作的見習律師——說過……**。我客戶提到的這個湯尼，本來是個可提可不提的人，但她卻偏偏選擇把他帶進敘述裡來，這一點引起了我的注意。

「告訴我一些有關湯尼的事情。」

「湯尼？他被開除了。我想，他也可以算得上是我官司的受害者之一。他對我非常好。他對我的官司非常關心，不過也許就是因為這個緣故，他疏忽了他在律師事務所的其他責任。不過，在他被解雇以後，仍然常常到法院去提供我協助，我真的很感激他。在官司打贏了以後，我的律師辦了一個派對，請了所有出過力的人，卻沒有請湯尼。我覺得很不好意思，因為他曾經打電話給我說：『希望在官司結束以後我們仍能保持聯絡。』〔她停頓了一下〕嗯，你不會是以為湯尼就是……？」

接下來，我的客戶又記起湯尼有過的一些奇怪舉動，甚至記起他曾經說過自己正在幫助一個朋友應付已分手男友的恐嚇。於是，一個故事中的邊緣角色就這樣搖身一變，成為了涉嫌人——到後來更被證實就是元凶。在某個意義上，我的客戶自始至終就知道誰最有嫌疑，但她卻拒絕相信，甚至寧可指控讓她不悅的對手而不是好友。

你說過多少次「早知道我就不該那樣做」這句話呢？這表示，你早就得到警訊，只是你不願聽從它的指示罷了。其實，我們不是不懂得尊重直覺，我們只是不懂得尊重自己的直覺而已。例如，我們就喜歡把狗的直覺說得神乎奇神。最近有一個朋友告訴我她所碰到的一件事情。

「金格（她的狗）對我雇用的建商很不友善，牠甚至會對他咆哮。牠好像看出他是個信不過的人，於是，我就把他換掉了。」

「一定就是這個樣子。」我打趣地說。「一定是牠認為你應該另找一個老實一點的包商。」

但我接著就跟她解釋：「其實，與其說是金格給了妳提示，不如說是妳給了金格提示。金格是讀妳心思的專家，而妳才是讀別人心思的專家。金格再聰明，也不可能曉得建商會不會在報價單裡頭灌水，不知道成本加上百分之十五比定價更好賺，也不會知道他的人老不老實。牠不會像妳那樣，對為什麼建商前一任客戶不肯為他美言而納悶；不會像妳那樣，對建商為什麼能開那麼拉風的車子而奇怪；更不會像妳那樣，對為什麼建商老對妳問的一些問題顧左右而言他感到懷疑。」我朋友聽了以後哈哈大笑，承認自己是高估了金格的直覺能耐；她還說，在改建的時候，牠還是個只會咕嚕咕嚕地叫的笨蛋呢。事實上更差，牠就連咕嚕咕嚕叫都不會（如果真有狗的直覺厲害到能知道主人在這讀到的內容，那我收回這句話）。

我們太擅長當受害者

與人們對狗類直覺的看法相反，你的直覺能力其實非常優秀（再加上日常中獲得的經驗，你現在已處於最佳狀態）。金格感受到人們的恐懼並做出反應，是因為牠本能地知道受驚的人或動物很可能相當危險；牠所擁有的你也都有。實際上你還多了一樣牠沒有的東西，但這東西反而成為問題。那就是判斷力，判斷力不只橫阻在看法和直覺之間，它還會讓你漠視自身的直覺，除非你能運用邏輯解釋這直覺從何而來。此外，判斷力還熱衷於審理並判直覺有罪，而不是好好地尊重直覺。金格不會因為事情的可能樣貌、過去樣貌或應該的樣貌等種種原因而分心，牠只注意到事情當下的樣子。我們之所以仰賴狗的直覺，是因為我們常用這方式，好允許自己找到一個看似合理的觀點；否則單靠自身直覺，可能會被斥為無稽之談。

人類用惱怒和蔑視，而不是關注來回應恐懼，你能想像一頭野生動物會像人類一樣這麼做嗎？沒有動物會花心力去想「這沒什麼」，然後就突然間克服了恐懼。我們常常對立刻合理化虛無飄渺的感覺嗤之以鼻，甚至因此斥責自己，類似的狀況像是在空無一人的街道上感覺到有人在我們身後，或是對某人的異常行為感到陰險。我們不去感謝內在資源的力量，不去感謝這份自我照料。我們的內心不會玩弄我們，它老老實實地為我們工作，我們卻沒因此感到開心，居然還急著揶揄這股衝動。有別於自然界的其他物種，我們人類不選擇探索（甚至是忽略）生存信號，反而花心力在每件事中找出天真的解釋，還認為這能夠更有建設性地用來評估環境，好獲取重要資訊。

每天人們都在聰明地否定自己的直覺，卻在思考之餘成為暴力事件的受害者。因此，若我們想得知究竟自己為何常常受害，答案很明顯：我們太擅長當受害者。

一個婦女對歹徒最好的協助，莫過於花時間說服自己：「他看來不像個壞人啊！」這聽起來很好笑；糟糕的是，那正是很多人都在幹的事情。一位女士在等電梯，而當電梯門打開的時候，裡面站著一個令她覺得有點怪怪的男子。她不是個常常感到害怕的人，會覺得怪可能是因為有點晚了、對方的身材、對方看著她的樣子、附近的遇襲率，甚或是一年前讀到的那篇文章，不過這些都不重要，重要的是，她感到害怕。你猜她會怎樣回應內心這個強烈不過的求生訊號呢？她把它壓了下來。她告訴自己：「我不應該這樣無禮，如果我任由電梯門在我面前開了又關，對裡面那個人將是一種侮辱。」雖然她的恐懼並沒有減退，但她卻叫自己別傻了，然後一腳踏入電梯。

你說哪種做法比較傻：是再等一下子，等下一部電梯來呢，還是跟一個你直覺有點怪怪的陌生人同處在一個隔音的密閉空間裡？內在的聲音是相當高明的，這就是我寫這本書教大家傾聽它的原因。

即使直覺用再清楚不過的聲音對我們發話，我們往往仍然得透過別人的肯定才願意相信自己的直覺。有個人這樣問他的心理分析師：「醫生，我最近在太太上床睡覺的時候，老愛找各種理由待在樓下，非等到她睡著後不肯就寢。如果我進入房間的時候她還醒著，我就會到浴室裡面待到她確定睡著為止再出來。醫生，你會不會覺得我下意識地不想與我太太親熱呢？」他的心理分析師敏銳地問他：「你說的下意識部分在哪裡？」

每當有暴力事件的受害人告訴我，他們在事發之前就已經「下意識地」感受到自己身處險境時，我也會用心理分析師同樣的話來回問他們：「你說的下意識部分在哪裡？」

人們評估危險的奇怪標準，使我們了解到為何人們不選擇避開危險。

我們擔心那些超出自己控制範圍之外的危險（飛機失事、核電廠事故），卻忽略那些自己多少可以預防的危險（抽煙、營養不均衡、交通意外），儘管後者更可能對我們造成傷害。在《為何冒失者可以倖存》（*Why the Reckless Survive*）這本非同尋常的著作中，馬文·康納博士（Melvin Konner）指出：「我們不繫安全帶，酒後開車，還點上一根菸……但我們卻因為擔心阿拉伯恐怖分子的攻擊（機率是一百萬分之一），而取消了一趟到歐洲的旅行。」很多美國人不願到埃及去看金字塔的理由是怕埃及不安全，其實，他們在自己國家遇害的機率要比在埃及大二十倍。

我們心甘情願接受自己加諸自己的凶險，卻絕不能接受別人加諸我們的凶險。康納模仿一般人的口吻模仿得唯妙唯肖：「如果我吸煙致死，那是我家的事，我不會怪誰怨誰。但如果有人敢用石綿或神經毒氣害我，我會勃然大怒。」我們可以忍受常見的危險，卻不能忍受不常見的危險：我們對美國客機在雅典被劫持的關心程度，要遠超過父母殺害子女案的關心程度——雖然前者發生的次數少之又少，而後者卻無日無之。

我們只看得見我們所想看的東西。歷史學家詹姆士·布爾克（James Burke）在他的《驚天動地的日子》（*The Day the Universe Changed*）一書中告訴我們：「我們用來看東西的器官不是眼睛，而是大腦。在我們看到任何東西以前，我們的大腦就已經有它自己一套關於真實的構想；沒有這套構想，我們眼睛所接收到的任何訊息都不會有意義。」這一點，說明了在有需要以前，掌握各種暴力拼圖的圖塊是多麼重要的一件事，因為只有那樣，我們在危險逼近時，才有可能辨識得出警訊。

答案就在問題當中

我們既然關心這個話題，當然就該學習這些訊號：據哈瑞斯民意調查（Harris poll）指出，絕大多數美國人都把犯罪問題和人身安全問題視為他們極感憂慮的問題。不過，這要是事實的話，那我就不禁要問：為什麼我們美國人，對一個男的為什麼會買某一牌子的鬍後水知道得那麼多，卻對他為什麼會想買支槍知道得那麼少？為什麼我們美國人，對每兩三年才發生一次的名人遇刺案如此興致勃勃，卻對每兩三小時就發生的一件婦女謀殺案那樣興趣缺缺？為什麼在我們美國有數以千計的自殺防治中心，卻沒有半家謀殺防治中心呢？

還有，為什麼我們崇拜馬後砲（就像新聞媒體日復一日、年復一年舊瓶裝新酒式的報導）而不信任先見之明，即使它可能對我們的生活有所影響？

理由之一就在於：那樣的話，我們就可以一切依賴專家，而不必費心去學習怎樣發揮自己的預測天賦了。凱薩琳，一位二十七歲的小姐，問了我（她眼中的專家）一個我們社會中幾乎每個婦女都想問的問題：「我怎樣知道約會我的人是不是個有問題的人？有沒有一張有問題約會者的特徵一覽表？」

我沒有直接回答她的問題，而是反問她為什麼會有此一問。

「最近我跟一個男的交往了一陣子，他名叫拜仁。他對我很著迷，當我不想繼續跟他交往下去的時候，他仍然死纏著我不放。我跟他是在一個朋友的派對上認識的。我沒有留電話給他，但他卻從派對上某個人那裡問到我的電話。在我回到家以前，他已經在答錄機裡留了三通留言。我用各種理由跟他說我不能跟他出去，但他太堅持，讓我無法拒絕。跟他在一起的時候，我覺得他對我一舉手一投足都無比注意，每次我還沒開口就知道我想要些什麼。我受寵若驚，但也有一點不自在的感覺。有一次，我向他提到我家裡放書的空間不太夠，結果，事隔幾天，他就拿了一大堆板子和工具來我家為我釘一些書架。我無法對他說不。另外，他總是能從我的話中聽到我沒說過的東西。例如，有一次他問我能不能陪他去看籃球賽，我說我考慮看看。哪知他後來卻一口咬定我答應過他。我們才約會沒兩三次，他就提到同居、結婚、生子一類的事情。剛開始的時候，他說這些事情還帶著半開玩笑的口吻，但到後來，他可是一點開玩笑的意思都沒有了。又有一次，他建議我應該在車上裝個電話。我不認為我的車有裝電話的必要，但有一天，他把我的車借去用，還回來的時候，電話已經裝好了。那是一件禮物，我又能說些什麼呢？自此以後，當然，只要我是在車上，都會接到他打來的電話。他不准我用車上的電話和我的前任男友通話，到後來，他甚至完全不准我與我的前任男友交談，只要他知道我有，就會顯得很生氣。他還不喜歡我見我的一對朋友，甚至他也不花時間在他自己的朋友身上了。後來當我告訴他我不想當他女朋友的時候，他說他不要聽這樣的話。他堅持要我跟他交往下去，我不理他，他就用盡各種方法糾纏我：不斷打電話、出現在我面前、送禮物、找我的朋友談、突然出現在我上班的地方，等等。我們認識還不到一個月，可是他卻把我當成是他一生中最重要的人。到底，要怎樣才能辨別他是不是個有問題的人？」

凱薩琳不是自己回答了自己的問題了嗎？我能給她的最好忠告——雖然這個忠告不見得會讓她滿意——就是「聽妳自己的聲音」。專家很少會告訴我們，答案就在我們所問的問題當中。就如同我們希望得到他們的一覽表，他們也希望我們能親身檢查（有關約會的危險，詳見第十一章）。

在今天，日常的高風險預測專家，當非警察莫屬。有經驗的員警，對暴力和警訊都知之甚詳，不過有時候，放任且否認警訊的出現，他們所學到的一切就都白費了。警察求生專家邁可．康特瑞（Michael Cantrell）對此就有很深的體會。

在康特瑞投身警界的第四年，他的搭檔派屈克有一天告訴他，自己做了一個夢，隱約夢到他們兩人中的一個遭到槍擊。

康特瑞聽了就說：「嗯，那你就得多注意點啦，因為會被槍擊的人不太可能是我。」

後來，派屈克又跟康特瑞談起那個夢，還說：「我確定被槍擊的人會是我。」康特瑞也慢慢相信起派屈克的話來，因為他發現派屈克在執勤時戒心很鬆懈。有一次，他們在出勤的時候截停了一輛汽車，裡面坐著三個人。雖然駕駛的態度很友善，但康特瑞卻直覺地感到危險，他發現另外兩個人眼睛老望著前方，沒有看他。康特瑞頓時警覺起來。但令他詫異的是，站在巡邏車邊的搭檔派屈克，似乎對可能的危險毫無警覺，反而還興沖沖地點著菸斗。康特瑞要求那駕駛下車，而當車門打開的時候，他看到了座椅下頭放著一把手槍。他立刻對派屈克大喊：「有槍！」但派屈克的反應仍是一副不慌不忙的樣子。

這次他們沒有出事，但康特瑞無法揮去腦中認定派屈克的不祥預感是個準確的預測。最後，康特瑞決定找他的上司談一談。但他的上司卻說他太神經過敏了，而且每次康特瑞要求討論這件事，上司便會責罵他說：「我在這個部門待這麼久，從來都沒有拔槍的需要；況且，就我記憶所及，這一區已經不知道多久沒發生過槍擊事件了。」

有一天，康特瑞休假，派屈克一個人執勤。在一條街上，派屈克看到兩個長得跟早上警局簡報中提到的武裝搶匪很像的人。其中一位站在一處電話亭內，不過看樣子卻不像是在請電話。另一位則盯著超市的窗戶反覆徘徊。也許他是怕認錯人鬧出笑話罷，派屈克並沒有用無線電要求支援。這時候，那兩個人也看到派屈克了，他們開始沿著街道往前走。派屈克開著警車跟上去，揮手把他們截停。他下了車，叫其中一人轉過身去，讓他搜身。雖然他有足夠的理由懷疑這兩個就是日前行搶的歹徒，但他仍然對警訊置之不理。而當一個他再也無法忽視的重大危險訊號出現的時候——他在眼角餘梢瞥見旁邊的歹徒正慢慢舉起了一把槍——他想反應，但已經來不及了。那歹徒朝著他臉部開了一槍。在派屈克倒地以前，那歹徒一共連開了六槍，而在他倒地以後，另一個歹徒又在他背上補了一槍。

在兩個歹徒跑走以後，派屈克勉力爬到巡邏車拿起無線電求救：「我中槍了，我中槍了。」康特瑞說，他後來聽這段無線電的錄音時，可以清楚聽得見派屈克口中的咯血聲。

派屈克奇蹟般地撿回了一命，而且在傷癒後很快地回到原來的工作崗位。但他仍不願為疏忽自己的安危負起責任，他之後對康特瑞說：「要是你當時在我身邊，就不會發生這種事了。」

還記得那個說康特瑞神經過敏的警長嗎？他只憑兩個理由，就一口咬定他們警局警察所面對的風險性很低：一個是他執勤時從來沒有拔槍需要，一個是就他記憶所及，他部門裡還沒有任何一位員警遭遇過槍擊。倘若第二點是個有效的預測指標的話，那麼派屈克的槍擊案應該已改變了警長的危險評估方式才對。不過事實證明他沒有，因為就在幾個月後，他本人就在一家便利商店裡頭遭到了槍擊。

康特瑞後來離開了執法單位，轉往企業界發展，但每個周末他都自願當警方的義工，到警察局去為那裡的員警說明恐懼的可貴。現在，當他要求人們聆聽自己內心的警告時，他們都會照做。

沒用的禁制令

除了全然地拒絕接受直覺的警告會令我們身陷險境以外，還有另一個會令我們陷於險境的因素，那就是我們的直覺儲存了不實的資訊。因為我們是自身直覺的編輯，掌管了什麼該儲存，什麼值得信任等種種事項，這點在評估我們的資訊來源時相當重要。幾年前，中情局邀請我去為數百名政府的恐嚇評估人員演講。為了說明不實資訊的危害，我舉了一種相當罕見的安全危害當例子：袋鼠攻擊。我告訴我的聽眾，雖然袋鼠正常來說是種友善的動物，但每年仍有二十人遭受牠的攻擊而死亡。不過，袋鼠在展開攻擊前都會有一些徵兆：

1. 牠們會面露一個很大、很友好的笑容（但牠們實際上是要露出牙齒）。
2. 牠們會反覆檢查牠們的育兒袋，以確定裡面沒有小袋鼠（牠們絕對不會在帶著小袋鼠的時候發起攻擊）。
3. 牠們會先朝後面看一看（因為牠們總在殺掉對手後立刻逃跑）。

在做好以上三點準備以後，袋鼠就會猛撲而來，殘暴地拳打腳踢敵人，然後揚長而去。

我請其中兩位聽眾站起來，覆述袋鼠發動攻擊前的三個警訊。他們兩位毫無錯誤地描述出笑容、確認育兒袋和確認逃跑路線這三點。我很相信，不要說這兩位聽眾，就是當時在座的每一個人（乃至於正在讀這本書的各位），對上述三個警訊都終身難忘。不管是明天還是幾十年後，他們只要面前出現一隻袋鼠，肯定都會特別注意牠有沒有表現出我提到過的三點攻擊前兆。

不過，接下來，我告訴我那些中情局的聽眾：其實上面三個所謂的「警訊」，**全都是杜撰的**，我對袋鼠的行為模式根本就一竅不通（所以各位趕快把它們忘掉罷，或是遠離懷有敵意的袋鼠）。我這樣做，目的是為顯示不實資訊之害。

在我們的生活中，充斥著袋鼠警訊一類的偽真理，但我們的直覺卻仰賴我們來決定何者可信、何者不可信。詹姆士．布爾克指出：「人如其**知**。」（You are what you know.）他舉例，十五世紀的歐洲人**認知**所有天體都繞著地球旋轉。直到伽利略用望遠鏡觀察天體的運行，才改變了當初所謂的事實。

今天的我們，並沒有比古人進步多少，我們仍然生活在層出不窮的偽真理之中。誠如布爾克所說的：「我們就像以前的人一樣，把觀察到但不符我們觀點的現象棄如敝屣。」

在有關人身安全的問題上，我們也備受好些偽真理的誤導，有些甚至會陷人於險境。舉例來說，人們常以為，對一個備受前夫糾纏的婦女來說，最明智的做法莫過於向法院申請一張禁制令，禁止對方接近自己。真的是這樣嗎？這真的是最普通常見的智慧了，然而，幾乎每天都有申請了禁制令的婦女被她們的前夫或前男友殺害。警察在被害人口袋或包包裡找到的各種文件中，對她最沒用處的，大概就是那張禁制令（詳見第十章）。

在各種偽真理中，最虛假不實的恐怕就要數「不是每個人都有直覺能力」這一條了，宛如這種關鍵存活因素被他們遺失了一般。

我的朋友辛西亞是一名代課老師，她是一位漂亮、風趣的小姐，跟我們以前在學生時代碰到的那些枯燥乏味的代課老師截然不同。有一天，辛西亞和我一起用午餐時，她向我哀嘆自己一點直覺的能力都沒有。「我不像某些人一樣有內在的聲音提醒，總要到事發之後才看出徵兆。」

但我提醒她，她每周有好幾次一進入教室，面對一群全然陌生的六、七歲小孩時，馬上就能下意識地評估起他們的習性。她總能精準預測這三十位小孩中誰最有可能試探她，誰會鼓吹其他同學守秩序或搗亂，誰是孩子王，還有什麼管教策略最能奏效等等。

「這倒是真的。」她承認，「我每天都得去預測一群小朋友的行為，而且很少失敗。我也不曉得是怎樣做到的。」她想了一下以後又加上一句：「但我卻無法預測大人的行為。」

直覺是很多人忘了鍛鍊的肌肉

這就怪了，因為說起來，小孩的行為比大人的要難揣摩得多了。試問，有多少大人，會出其不意的把一件東西從房間的一頭扔到另一頭，然後放聲大笑？試問，有多少婦女，工作時會無緣無故把裙子包到頭上去，或伸手到隔壁桌把別人的眼鏡扯下來？又試問，有多少成年人，會把油漆倒在地上，然後用腳把油漆到處塗抹？然而這每一種行為，對代課老師來說都再熟悉不過。

在同一文化背景下，預測成年人的日常習慣是再簡單不過的事了；事實上，我們甚至用不著刻意去這麼做。我們只對別人不尋常的舉動才有反應，因為這是個信號，表示有東西值得預測。例如，在坐飛機的時候，我們很可能會對身旁那位乘客連續五小時毫無所覺，但一旦他開始瞄我們手上正在看的書報時，我們就會馬上感覺得出來。這一類我們常有的經驗說明了一件事情：我們的直覺，無時無刻不在評估我們周遭的人、事、物，不過，只有在有異常狀況時，它才會通知我們。我們的直覺把一切都看在眼裡，然後又把其中大部分不重要的加以過濾掉。所以，在直覺呼喚你的時候，你千萬不可掉以輕心。直覺是很多人都忘了要好好去鍛鍊的肌肉。

午餐時，我們到一間彼此都沒去過的餐廳用餐，我在那示範給辛西亞看什麼叫傾聽直覺。為我們點菜的那個服務生，態度顯得有點過分殷勤。我猜他是中東血統。

我對辛西亞說：「就拿那個服務生來說吧。我從來都沒有見過他，對他也一無所知，不過我可以告訴妳，他不只是個服務生，他還是這裡的老闆。他來自伊朗；移民來美國以前，他的家族在伊朗就是開餐廳的，而且經營得很成功。」

由於沒人期待我會說對，所以我只是單單說出腦袋中浮現的事。我覺得我在虛構創造，更可能是我在呼喚它、發現它。

我和辛西亞繼續交談，但那時我腦裡正在撕碎剛剛信誓旦旦講的一切揣測。我的目光穿過餐廳，看到了掛在遠處牆壁上的一幅畫，是一幅大象的畫。我心想：「啊，他是印度來的，不是伊朗；有道理，伊朗人不會像他那樣恭順。那他當然也就不是老闆啦。」

當那個我原先猜他是老闆的服務生再度走到我們餐桌前的時候，我勉為其難的當著辛西亞面前問他這家店的老闆是誰。

「我就是老闆。」

「這是你開的第一家餐廳嗎？」

「對，不過以前我的家族在伊朗擁有好幾家成功的餐廳。我們把它們全賣掉，移民來美國。」他轉身問辛西亞：「妳是德州人嗎？」這倒奇了，因為辛西亞全無德州口音。辛西亞問他是怎樣知道的。

「妳有一雙德州人的眼睛。」

不管這老闆是怎麼知道辛西亞為德州人，他就是知道；也不管我是怎樣知道這老闆的身分、祖籍和家族史，我就是知道。但這套方法值得我賭上性命來使用嗎？我每天都在使用它，各位也一樣。我用邏輯推理得出來的結論，不見得會比用它得到的來得高明。

辛西亞接下來談到她口中所謂的「車體語言」，她說她能夠預測車子可能的下個動作。「就算對方車子不打方向燈，我也知道它什麼時候要切入我的車道。我知道其他車子究竟會不會在我前方左轉。」大部分的人都欣然接受自己的這種能力，每天帶著這種讀車術的自信穿梭在車陣。顯然地，他們一定是讀人專家，但因為在路上沒辦法看見整個人，所以就得透過包住整個人的金屬車體的微小動作來讀出對方的意圖、專注程度、開車技術、清醒程度和謹慎程度。

因此，我們必須想想：我們能夠成功預測袋鼠、小孩還有車子，但為何無法預測人類的行為拯救自己？

否定直覺

西娜．倫納德的故事不是一個關於暴力的故事，但卻是一個關於生與死的故事，也是一個關於否定直覺的故事。西娜陪著兒子理查走進了聖約瑟醫院的術前室，準備讓他接受一項耳部的小手術。一般來說，小理查在看醫生的時候都喜歡問東問西，但當麻醉師韋布呂赫醫生進到他們房間來的時候，小理查卻一反常態，一語不發。甚至當韋布呂赫醫生問他是不是有點緊張的時候，他都不予回答。韋布呂赫醫生要求說：「看著我！」但小理查仍不理不睬。

小理查顯然不喜歡這位粗魯而不討喜的醫生，西娜也是一樣。但除了不喜歡以外，西娜還感覺到了一些別的什麼。一份強烈的直覺衝動掠過她的腦海：「取消手術！」雖然這股衝動來得強烈而直接，但西娜迅速把它壓了下來，並開始尋找這衝動靠不住的原因。稍後她將這份直覺擱置一旁，轉而支持邏輯和理性，她告訴自己，不能單靠一個人的性格氣質就妄下定論。但她內心的聲音並沒有因此停止，它反覆在那裡向她喊道：「取消手術！」畢竟西娜不是個愛操心的人，她花了點心力才讓內心的聲音安靜下來。她對自己說：「別傻了，聖約瑟是這個州最好的醫院之一，又是教學醫院。更何況，它是慈善修女會（Sisters of Charity）辨的醫院。看在耶穌基督的份上，我們有理由相信這裡的醫生都是好醫生。」

西娜成功將這份直覺壓了下來，手術如期進行，結果小理查死在了手術房。這是則哀傷的故事，它教導我們「我知道」遠比「早知道」更有價值。

稍後，西娜才知道，韋布呂赫醫生的同事對他早就憂心忡忡。他們說他工作的時候不專心，更嚴重的是，他已經有六次在施手術時打瞌睡的前科。這對醫院員工來說都是明顯的訊號，但我無法肯定的是，西娜和她兒子究竟感覺到了什麼。我唯一知道的是，他們感受到的完全正確；接受這點就夠了。

從旁協助韋布呂赫動手術的醫護人員也跟西娜一樣，拒絕聽從自己直覺的指示。外科醫生曾提醒韋布呂赫，小理查的呼吸有減弱的跡象，但韋布呂赫卻沒有採取任何有效措施。一位護士在回憶時說她當時很擔心小理查，但最後卻「選擇相信」韋布呂赫醫生的能力。

其中一位負責檢討當日手術經過的醫生這樣形容手術室內那些醫護人員的心態：「就像一個人，被屋子的煙霧薰醒以後，唯一的行動就是打開窗戶，讓煙霧飄出去，繼而又再上床蒙頭大睡。」

我接觸過很多受害者，他們在暴力施加的傷口開始癒合後，心中總能回想起那個玄關、那個停車場、那一眼、現場的味道與聲響；回想起他們落入惡人的控制之前、他們仍有選擇的時候；還回想起他們拒絕「恐懼」這份天賦之前。他們常常會講出特定的細節：「我現在意識到了，但當初我卻不懂。」當然，如果現在這些細節都在他們腦海中，那麼當初想必也在才對。他們的意思是：他們唯有事後才接受它代表的意義。這讓我了解，直覺處理過程確實起了作用，然而比起否定直覺，仍是小巫見大巫。

因為否定，我們用來最佳化預測所需的細節，就像靜靜漂過眼前被忽視的救生圈；因為否定，這份舒適的信念讓落海者仍能幻想他尚留在船艙內；然而很快地，他將為這份信念，為他的白日夢付出代價。對於此事我已透徹了解；畢竟我已花了大半生在練習預測，同時精通否定。

第3章——生死攸關的預測之術

只要是人做得出來的事，我也做得到。這是戰爭與生活帶給我們的最大教訓之一。

——馬雅．安傑洛（Maya Angelou），美國自傳作家

在十三歲以前，我就已經親眼目睹過一個人被射殺，另一個人被拳打腳踢陷入昏迷；我看過一個朋友被人拿鐵桿子敲打頭部和臉部，幾乎性命不保；我看過自己的母親怎樣淪為海洛因的癮君子；我看過自己的妹妹被別人毆打，而我自己大半生都在挨揍，在這方面也算是個老手了。當時我所預測過的危險，其程度與今日別無二致，皆攸關生死，所以我視之為己任，確保大家都能活著度日。但我沒有做到，我為此感到失職。我告訴各位這些，不是為了我自己，而是為了各位。儘管這些危險皆由不同的事件觸發，然而你我感受到的卻完完全全相同。有些令人痛苦、有些令人懼怕，然而我親身經驗過的衝擊，都比不上你親身所遭受的衝擊。

人們有時會說，他們想像不出來他們所未曾親身體會過的經歷，然而你其實能想像出他人感受的樣貌。藉由想像，你將能讓自己成為行為預測專家。

你希望能辨識出有潛在暴力傾向的人、希望能在危險逼近時及時脫身。嗯，其實不難，因為你已經夠瞭解人類了，而且這趟瞭解的遠征之旅，至始至終都在你熟悉的領域內。你也許不知道，在不知不覺中，

你已參與預測暴力的學術研究好幾年，也拿到相關文憑了。但唯一一個你必須接受的真相是：沒有一個人類行為的謎是你無法用自己的腦和心來解開的。

劍橋大學的尼古拉斯．韓福瑞（Nicholas Humphrey）教授指出，因為演化給了我們自省能力，所以我們能夠「透過模仿他人來預測他人的行為」。要能成功預測別人的行為，我們就要當一個韓福瑞所說的「天生的心理學家」；要能成功預測別人的行為，我們就要知道「做一個人（be human）是什麼樣子」。

我曾經在檢察官瑪西亞．克拉克（Marcia Clark）還沒有成名以前幫助過她，她當時負責起訴謀殺女演員蕾貝卡．謝佛（Rebecca Schaeffer）的凶手巴度（Robert Bardo，巴度最後被判無期徒刑）。我跟他面談時，他相對正常的態度將我帶離了安全領域的範疇，不分**我們**、**他們**，也不分專家與暗殺者，還將我帶入了共通的人性世界。以下我要說的這一點也許各位不會喜歡聽，但那的確是事實：各位和我和巴度之間的共通點，要遠大於相異點。

傑出的精神科醫師卡爾．曼寧格（Karl Menninger）曾說過：「我壓根兒不相信有所謂犯罪心理這種東西。每一個人的心靈都可以是一個犯罪的心靈，因為我們每個人都有犯罪的想像能力。」針對這一點，愛因斯坦和佛洛伊德這兩位智者更極端。有一次，愛因斯坦寫信給佛洛伊德，談到了暴力這個話題，而他的結論是：「憎恨和摧毀是人的一種需要。」

在回信中，佛洛伊德不但表示自己「毫無保留的」贊成愛因斯坦的見解，還補充說人類有兩大本能，「一種是保存與結合的本能，一種是摧毀與殺戮的本能」，並寫道，生命現象演變自「共同作用與彼此對抗」。

有個鐵一般的事實，可以為愛因斯坦和佛洛伊德的觀點作證：沒有一個人類社會不存在暴力或謀殺。

華格翰和彼得森（Richard Wrangham & Dale Peterson）在他們論暴力起源的《魔鬼般的雄性》（*Demonic Males*）一書中告訴我們，現代的人類是「持續了五百萬年殺戮習性的茫然倖存者」。有些研究者前往世界各地，著意尋找可以推翻「暴力是人類社會普遍現象」這一論斷的證據，但都空手而回。人類學家瑪格麗特・米德（Margaret Mead）在她那本經典名著《薩摩亞人的成年》（*Coming of Age in Samoa*）中，曾把南太平洋的島民刻劃成非暴力的一群，現在已經被證明是過分浪漫化的想像。斐濟人無疑是現今世界上最和善的一群人，但他們變得那麼和善，還是沒多久以前的事——曾經，他們是世界上最凶暴的民族之一。非洲喀拉哈里一帶說庫恩語的布希曼人（Bushmen）被某本著作稱為「無害的民族」（The Harmless People，這也正是該作的書名），但馬文・康納在重新實地考察後卻指出：「民族誌工作者努力發現一個又一個的伊甸園，結果一個又一個被新的資料推翻。」

最變態的殺人魔

雖然我們生活在太空時代，但我們的心靈仍舊是石器時代的心靈。我們就像我們的人猿祖先一樣好鬥、爭地盤還有殘暴。有人否認這是事實，說他們絕對不會殺人；不過他們都不忘加上一個但書：「除非有人想傷害我所愛的人。」可見，每個人都有行使暴力的可能，只差用的是什麼名義罷了。

在研究和訪談這些藉由行使暴力以達目的的對象時，我早就知道，我必須在他們身上找到一部分的自己；而且有時更惱人的是，我也在自己身上找到一部分的他們。在我掉入心靈的黑洞之前，一定有個地方能讓我攀住，一定有些我熟悉的東西能讓我撐著不墜入黑暗。

一個人用斧頭劈死了一頭牛，把牛剖開，然後鑽到裡面去看看感覺如何，稍後他用同一把斧頭劈死了自己八歲的繼弟；另一個人則用獵槍正對著父母的雙眼，然後射擊。你會說這兩個凶手**不是人**（inhuman），但這兩個凶手我都接觸過，他們並非「不是人」，而是實實在在的「人」（human）。像他們這樣的人我見過許多，我認識他們的父母，也認識受害者的父母。儘管他們的暴力行為令人反感，但可以確定的是，這絕對是「人」幹出來的事情。

當一個搶匪射殺一名銀行警衛時，我們全都理解他為什麼會這樣做；但對一個「變態的」殺手，人們卻不認為自己身上的「人性」與他相同。我們喜歡把**他們**跟**我們**區隔開來，因為只有這樣，我們才會覺得比較舒坦。不過，我所從事的工作卻使我無緣享受這份奢侈。無論他們是誰、做了什麼、可能會做什麼、無論這些種種將我帶入我自己的哪一部分，有些攸關生死的預測要求我得仔細辨別他人，然後接受在對方身上觀察到的事物。在你的一生中，總會有你無法悠閒地說出「我沒辨識出對方的惡意」的時候，但最終能否存活，靠的就是你的辨識力了。

儘管人類學家長期以來關注著人們的歧異性，但相反地，正是體認到當中的共通性，才得以讓我們最精準地預測暴力。當然，接受某人的人性，並不表示為他們的行為開脫。當你花時間與世上最暴力、最危險的人相處時，這課題也許會變得更加鮮明。在加州的阿塔斯卡德羅（Atascadero）州立醫院裡，關著很多你會稱之為禽獸的重犯，他們所犯過的罪行，有些是你連想像都想像不出來的。我在那裡發起和資助了一個稱為「病人養寵物」的計畫，鼓勵院方容許病人（實則是囚犯）飼養一些小動物。在這醫院裡服刑的病人，很多一輩子都不會有半個訪客；一隻小鳥或一隻小老鼠，就是他們所能擁有的全部慰藉。

我回想起病人對一隻天竺鼠死亡的反應（這隻天竺鼠是此計畫的第一批寵物之一）。病人注意到這隻老天竺鼠已病入膏肓，儘管回天乏術，但他們仍想方設法要救活牠。「病人養寵物」計畫的駐院協辦人在寄給我的一份報告中這樣說道：

其中一個名叫奧立弗的病人，視照顧一隻生病的天竺鼠為自己最大的責任。奧立弗要求我准許天竺鼠留在他的房間內，以防天竺鼠在半夜死去的話，「不會感到孤單」。最後，天竺鼠終於完全不能動彈；牠呼吸急喘，離死期不遠。奧立弗把好些病友召集到我的辦公室來，送天竺鼠最後一程。大家目視著天竺鼠死在奧立弗的懷中。在默默離開我的辦公室時，沒有一個哀悼者的眼睛不是含著淚水的。

以上這些事情對這群病人帶來衝擊，當中某些人甚至第一次為自己為他們以前傷害過的人流下眼淚。接下來我想分享一點我自己的感受。從我的辦公室往外望去，我可以看到形形色色窮凶極惡的犯人，他們所犯過的罪，很多都是十惡不赦的；他們大部分的人都迷失在各式的成癮及心理疾病之中，被視為社會底層。不過，從他們身上，我卻見到了一絲憐憫、一點溫情、一抹人性，這是社會上的人認為這些犯人所欠缺的（這在大部分情況下都是事實）。我不懷疑，被關在這裡的人，大部分都是到了他們該到的地方；要是把他們放回到社會上去，後果將不堪設想。不過，我們不能因此就否定他們也有著人性的一面。我相信，若否定了這抹人性，我們自己的人性也會跟著減少。

由此可見，即使是最變態的殺人魔，也跟你我有著若干的共通性。只有在接受這一點以後，我們才能夠辨識出誰試圖潛入我們家中、哪個戀童癖跑來申請當保姆、辦公室裡殺配偶的犯人，還有人群中的暗殺者。當我們接受了暴力皆由行為舉止都像一般大眾一樣的人所犯下的這點，我們才不會因此壓下心中的這道聲音：「這傢伙看起來不像個殺人犯嘛！」

我們的判斷力（judgment）總習慣將人分成好人或壞人，然而我們的洞察力（perception）才更有利於求生。所謂的「判斷力」導致我們傾向給人貼標籤，彷彿把巴度這類人喚作怪物後，便能就此打住。可是像這類的標籤，只是讓人們舒服地誤認為自己一切都搞懂了，並在瘋子與我們之間大大地劃了條宛若互不相干的界線，但事實是：「洞察力」才能保你長治久安。

科學家不會觀察到一隻搗壞自己蛋的鳥，卻還嚷嚷著「嗯，這從未發生過；看來這隻鳥是個異類。」科學家反而會正確地斷定：倘若這隻鳥這麼做，其他的鳥也可能會；在自然界中，這一定有某些目的、某些原因，和一些可預測性。

有殺意的凶徒就藏身在你我身邊

人是從許許多多的選項當中選擇了犯下暴行，才成為重刑犯。我不必向各位提供一張恐怖清單來演示何謂暴行，因為你自己就能在心中找到證據。各位不妨在自己腦海裡，試著想像一種比你在任何電影裡看到過的更殘暴的情節，試著想像某種有原創性的暴行。暫停閱讀，不妨恣意觀察一下你腦海裡那噁心場面的各種細節。

人類對他人施加的所作所為都有其先例，所以現在凡是你所能想到的暴行都能被犯下，因此你大可放心，你想到的恐怖行徑大概都已有人對某個誰做過了。倘若異常的恐怖暴行是天外飛來一筆，那我們便無法透過觀察該行為來了解其發生原因。既然是你我腦海中剛剛才浮現的想法，那它自然是我們內在的一部分。想要精確預測和防範暴力行為，我們就必須接受這個事實：人們的暴力行為都包含在「我們」的人性之中，而非什麼天外飛來的入侵者。

幾年前的一個晚上，聯邦調查局大名鼎鼎的行為科學家羅伯．雷斯勒（Robert Ressler）來我家作客。「連續殺人魔」（serial killer）這個詞就是他發明的，他也是《世紀大擒凶》（*Whoever Fights Monsters*）的作者，書名來自我常思考的尼采的一句話：「無論誰跟怪物戰鬥，都該注意別在過程中成為怪物。因為當你凝視著深淵，深淵也凝視著你。」當時我剛看完《沉默的羔羊》（*The Silence of the Lambs*）這本書的打樣*，便跟他談起書中那個專門殺害年輕女性、剝她們的皮來做衣服的變態殺手。我本來以為這個角色完全是虛構的，不料實事求是的雷斯勒立刻回道我：「取材自愛德．蓋恩（Ed Gein）的案子。」他告訴我，愛德．蓋恩是個專從墳墓裡偷屍體的人，他會把屍體的皮剝下，曬乾後製成衣服拿來穿。諸如此類的凶案，雷斯勒早已見怪不怪。以他對「怪物」的了解，他深知你不會在哥德式的古堡地牢或是雲霧繚繞的森林中找到他們，卻會在購物中心、學校和你我的左鄰右舍之中發現。

不過，怎樣才能在他們下手傷人之前把他們辨識出來呢？這得取決於觀點：從鳥類的觀點來說，小貓就是怪物；然而對於蟲來說，鳥才是怪物。所以在人類世界誰對誰來說是怪物，也是取決於自身的觀點，但卻複雜得多，譬如強姦犯可能剛開始時是個迷人的陌生人，暗殺者則是某人的粉絲。一個人類的狩獵者不像其他自然界的物種，他的穿著跟大眾無異，這樣才不會一眼就被認出來。

想當然耳，受觀點所蒙蔽的雙眼，自然無法揭開他們的偽裝，這就是我在這一章和下一章要做的事情：移除這塊蒙蔽雙眼的眼罩，揭穿事實的真相，破除某人透過偽裝傷害你的迷思。

我可以舉一個例子。你在電視的新聞報導中，一定聽過上百遍以下這段話：「附近的居民表示，凶手是個靦腆的人，不太與人來往。他們形容他是個安靜和氣的鄰居。」它說明了什麼嗎？

---

* 新書出版前贈給專家或書評人試閱的版本。

我想，它說明了「凶手的鄰居沒能提供任何有用的資訊」。媒體老愛把沒用的資訊當成有用的資訊來報導。試問，上述一段話跟說「公路收費站的收費員表示，在他的印象中，凶手是個安靜平和的人」有什麼兩樣？（不要笑，我還真聽過有新聞播報員這樣說的呢。）由於這類陳腔濫調一再出現在螢光幕前，久而久之，我們就誤以為安靜果真就是判斷一個人是否變態殺手的前事件指標。才不是這樣。

說到預測暴力型犯罪的可靠指標，我這裡倒是有一個：一個人的童年是否遭受施暴。例如，據雷斯勒所做的統計顯示，在連續殺人魔之中，百分之百都有過一個受虐的童年：他們在小的時候不是受到施暴，就是受到忽略或羞辱。

若單單只看電視新聞報導連續殺人犯的早年家庭生活，並不會讓你相信泰德．卡辛斯基*就是大學炸彈客。新聞告訴我們，他的母親是位「好人，很受鄰居歡迎」，就好像一切都跟她的好跟受歡迎有關。但其實，鄰居之所以會上新聞，只不過是因為他們樂意接受採訪罷了。你難道以為，在泰德和他的兄弟大衛還小的時候，鄰居會知道那間屋子裡頭發生過的所有事？

單看幾個事實，我們就可以看出新聞播報員的話有多少可信的成分：卡辛斯基一家共有兩個小孩，而他們倆長大以後，不約而同都成了反社會、離群索居的社會邊緣人。其中叫大衛的在自己所挖的地洞裡住了好一段時間，他沒有殺任何人——這還是「正常」的那一位。如果檢方沒弄錯的話，另一位「瘋狂」的泰德，則成了以炸彈殺人的連續殺人魔。儘管如此，鄰居卻告訴記者，他們沒有看到卡辛斯基一家有什麼不尋常之處；而記者則告訴我們，卡辛斯基家是個正常的家庭。就這樣，一個空穴來風的暴力迷思就一直永遠流傳下去。

我舉這篇新聞報導的用意，並不是要指控養出暴力兒童的父母，而是犯下恐怖案件的人之中，有些人其實患有各種器質性精神疾病（organic mental disorders），國家精神疾病聯盟將之稱為「免責疾病」（No-fault Diseases，意為患有可不追究責任之疾病）。不過，許多精神疾病患者年幼時都遭過虐待，這點也是不爭的事實。另外，基因導致的暴力傾向也扮演了一定的角色，然而無論什麼成因，父母至少仍有「機會之窗」這張牌可打，該詞出自《EQ》（*Emotional Intelligence*）作者丹尼爾·高曼（Daniel Goleman）。

但對那些長大後成為暴力犯的兒童來說，這扇窗口卻是關死的。如果想知道這些受虐兒最後為什麼會變成這樣，我們首先就必須知道他們原來是個怎麼樣的人：一個正常人。在這些不愉快的兒童長大後，他們其中一個強暴了凱莉；其中一個殺害了蕾貝卡·謝佛；其中一個在羅勃·湯普遜踏出便利店之後射殺了一名警察；其中一個寫了各位正在讀的這本書。幽暗的童年並不能成為任何惡事的開罪理由，但它卻可以解釋很多事——你的童年也是如此。強化預測能力的最佳方法，就是自我內省來思考這個問題。請自問自答你為什麼會這麼做。

同樣的幽暗童年，不一樣的人生道路

殺人犯巴度告訴我，小時候他父母像養貓一樣養他——只管餵他吃喝，其他時間都把他關在房間裡。我問他，他的童年和現在的監獄生活比起來，有沒有什麼不同。

---

* Ted Kaczynski，從一九七六年開始，連續十餘年到處寄發炸彈包裹傷人的狂徒，由於他特別喜歡寄炸彈給大學的師生，故譯界一般稱之為大學炸彈客。

巴度：現在我整天都待在牢房裡，和我小時候沒什麼兩樣。

作者：你在這裡做的事和你小時候做的事有沒有什麼不同？

巴度：我在這裡必須得有更多社交生活。

作者：難道你小時候就不需要社交生活嗎？

巴度：我是在牢裡才學會什麼是社交生活的。

只要繼續有父母把小孩像養小動物一樣養，那我們的監獄就一天不會閒置。雖然我們的社會負擔得起這個成本，但個別的暴力事件受害人可付不起這個代價。

在聽巴度陳述他幽暗的童年時，我無法不想到我與他之間的交集，我也被我們成年後的非凡交集所震撼，因為這個交集最後把我們分別引向了不同的兩極——殺人者和防範殺人者。

巴度給我的感想也讓我想起了另一個人：史塔斯，一個和成為殺人凶手只有一步之遙的人。多年以來，我的辦公室一直受一個客戶之托，阻止史塔斯接近他。我和史塔斯的家人從不認識變為認識：因為這些年來，我曾多次打電話給他們，請他們飛來洛杉磯，把史塔斯帶回家；而他們也多次打電話通知我，史塔斯正在前往洛杉磯，找機會暗殺我的客戶，請我留神，不然就是他偷了一台車，或是又從精神病院消失等等。有一次，我在一個電話亭裡發現史塔斯倒在那，當時，他衣衫襤褸、一條腿在流血、滿臉是傷，而且還因為停了一星期的藥而陷於癲狂狀態。在我把他送往急診室的途中，他對我說出了他對暗殺那麼入迷的歷史淵源：「我打從甘迺迪被行刺的時候開始知道有暗殺這回事；我有暗殺別人的念頭，也是從那時候開始的。」我和史塔斯一樣，當年都深受甘迺迪遇刺事件的震撼。當時我們同樣都只有十歲，而且幾乎是在同一時間坐在電視機前收看到這則新聞報導的。不過，我們一個後來變成了伺機侵犯公眾人物的人，另一個則變成了保護公眾人物的人。

在我們負責監控史塔斯的十五年之間，他漸漸變得比較正常，但他還是會三不五時做出一些引起我們或特勤局（United States Secret Service, USSS）特別注意的舉動（他曾恐嚇說要行刺雷根總統）。每當想到自己和史塔斯所選擇的不同人生道路時，我都會為命運之神的難以捉摸而感到戰慄。這幾年我見他時好時壞，壞的時候體重超重，並受藥物副作用侵擾。我想著他的十歲童年，也忖度人生這條道路。

許多人都動過殺人的念頭

雖然我最終沒有變成一名暴力犯，但我卻精通暴力的語言，因而使我得以成為暴力與非暴力這兩個不同世界的使者。我可以告訴你很多犯罪者的心態，因為他們有過的心態，我都有過。舉例來說，由於預測危險是我童年不得不的家常便飯，所以我學會了生活在未來。那時我不會去感受當下，因為我想當個可瞬移的目標，在感到要挨揍之前就瞬移到未來去了。這種生活在第二天乃至於下一年的本領，讓我可以忍受最痛苦和絕望的情境，不過它也有個副作用：它會讓我對近在眼前的危險無動於衷。對眼前的危險無動於衷和逞強，正是許多暴力犯的特點。有人把它稱為大膽或勇敢，不過在討論暗殺的那一章你將會看到，「英雄主義」其實是一把雙面刃。

童年時期的我，只能將憂心和預測當成度日的消遣。為了對「未來」可以有一個比別人更清晰的圖像，所以我從來不讓「現在」分了我的心。這種一心一意也是許多暴力犯共有的特徵。對小時候的我來說，很多會讓別人覺得害怕的事情我都不會覺得害怕，因為它們根本無法分我的心，而且我對於無足為懼的危險已相當熟稔。正如一個外科醫生對各種外傷已經麻木一樣，一個暴力犯也是如此。

若你發現有人對一般人會感到震驚的事不為所動，那麼你就能在他身上注意到這個特徵。舉例來說，當大家都目睹了一場激烈爭吵並為之驚訝時，這個人反而異常冷靜。

暴力犯的另一個特徵是具有強烈的控制欲。有控制欲的人，通常都是在一個混亂、暴力充斥、父母有毒癮的家庭中長大。不然的話，最少他們也是有著一對喜怒無常、言而無信的父母，這樣的家庭對子女沒有所謂無條件的愛。對這一類人來說，控制他人便成為他們唯一可以預測他人行為的方法。由於對人類乃至對任何其他種類的社會性動物而言，無法預測同類的行為都是一件無法忍受的事（大部分的人類行為是可預測的，事實上這正是將人類社會維繫在一起的原因）。

我並不是說，所有對可怕事物無動於衷、過分冷靜和控制欲強的人都是潛在的暴力犯。上述三個特徵，只是「人類暴力行為」這幅大拼圖裡面的三個小圖塊而已，有了它就更能讓你的直覺更敏銳。

我們應該謹記的一點是，殺人犯和我們的分別，並不如我們想像的大。我的一個朋友（為保護當事人故匿名）曾告訴我她的一件往事。她說，當她二十多歲時，由於對甩掉她的男友感到極度惱恨，所以曾幻想過要將他置於死地；不過幻想歸幻想，她知道自己不會有勇氣付諸實行。但有一天，就在她開車上班途中，一個驚人的巧合發生了：她的前男友就打從她車子的前面經過。她一時怒火中燒，想都沒想就一腳把油門踩到最底——車子立刻以五十英里的時速向前衝去。眼看就要撞上對方的時候，我朋友的怒氣突然被刺耳欲聾的輪胎聲所驚散，及時在最後一剎那扭轉了方向盤。結果，她的前男友僅僅被掠過身旁的汽車擦傷了腿部。我的這位朋友，目前是世界上最有名也最令人欣羨的人之一，要是你認識她的話，肯定不會相信她曾經是一個準殺人犯。不過，要是她當天不是被刺耳的輪胎聲驚醒的話，那她現在就是一個正在服刑的殺人犯了。

在各位所認識的人當中，曾動過殺人念頭的人肯定比你所想像的來得多。韋恩曾告訴我一個他小時候的故事：「我和弟弟都受夠了繼父的虐待，所以萌生了殺他的念頭。但我們沒有槍，而用刀的話，我們又大概打不過他。我們在電視廣告上看到一種叫黑旗牌的殺蟲藥，知道人喝了會致命，便買了一瓶回來，摻了一部分在我繼父的酒瓶裡。那天晚上，我繼父回家後，從床頭櫃拿出酒瓶，倒頭就喝了起來。他喝不出殺蟲藥的味道，結果把整瓶酒喝得一滴不剩。我和弟弟站在一旁，等著看他在地板上打滾等死的樣子。」

令這個故事饒增趣味之處是這個故事的主人翁小韋恩不是別人，正是馬克・韋恩（Mark Wynn）警長，也就是納什維爾家庭暴力防治部門的發起人，該部門被認為是全國最創新的部門。小韋恩之所以沒有成為殺人犯，只是因為他繼父經急救後被救活，不過他也因此去了「犯罪學校」。雖然小韋恩嘗試過殺人，但他長大後並沒有成為罪犯（至於為什麼有些人會有些人不會，詳見第十二章）。

我可以跟你保證，曾坐在你身旁的人，如果你知道他的過往肯定會嚇壞。他甚至有可能犯過那種你在電視新聞上看到後會說「怎麼有人幹得出這種事來」。嗯，現在你該明白了，其實……每個人都有可能幹出這種事。

雖然童年經驗對人的行為有很大的影響，但過往的暴力經歷並不保證會有暴力的未來。劇作家大衛・馬梅特堪稱人類行為的天才，當談到兩位知名演員在他某部劇裡的抱怨時，他開玩笑說道：「如果他們不想成為明星，就不該有過糟糕的童年。」

年輕時經歷過重大挑戰的人在成年後創造出偉大的事蹟，這並不是什麼新穎獨特的真相或啟示。從藝術家到科學家，甚至前總統柯林頓，很多對社會大有貢獻的人都有過不愉快的童年（柯林頓總統小時候曾被他繼父槍擊過）。小時候受過暴力傷害的人，長大後有可能會投身於預防暴力的工作；父親被搶匪殺害的人，長大後有可能會成為特勤局幹員，保護全美國人的父親（總統）；母親死於阿茲海默症的小女孩，長大後有可能會成為世界知名的精神科權威；藉由耽溺於幻想來逃避家庭混亂的小男孩，長大後有可能會運用他的想像力，為數百萬的電影觀眾帶來歡樂。這些人不只是為了薪餉而工作。我們的所作所為都有其原因，而這些原因有時也會被展現出來。

遺憾的是，這只是一部分的情況。還有更多生活在暴力陰影之下的小孩，長大後為社會所帶來的不是貢獻，而是更多的暴力：對自己小孩施暴，對自己太太施暴，對你我施暴，而這就是童年與共同的人性這兩個主題會出現在本書當中的原因，它能用來讓你更能自保。

當你找不到其他共通點來幫你預測時，請記住廣大的暴力分子都有過跟你一樣的開始，感受過你感受到的、想要過你想要的。差別在於，他們所學到的教訓與你不同。讓我難過的是，我寫下跟你閱讀這些文字的當下，一些孩子正被教導暴力是有用的；他們正在學習當涉及殘忍不公時，施（暴）比受（暴）更有福。

要不是我的工作提醒了我，不然我可能根本不會在乎這點，可我見過許許多多年幼時遭到暴力對待，往後也如法炮製加倍奉還社會的人。他們看似跟我們其他人一樣地成長，可卻隱約散發出他們的企圖。

第4章——七種求生訊號

人應知險則善遠之。智者敬惡犬而遠之，是以勿與惡人交。

——佛陀（Buddha）

凱莉告訴我，她出事那天，在樓梯上乍聽到陌生人的聲音時，心裡就已經覺得怪怪的；她問我，她為什麼會有這種感覺。最重要的原因當然是因為在那個男的出現以前，凱莉並沒有聽到開關門的聲音，而要是門沒有開關過的話，那他又是從哪裡冒出來的呢？這一點引起了凱莉的警覺心（但只是隱約的）。在跟我晤談的過程中，凱莉又想起來，當那傢伙對她說自己要到四樓去的時候，並沒有說要找誰。這個空白倒是凱莉自己幫他填上去的：她認定他是要去找跟她家隔著走廊對望的克萊恩一家。不過，她現在意識到，如果克萊恩透過對講機讓他進來的話，凱莉理應聽到電鎖響亮的開關聲，而且，克萊恩太太也應該會站在樓梯的頂端，準備好高聲迎接客人才對。這種種疑問讓凱莉的直覺向她發出求生訊號。

凱莉告訴我，她之所以沒有聆聽自己內心的警告，是因為那年輕人怎麼看也不像個壞人。他的言行舉止跟凱莉心目中強暴犯的形象沒有半點相似之處。不是她認得的東西，她當然無法認得。換了各位是凱莉，情形也是一樣。所以，要能趨避凶險，第一堂課就是要認識凶險的長相。

幹練的歹徒是一個懂得怎樣讓受害人無法從他們身上看出警訊的專家。不過，正是他們用的偽裝伎倆，才能讓他們露出馬腳。

一、強加的同志感

凱莉問我，從那歹徒接近她時的言行舉止，我們可以看出哪些警訊。第一項警訊我稱之為「強加的同志感」，這一點，從他說話的時候愛用「我們」這個字可以看出來（「有一隻餓壞了的貓在上面等著我們呢」）。這種「我們在同一條船上」的態度，令人很難在沒被冒犯的狀況下回絕，所以這是一招提前建立信任的有效方法。兩個完全不相識的人，有時會因為剛好落在相同的窘境（例如一起被困在電梯裡面，或者同時抵達剛打烊的店），而使人合理地調整社交範圍。不過，「強加的同志感」卻不是偶然的產物，而是刻意經營出來的結果。那是一種最老練的操控技巧。強加的同志感會投射出共同目的或根本不存在的共同經驗，像是「我們兩個都是」、「我們同一隊」、「我們要怎麼處理這件事」、「我們辦到了」等等，這些詞都是這種技巧的使用跡象。

大衛．馬密（David Mamet）的劇本《賭場》（*House of Games*）中有一場戲，很精采的道出了騙徒怎樣透過「強加的同志感」來達成目的。一個年輕的士兵，一天傍晚時分抱著忐忑的心情走進了西部聯合公司*的辦公室。他擔心那筆要拿來買巴士票的車錢在關店前無法及時匯進來。除了這士兵以外，西部聯合公司的辦公室內還坐著另一個客戶，他顯然也是在苦候一筆匯款。那人忽然跟士兵說：「我看這樣好了，要是我的錢先進來，而你的錢始終沒到的話，我就先借你好了。你只要在銷假回基地以後把錢還我就行了。」那士兵大受感動，陌生人卻立刻接著說：「換了是你的錢先進來，你就用同樣的方式待我吧。」

事實上，那陌生人根本就不是在等什麼匯款，他只是個騙徒。可想而知，在西方聯合公司關門以前，匯進來的就只有士兵的錢而已。而在士兵的堅持下，對方接受了他的借款。高明的騙徒會讓受害者心甘情願的跳入火坑。

凱莉未能有意識地去辨識她直覺早已清楚了解到的跡象，所以才無法採用最簡單的對策來抵禦「強加的同志感」。這個對策就是清楚明瞭地拒絕接受「在同一條船上」的概念：「我沒有要求你幫忙，也不想接受你的幫忙。」這個方法（就像很多其他最好的自我保護方法一樣）難免會讓你多少表現出一點無禮。但凱莉現在知道，相較之下這等代價根本微不足道。

不過，安全是一切生物的第一考慮，所以，如果基於安全的考慮而表現出無禮，也無可厚非。再說，一個行為的無禮與否，本來就是一件相對的事情。例如，假使在排隊的時候，站在你前面的人用腳後跟連踩了你兩次，你對他吼一聲「噯，拜託！」並不能說是無禮（搞不好還算是客氣呢）。一個反應是否算是無禮，端視引發該反應的行為是什麼樣的行為而定。如果我們能認定別人把同志感強加在我們身上是一種不恰當的行為，那我們就不那麼會覺得自己的嚴詞拒絕是一種無禮了。

強加的同志感在各種背景各種原因下被使用，但陌生人使用在處於弱勢的女性身上時（比如單獨在人煙稀少的區域）就是不恰當。這無關乎於夥伴關係還是巧合，而關乎於建立一種友好關係，這份友好究竟是對還是錯，全取決於為什麼這個人這麼做。

總括來說，建立友好關係這個舉動，它遠比真的得到友好關係更能贏得名聲。事實上在大部分的狀況下，人也都是出於自利的動機才這麼做，因此這舉動值得讚賞。儘管部分尋求建立融洽關係的人並非出於惡意（比如說為了跟在派對上遇見的人有場愉快的交談），但這不意味著女性就該跟每個靠近她們的陌生

* Western Union，美國電信公司，兼營匯兌業務。

人攀談。也許尋求融洽最令人欽佩的理由就是讓對方放心，不過如果這就是陌生人全部的目的，那還有個更簡單的方式，就是讓女性單獨待著。

二、迷人與親切

迷人是一種被人評價過高的才能。我之所以稱迷人為一種「才能」，是因為我不認為它是一種人格的內在特質。迷人跟建立友好關係都是一種用來操控別人的工具，它背後總包含著某種動機。迷人就是強迫，就是透過誘惑或是吸引力來施加控制。不要把迷人當成一個特徵，要把它當成動詞。當妳碰到一個迷人的陌生人時，妳不要告訴自己：「這個人真迷人。」而要告訴自己：「這個人在『迷』我。」這樣的話，你就會對所謂迷人的全貌看得更加透澈。很多時候你看見藏在迷人身後的東西並非惡意，但有時候它就是；這時你就會慶幸自己察覺這點了。

我告訴凱莉，很多訊息都是寫在臉上的。以前她直覺地讀那位兇手的臉，正如她現在讀我的一樣，也正如我也在讀她的一樣。加州大學舊金山校區的心理學家保羅．愛克曼（Paul Eckman）指出：「面容可以告訴我們一些只有詩人才有辦法形容得出來的情感細節。」其中一個「迷」人的辦法就是微笑——愛克曼稱微笑為可以看出一個人最別有用心的訊號。他還說笑容是「掩飾內心真正感受最典型的面具」。

加州大學洛杉磯校區的精神病理學家雷斯麗．布拉特斯（Leslie Brothers）說：「在我試圖欺騙一個人時，對方如果要看穿我，他必須要比我聰明一點點。換言之，欺騙的過程有點像比腕力。」

心懷不軌的人會盡其所能地讓這場腕力賽看起來不像比賽，而是像在緩和什麼關係。當受害者在描述他們的加害者時，我最常聽到的形容就是「他看起來很親切」，然而在這份親切後立刻或數個月後，他們就受害了。我們必須教會自己和教會自己的小孩，親切並不等於善良。親切是一種決定、一種社交互動的策略，而不是一種人格特質。想操控對方的人，總喜歡在一開始的時候擺出一副親切的模樣。就像建立友好關係、迷人、欺騙式的笑容一樣，不請自來的親切背後總有一個動機存在。

凱莉對我這番話點頭稱是。她說對她施暴的那傢伙一開始也表現得「很親切」。我念了一首黑色幽默大師愛德華・戈里（Edward Gorey）的詩給凱莉聽：

訓導長給個學生買冰吃，
私心期望男孩不會拒絕；
當他對男孩做背德勾當，
就沒有一個人看得出來。

訓導長不是也很親切嗎？各方面都相當友善，還買冰給小男孩吃；可這不能當成他心存善念的證明。在一八五九年出版、名為《自助》（*Self Help*）的書（堪稱是這類書的始祖）中，作者撒姆爾・史邁思（Samuel Smiles）認為性格本身「很顯然是一種自我提升的工具」。他還這樣寫道：「那些言行不一的人不會獲得任何的尊重，他們所說的話也毫無分量可言。」不幸的是，在我們這時代並不適用。這話只適用於人們生活在小社區、一言一行都會被人看在眼裡、記在心裡的時代。在過去，要獲得別人的信任，只能透過前後一貫的行為；但現在，卻只需要幾句花言巧語。

雖然我知道很難，但我仍鼓勵女性明確地拒絕那些不請自來的人。在美國文化中，主動建立友好關係會贏得名聲，明確的女性卻會招來惡名；在這脈絡下，頭腦清晰明確的女性會被視為冷淡、婊子，或冷淡的婊子。對女性最首要的期待，就是回應每個男人的交流，而且要既殷勤又忠貞。倘若帶點委婉（與明確相反），就會被認為很有吸引力。女性還被期待要溫暖而開放，在各種情況下遇到陌生男子，溫暖都能延長相遇、提升對方的期待、加深他的投入。往好處想，溫暖不過就是在浪費他的時間；往壞處想，溫暖反而會讓這些不懷好意的男性取得一些資訊，好用來評估和控制潛在受害者。

三、堆砌細節

我告訴凱莉，騙徒的另一項伎倆是在說話裡摻入一大堆的細節。這個警訊，我稱之為「堆砌細節」。歹徒告訴凱莉自己有一次忘了為朋友餵貓；他告訴凱莉自己因為手錶壞了所以遲到；他建議凱莉「學老片子裡面那些太太那樣」把門開著——這些全都是「堆砌細節」的表現。

一個實話實說、不擔心別人懷疑的人，根本用不著弄一大堆的細節來為自己的話佐證。相反的，一個講假話的人，不管他的話在別人聽起來多麼合情合理，他自己都會覺得心虛，所以，他就要一直說個不停。

這些細節就像丟到路上的小圖釘，一旦聚得夠多就能讓卡車停下來。抵抗這種伎倆的方法是要不斷提醒自己，自己身處的是什麼樣的脈絡（情境）。

我們身處什麼樣的脈絡，在互動的一開始和互動行將結束的時候，都是一件清楚不過的的事情，不過，要是在互動的過程中，有過多的細節湧現在我們眼前的話，我們就會暫時失去對脈絡的知覺。細節就像火車窗外的景物。當火車離站之後，窗外的景物一個接一個越過我們眼前：空蕩蕩的球場、牆上的塗鴉、一些在街上玩耍的小孩、一個建築工地、教堂的尖頂……。火車最後會快到讓窗外的景色融為一整片街區。同樣的轉換可能發生在一場交談中，然後這堆細節最後化成一場搶劫。每一種騙局使用的伎倆，都是讓人從顯而易見的事務上分心。

由於有太多的細節拋向凱莉，讓她渾然忘了最清楚不過的脈絡：對方完全是個陌生人。每當火車快得讓凱莉有點不自在，每當她就要看出事情的端倪時，對方就會弄出一些新的細節來把車速慢下來。他用一些逗趣的細節來讓凱莉不覺得他是個陌生人，而覺得他是個可信賴的人。但凱莉對他的認識是人為的，她認出是場騙局，卻沒認出騙子。

認出堆砌細節策略的人，他們在看見樹林時，同時也能看見重要的幾棵樹。當你晚上走在街上，假如有人上來跟你搭訕，無論他看起來有多麼的友善，你都不能忘了當時你所處的脈絡：他是一個找你搭訕的陌生人。一個很好的練習是不時提醒自己，你身處的是什麼地方，在你身邊的人和你是何種關係。舉例來說，無論約會對象有多麼風趣多麼有魅力，只要他超過了應待的時間，女性便可以藉由想著「我已經請他離開兩次了」，來提醒現在的脈絡是什麼。

對付堆砌細節的方法很簡單：時時刻刻把脈絡銘記於心。

四、貼標籤

強暴凱莉那歹徒的另一伎倆，我稱為「貼標籤」。我們可以預期，大部分婦女在碰到男性的貶語時，都會急著證明自己不是對方所說的那種人。當一個男的對一個女的說：「以妳這種身分的人，一定不屑跟我談話。」女的就會馬上跟他說話，好證明自己不是個有身段的人；當一個男的對一個女的說：「妳不像個會讀報的人嘛！」女的就會想盡辦法證明自己既有思想而又關心時事。凱莉也是一樣，雖然她起初婉謝了歹徒的幫忙，但一聽到歹徒對她說「妳有沒有聽過一種叫拒人千里的人」時，她為了不想被貼標籤，於是便接受了對方的幫忙。

貼標籤所包含的貶低成分，通常都不會很強，所以很容易就可以加以反駁。不過，歹徒的目的就在於想讓妳對他的評語有反應，所以，妳最好的防衛策略就是保持沉默，當他什麼都沒說過。要是你有所回應，那你雖然會贏得了面子，卻會輸掉了裡子。陌生人怎麼想的一點都不重要，重要的是，甚至連那位貼標籤的人都不相信自己說的話，這件事才是真的。他只相信這招會見效。

五、放債

對方有沒有對你「放債」，是辨識他是不是居心不良的另一個重要指標。我這樣對凱莉解釋：「那傢伙希望妳讓他幫忙，只是為了讓妳覺得妳欠了他什麼。那樣，到最後妳就不好意思叫他走開了。」債主回收的錢總比他們借出的多，提供幫忙的歹徒也是如此。對付這一招的方法是熟練地提醒自己：是他自己向我走過來的，我可沒要他幫我的忙。儘管現實上遇到的可能真的只是個陌生好人，但我們仍要注意其他訊號。

陌生人幫忙婦女拿東西這一類事情在美國比比皆是。大多數時候，這一類人的目的不外是想釣個馬子。通常要償還這些人的債簡單又快速，只要願意小聊一下就好。但他們跟那些將偽造善意強加給他人的罪犯，有個共同點：都有動機。在美國，沒有一場出發點崇高的心靈改革運動是以幫女性拿東西來減輕她們的負擔為職志。說得好聽點，放債這個策略，就如同問女性以下這個問題：「妳常來這嗎？」說得難聽點，放債其實是利用了受害者的公義之心。

我並沒有談及那些亮出武器來跟你要錢的那一類歹徒，那是因為他們比利用上述伎倆取信於受害人的歹徒要好認太多了。

有一點必須澄清的是，我並不是說會使用上述伎倆（強加的同志感、迷人與親切、貼標籤還有放債）的男士，就一定是有邪惡用心的人。事實上，我想許多女性在日常生活中，一定碰過為數不少的男士，在談話中摻入了上述技巧中的兩三項，而其目的，不過是為了博取對方的好感而已。這本來也無可厚非，不過時代已經變了，我想，男性若想取悅女性，肯定可以不需要用欺騙和操弄，總能找出些其他方法吧！

六、不請自來的承諾

在我向凱莉說明下一個警訊之前，我叫凱莉先回想一下，當她猶豫要不要給那個陌生人進家門時，對方說了些什麼。他說的是：「我把東西放下就走，**我承諾**。」

不請自來的承諾（promise）是最準確無誤的警訊，因為它們背後幾乎總有個可疑的動機。承諾是用來說服我們的一種意圖，但那並不是保證（guarantee）。保證就是倘若保證方未能兌現時，便會提供補償，意思是如果事情沒像他說的那樣，他會讓一切恢復正常。但承諾本身並不提供抵押品。「承諾」是一種最空洞不過的語言工具，它唯一能反映的事實就是說話的人渴望說服你什麼。所以，對一切不請自來的承諾，你都應該持懷疑態度（不管那是不是涉及你的人身安全），還應該問問自己這個問題：他為什麼想說服我？答案不在他身上，而在你身上。對方之所以急著做出承諾、急著說服你，最大最大的原因就是因為他看出你並不相信他。你對他感到懷疑（懷疑正是直覺所釋出的訊號之一），而且是一種不無理由的懷疑。

當一個人無緣無故向你做出承諾的時候，他等於是自己把你心中若隱若現的懷疑明白揭示在你的面前。

事實上，不請自來的承諾就像是一面鏡子，它可以讓你再次照見直覺向你發出的警訊；對方的「承諾」正好反映出你的懷疑。無論在任何時地，我們都應對不請自來的承諾存疑。對凱莉施暴那傢伙在說了自己到廚房拿罐飲料就離開之後，又補充了一句「我承諾」，為什麼他要多此一舉呢？就是因為他察覺出凱莉對他的話並不信任。

碰到有人對你說「我承諾」時，最佳的防禦策略是告訴他（最少是在心裡告訴他）：「你猜對了，我真的是不太敢信任你；而且，看來我的不信任事出有因。謝謝你提醒我這一點。」

七、對「不」字不予理會

天色已晚，我建議凱莉先回家，明天再來。但她希望臨走前再聽我多給她講解一項歹徒慣用的伎倆。凱莉就像其他遭遇過嚴重暴力的受害人一樣，急於要理解自己的遭遇，並找出避免重蹈覆轍的方法。於是我就對凱莉講了另一項警訊（也許是各種警訊中最值得注意的一項）；如果對方對你所說的「不」字置之不理，你就要當心了。對凱莉施暴那傢伙也是好幾次對她所說的「不」字不予理會：她說她不需要他幫忙，他充耳不聞；他伸手要拿凱莉攬著的購物袋時，雖然凱莉沒有讓他拿，但他也沒有把手拿開。

字詞（尤其像「不」這麼短的一個字）跟行動比較起來，要弱勢和沒效率得多。更何況，凱莉的「不」字又說得那麼的不乾不脆。所以當她說出「不」、但行動上卻又同意時，這就一點也不是「不」了。「不」不是一個用來打商量的字眼，因為存心要控制你的人根本不會選擇把它聽進去。

在那些三番兩次置你的「不」字於不理的幫忙者當中，某些（例如一名銷售員或空服員）頂多會讓你感到惱怒，但另一些（例如一個陌生人）卻可能會要了你的命。

一個人對「不」字充耳不聞，意味著他有控制你的居心，他不願意打退堂鼓。在「不」的議題上，千萬不要對任何陌生人讓步（就算他看來是出自善意），因為這會開啟對方進一步的控制企圖。當你容許別人對你的「不」置之不理時，等於是在自己身上掛上一面寫著「我任你擺布啦」的牌子。

在面對一個拒絕接受你的「不」的人，最糟糕的反應，莫過於做越來越大的讓步，並在最後全面棄守。另一個等於幫了歹徒一把的回應方式，是用打商量的語氣跟他說話（「我真的很感激你的好意，不過讓我自己先試試看好不好」）。商量原本就意味著可能性，但這卻讓那個引起你擔憂的人有了機會，對他而言讓商量繼續是不可能的，你會落的沒得選。我建議各位，請記得「不」這個字，它就是一個完整的句子，不要把它當成條件句。

不軌之徒挑選對象的搭訕過程，我稱之為「面試」。歹徒對下手對象進行面試，猶如鯊魚在攻擊獵物之前，會先圍著獵物繞幾圈，謀定而後動。歹徒總希望自己的下手對象是一個易於控制的弱者，所以他一定會進行事先篩選。正如我們可以從歹徒身上散發出的跡象讀出他是不是一名歹徒，歹徒也可以從我們身上散發出的跡象讀出我們是不是他中意的獵物。

如果一位男士在地下停車場主動要對一位拿著大包小包的婦女提供幫忙，那就只有兩個可能：要嘛他是一位紳士，要嘛他就是在進行一場「面試」。如果女的微縮肩膀，以有點害怕又有點靦腆的口氣說：「不用，謝謝，我自己應付得來。」那她應該會是一個好獵物。相反地，假如這個女的掉頭而去，打出一個「不要跟上來」的手勢，並斬釘截鐵對他說：「我不需要你的幫忙。」她「雀屏中選」的機會就會低得多。

假如對方是一位真正的紳士，那他理應可以體諒你的反應，而且更可能的是，除非很明顯需要幫忙，否則紳士不會在一開始就單獨靠近單身女子。如果他不懂這個反應，垂頭喪氣地離開，那也很好。事實上，正派人士的任何反應（包含憤怒）都比那些暴力分子的持續關注要來得好，畢竟他們會利用你對非禮的擔憂來牟利。

一個有需要別人幫忙的女性，最明智的做法是主動找個人來幫忙而非被動的等別人來提供幫忙。你選擇的人遠不如選擇你的人那樣給你帶來危險，那是因為，無意間選中一個罪犯的可能性很小。

我鼓勵女性需要幫忙的時候找女性來幫忙，因為女性比男性來得安全（遺憾的是，據我所知，女性很少會向女性求助；我希望這種情形會有所改善）。

我想澄清一點，我並不是說所有主動提供幫忙的男士都一律心存歹念；我相信，他們中間有很多人都是純粹出於好意和受到紳士風度的驅使。我所要各位十二萬分留神的，只是那些主動提供幫忙而又對你的拒絕置之不理的人——那絕不是紳士風度的表示，而是危險的表示。

當對方對你的婉拒置若罔聞的時候，你就要問自己：為什麼這傢伙想控制我？他有什麼居心？這時候，最好的做法當然是避他避得越遠越好，不過，要是你無法立刻擺脫他的話，比較有用的做法是不要管禮貌不禮貌，大聲對他說：「我說不用！」

有許多人擔心自己的回應看似無理。對此，我想像了以下對話，情境是一位靠近女性的陌生男人被女性說了「不」。

男：臭婊子，你是有什麼問題嗎？我只是想幫幫你這樣的美女而已，你在發什麼瘋？

女：你說得對，我不該這麼小心翼翼。我對什麼都反應過度。為何會這樣？不過就是在地下停車場有個不請自來的男人堅持要靠近，讓這個社會上對女性的犯罪提升了四倍，這速度比其他類型的犯罪都來得快，有四分之三的女性都將遭遇暴力。不過就是我從我女性朋友那聽到了許多恐怖遭遇。不過就是我必須考慮車該停哪、走在哪、跟誰講話，還有我約會的對象是不是會殺了我、強暴我，還是把我嚇個半死。不過就是一周好幾次有人對我出言不遜、盯著我看、騷擾我、跟著我，或把車開到我旁邊並行。不過就是我還得應付公寓經理，不知怎的他總讓我毛骨悚然，從他看我的方式就知道只要一有機會，他一定會幹出讓我們兩個上社會版新聞的事來。不過就是這些攸關生死的議題大部分男性都不知道，所以儘管活在危機四伏的漩渦中，我仍然得為自己的小心翼翼而被人指指點點。**然而以上這些，都不代表女性該提高警覺，提防那些忽視她的「不」的男性，你說是吧？**

無論男性是否能理解、相信或接受，這就是事實。

女性，特別是住在大城市的女性，恆常生活在恐懼的陰影之下。她們的感覺是男性所無法體會的。你不妨問一些男士以下的問題：「你上一次擔心被別人攻擊是什麼時候？」他們回答的日期大都是以年來算的。但換成被問的是女性，她們回答的卻大多數是一個很近的日期：「昨晚」、「今天」，甚至是「天天」。

女性對安全的擔憂，常常引來她們身邊男性的批評。一位女士告訴我，每當她跟男友提到自己對自身安全問題的擔憂時，對方都會笑她。他說她的警惕心很蠢，還質疑說：「我真好奇妳怎麼忍受得了這種疑神疑鬼的生活？」但她卻反問說：「我能不忍受嗎？」

我奉勸常被迫為自己的憂慮辯護的女性，告訴他們：先生，我知道各種危險，而你對女性的人身安全毫無貢獻。妳們的求生本能是上天的恩賜，它對妳們的安危懂得比他們還多；本能是無須他們首肯的。

可以理解，男性和女性對安全的看法是如此分歧，因為他們是生活在兩個不同世界的人。以下這個有關男女的天壤之別，我已經不記得是從哪兒聽來的了，不過它可是無比精確：談到安全這回事，追根究柢，男人是害怕被女人嘲笑，女人卻是害怕被男人殺害。

在我的建議下，凱莉參加了 IMPACT 開設的課程，那裡有最完備的女性自衛課程。如今，凱莉已經是 IMPACT 的講師了，專門負責指導學員怎樣辨識危險的訊號。IMPACT 分布於美國各大城市，在此女性不但可以習得怎樣應付主動搭訕的陌生人，還可以習得實際的防身術（教練會穿著可承受拳打腳踢的防護衣）。

大部分 IMPACT 的新學員都很擔心激怒男性，理由是怕把一個懷有善意的人變成暴徒。不過我對這一點保留異議，因為在正常情況下，一個原本只是想幫忙的人，不太可能會因為你的無禮言詞而變成一個強姦犯或殺人犯。不過值得慶幸的是，轉變成一位懂得回應求生訊號、避免成為受害者的人，卻是有可能的。

一場請君入甕的典型面試劇碼

最近，拜一個偶然的機會所賜，我得以對上述提及過的各種歹徒請君入甕的伎倆有了一次近距離的觀察。話說有一次我從芝加哥坐飛機到洛杉磯，旁邊坐著一名獨自旅行的少女。一名年約四十戴著耳機的男子隔著走道看了少女好一陣子，之後他脫下耳機，用著派對的口吻對著少女說道：「用這種耳機聽音樂對我來說不夠過癮。」接著，他對少女伸出一隻手，說道：「我叫比利。」雖然不是那麼明顯，但他的自我介紹實際上是一個問句，而少女也完全按照他所希望的那樣回答了他的問句：她告訴了他自己的全名。她伸出手和他相握（他握住了她的手有兩三秒不放）。在接下來的談話中，比利沒有直接問女郎任何有關她背景的問題，然而透過旁敲側擊，他獲得了不少資訊。

他說：「我最討厭在下機以後不確定會不會有人來接我機。」少女則對他說，她不懂得到住處的路要怎麼走。比利又「問」了另一個問題：「朋友有時候讓人失望。」少女則告訴他：「跟我一起住的人（因此不是家人）希望我搭晚點的班機。」

比利又說道：「我喜歡在沒有朋友知道的情況下獨自抵達一座城市。」這話顯然和他最先說的話自相矛盾，因為他剛剛才說過，他討厭在到達一個地方之後，沒有人來接機。他接著又補充了一句：「不過我想妳大概不是個獨立的人。」少女迅速回答說自己打從十三歲開始就一個人旅行。

「妳的談吐很像我在歐洲認識的一位女士，完全不像個十來歲的女孩。」他一面說話，一面把剛才空服員拿給他的那杯威士忌遞向那少女。「妳看來就像個有主見的女性。」我真希望她能拒絕他的邀飲。剛開始她的確是婉拒了，卻拗不過他的堅持：「來吧，妳是那種會做自己想做的事情的人。」於是她喝了一小口。

我上下打量了比利一下。他是個壯碩的傢伙，手臂上有刺青，戴著一些廉價飾物。我注意到，他在這架早班機上已經喝了不少酒，而且沒帶隨身行李。他穿著一雙嶄新的牛仔靴，一條丁尼布褲，一件皮夾克。看得出來他是個剛從牢裡放出來的人。他對我那探索的目光有了即時的回應：「今天早上過得還好吧，老哥？從芝加哥出來透透氣？」我點了點頭。

當比利從座位上站起來，往廁所走去的時候，他還不忘在他布下的陷阱裡再多放一顆誘餌。他向少女探身靠近，緩慢的微微一笑，說道：「妳這雙眼睛真不是蓋的。」

短短幾分鐘內，比利就祭出了我提到過的各種請君入甕的伎倆：強加同志感（向女郎強調他倆都是沒人接機的人）；堆砌細節（有關他的耳機和他認識一位歐洲女士的談話）；放債（請她喝酒）；施放魅力（他對女郎眼睛的恭維）；貼標籤（「不過我想妳大概不是個獨立的人」）。當女郎對他遞上來的酒說「不」的時候，他也是置若罔聞。

正當比利走到走道底時，我問那少女我能否跟她談談，她遲疑地答應了。我跟她談犯罪策略的威力，她說她跟比利聊天時很開心，卻對請求跟她談話的路人（我）稍有提防。我告訴她：「出了機場他打算載你一程，而且他不是個好人。」

我在機場的行李處看到比利再次走近那位少女。雖然我聽不見他們的談話，但他們在談些什麼，卻是再顯然不過。我看到那女郎一直搖頭和說不，但比利卻不肯接受。少女這一次很堅持，最後，我看到比利憤憤的走開——不再是原來飛機上那個「親切」的比利。

我坐的那班飛機沒有電影可看，不過比利卻讓我看了一場經典的面試劇碼，而整段航程除了這場四十歲男子搭訕十幾歲少女的劇碼之外，沒什麼危險的。

記住，真正親切的人、對你沒有半點動機的人，他不會想從你身上得到什麼，也根本不會靠近你。對一個無緣無故和你搭訕的人，你要做的不是拿他來跟全美國的男人（他們絕大部分都沒有歹念）做比較，而是拿他跟其他無緣無故和單身女子搭訕的男人比較，拿他跟其他對你說的「不」字置若罔聞的男人作比較。

在我的公司，當我們要做複雜、高危險的預測時，我們所用的其中一個方法也是比較。以預測一個被甩的男友會不會對他的女友（假如他有跟蹤她的舉動）行凶為例，一開始我們會在他身上尋找其他大眾沒有的特徵做為辨識。再來想像一個圓圈內有著兩億四千萬的美國人，然後把所有不符殺害女友者特徵的人（女性、太年輕、太老等等）過濾掉，剩下在圓心的那幾千人，就是會殺害分手女友的高危險群了。然後，我們再評估我們要預測的那個人行為和圓心區的人有幾分相似。

危險度的評估當然不只是一件跟統計數字或人口統計學有關的事情。因為如果真是這樣的話，那麼一個在午後單獨穿越公園的女性，就會用以下的方法來評估自身的風險：公園內有兩百個人，一百個是兒童（所以可以不用管），八十個是成對的夫妻或情侶（可以不用管），而剩下的二十個單身人士中，有五個是女性（也可以不用管）。換言之，需要注意的只有十五個單身的男性。不過，沒有任何單身穿過公園的女性會用這種數學方法來評估自己的安危。她的直覺會幫她打理一切。不是每個獨身的男人都會立即引起她的特別注意。只有那些望著她看、跟著她走、偷偷瞧她、上來和她搭訕的人，才會引起她的警覺，至於那些根本不瞧她、跟狗在玩、在騎腳踏車、睡在草地上的單身男子，她根本不會注意到。

談起單獨穿越公園的女性，我發現，她們中間許多人常常都違背了最基本的安全守則。那些在公園裡慢跑的女性，常常一邊慢跑，一邊聽隨身聽，這樣一來，她們等於關閉了一個可以接收警訊的極重要管道：聽覺。更糟的是，她們戴在頭上的耳機，會明明白白告訴每一個人，她們是很好攻擊的獵物。另一個例子是，雖然女性不會盲目亂走，但當中許多人卻不會利用整個視線，她們不願直視那些引起她們擔憂的陌生人。即使相信有人在跟蹤，也可能只試探地看一眼，希望確認是否有人在餘光內。其實，更好的辦法是完全轉過身，把身後的一切看在眼裡，並直直瞪著那個你懷疑的傢伙。這樣做，不只可以讓你對自己的處境獲得更多的資訊，還可以向對方傳達出一個訊息：你是大自然的野獸，具有完好聽覺、視覺、智力還有防禦能力。你不是省油的燈，不是那種會坐以待斃的貨色，所以別妄想了。

直覺在睡眠時依然運轉

即使最單純的街頭暴力，凶犯在行凶以前也多多少少會依據某種規律行事。至於更複雜的犯罪，如連續殺人魔或連續強姦犯幹出的那些，其規律性也就更強了。掌握了這種規律性，你就可以趨吉避凶。當然，歹徒所依循的規則，有些是我們無法控制的，例如有些歹徒喜歡找某些特定的「類型」下手，由於你無法知道他們中意的是那種「類型」，所以就無法在這方面採取迴避措施；但是，其他大部分的因素——例如最有可能遇到凶險的時間、地點、場合等等——都是你可以事先掌握的。換言之，會不會遭遇凶險，有一大部分的決定權操在你自己的手上。不說別的，最起碼你可以控制自己在被歹徒「面試」時的反應。例如，你有沒有在可以不甩一個陌生人的時候卻選擇跟他交談呢？你有沒有因為別人主動提供你幫忙而感到對對方有所虧欠，然後因此被操控呢？你有沒有只因為對方堅持就屈從對方的要求呢？當有人試圖控制你的行為時，你的決心會加強嗎？最重要的是，你有沒有信任你的直覺？

我不是要各位把任何搭訕的陌生人都視為壞人，我只是要求各位，在警訊出現的時候，一定要正視它。你一定要信賴你的直覺，因為它總是對的。有兩個理由讓我膽敢這麼說：

1. 直覺一定是有所為而發，不會來得無緣無故。
2. 直覺總是把你的利益放在第一位。

我可以想見，一定會有讀者對我「直覺總是對的」之說提出異議，所以我得做個補充說明。在我指出的部分直覺一定是對的，但我們對直覺的解釋卻未必。不見得每件我們直覺預測會發生的事情都會發生——這是當然的。不過，由於直覺不會來得無緣無故，所以，在直覺向我們發出警訊時，著手去尋找出導致它如此的原因，自然是比打壓它發出的聲音來得明智許多。

假如事實證明，危險並不存在，我們也沒有什麼好損失的；不只沒有損失，我們直覺的資料庫反而會因此而獲得擴充，下次再遇到相同狀況就不足為懼了。而這個擴充資料庫的過程，會導致在新住所很難入睡；因為剛入住，所以你的直覺還沒將這些小噪音分類：第一天晚上，製冰機的格格聲和熱水器的重新加熱聲有可能會讓你睡不好（你的直覺會以為是有闖入者），但到了第三個晚上，你的大腦已經把這些新的資料歸好檔，知道它們是無害的聲音，所以就不會再叫醒你。你也許並不知道，即使是在睡覺，我們的直覺仍然處於運轉之中。一個經常要三更半夜才回家的書店店員告訴我：「我把車開入車庫，打開然後關上後門，爬上樓梯，打開臥室門，放好行李，寬衣，上床——做了那麼多事，弄出那麼多聲音，我熟睡中的太太都不會醒一下。但只要我們四歲大的小孩在半夜打開自己的房門，我太太就會一下子從夢中驚醒。」

幽默中透露著危險警訊

直覺一直都在學習，即使它偶爾發出一兩個事後證明並沒有那麼危險的警訊，它所傳達給你的每項訊息都不會是沒有意義的。它不像憂慮，它不會浪費你的時間。直覺有可能會傳遞給你很多不同的訊息好喚起你的注意，而它們的吃緊程度各不相同，所以你最好學會辨別它們的輕重緩急。在直覺所發出的各種訊號中，層級最高的一個（也是最緊急的一個）就是恐懼，所以，你應該隨時注意它有沒有對你說話（詳見第十五章）。其他的警訊還包括覺得不對勁、猶豫、奇怪、懷疑、訝異、煩躁不安、預感以及好奇等等，但比起恐懼，它們都不是那麼緊急的訊號。不過，如果在這些訊號出現的時候，你能夠用一種開放的心態去傾聽它們，那你慢慢就會學會怎樣去跟你的自我溝通。

但還有一個很少會有人注意到的訊號，那就是幽默。

發生在加州林業協會的這個故事是一個有關幽默的故事，裡面所有的訊息就宛如一大堆未收穫的穀物攤在陽光下曝曬似的。有一天，由於收發人員休假，加州林業協會的職員波比・泰勒和他的同事就親自動手整理收到的郵件。在收到的郵件中有一個包裹，收件人寫的是協會前任會長的名字。大家把它前後左右看了一遍，然後七嘴八舌的爭論是不是要把它轉交給協會的前會長。就在這個時候，現任會長莫瑞走了進來。大家問他意見，他就說：「拆開來看看吧。」

這時泰勒站了起來，說了個笑話：「我還是趁炸彈爆炸前回我的辦公室去好了。」就在他走出大廳，回到自己的辦公室都還沒坐下，就傳來了一聲砰然巨響——炸彈爆炸，炸死了現任會長。憑著直覺，泰勒逃過了一劫。

泰勒的直覺以那句話明確地向大家發出危險訊息，然而在此之前，所有他需要的訊息早就都攤在那了，卻被他的同仁所摒棄。

當我在跟客戶討論一些可能的危害時，我已學會留意我客戶所講的笑話。例如，如果在我向一個企業的總裁道別的時候，他對我說：「我明天會打電話給你的——要是我沒有被槍殺的話。」我就會馬上再坐下來，問個究竟。

笑話常常不僅止是笑話，特別是黑色幽默。它是當事人傳達一種真實的憂慮——怕猜錯的話會被人笑或被人視為膽小——的迂迴方法。但是這類的幽默言詞究竟能推導出什麼？一個人不會就只是為了講個笑話，而在心裡刻意找尋所有資訊。如果是這樣的話，這個寄給前會長的包裹（早在一年前就離職），泰勒可能會一直看著它，並機靈地評論說「這搞不好是去年聖誕節就遺失在郵件當中的水果蛋糕」，又或者說一些其他種種評論，甚至不發一語。但是這類的幽默，它是一個進入意識的想法，在這則故事背景下似乎還顯得有點離奇荒謬。但正因如此才顯得有趣。然而重點是：這個想法進到意識裡了。為什麼呢？因為所有的資訊早已呈現出來了。

送到加州林業協會的包裹是大學炸彈客所寄出的。這個包裹相當重，由膠帶密封，貼的郵票超過該付的郵資很多。在泰勒和他的同事上下察看這個包裹的時候，就已經有人推測會不會是個炸彈。包裹的回郵地址上寫的一家奧克蘭公司的名字。其實，只要當時他們查一查工商名錄，就會知道這家公司根本不存在。儘管事實俱在，但包裹最後還是被打開了。

在加州林業協會接到炸彈包裹之前的幾星期，一位廣告公司經理摩沙爾在他位於紐澤西州的家裡收到一個一樣的包裹。打開之前，他覺得有點奇怪，便問太太有沒有在等包裹，她說沒有。摩沙爾問了個好問題，但他忽視了自己想找的答案。過了沒多久，他打開了包裹，當場被炸死（包裹也是大學炸彈客寄來的）。

郵件檢察員麥哈柯這樣說：「我多次聽到人們在說完『這看起來像個炸彈』這話之後就把包裹拆開。這種現象真是該找個心理學家來好好解釋一下才是。也許人們是怕把警察叫來之後，發現不是炸彈，會覺得不好意思吧。」

大學炸彈客喜歡嘲弄那些被他炸傷的二十三個人。耶魯大學的電腦科學家大衛．吉倫特（David Gelente）在被炸彈包裹炸傷兩年以後，收到大學炸彈客的一封來信：「如果你有大腦的話，就應該知道外頭有多少人對你們這種把世界亂搞的科技蠢才恨之入骨，也不應該笨到打開一個來路不明的郵包。擁有高學歷的人並不如他們自己想像的聰明。」

平心而論，一個人會收到炸彈郵包的機率少之又少，所以會掉以輕心也是一件可以理解的事情。問題是，很多受害者卻是在收到包裹的時候**已經有**不對勁的感覺，但他們卻照樣把包裹打開。無論如何，在自己成為受害者之前（有些明明就可以避免），人們總喜歡嘲笑那些常見的犯罪形式。

一群凹版印刷廠員工在餐廳裡用午餐，忽然間，外頭傳來劈劈啪啪的聲音。有人猜是鞭炮聲，但其中一個卻說了一句笑話：「大概是憤怒的韋斯貝加回來要把我們全幹掉。」韋斯貝加是一個因為跟同事失和而被開除的員工。沒多久，一個人走了進來，他不是別人，正是韋斯貝加。他手上拿著一挺機槍，逢人便射，就連剛才講笑話那個人也沒能逃過一劫。這個故事教訓我們，請去傾聽幽默，特別是黑色幽默；因為，它會帶給你的好處，很可能不只是哈哈大笑而已。

直覺的徵兆

煩躁不安	不對勁
幽默	納悶
焦慮	好奇

預感　直覺
懷疑　嫌疑
猶豫　擔憂
恐懼

凱莉的第一個直覺徵兆就是擔憂。面對兒子手術，西娜・倫納德對心裡那股強烈的不對勁感視而不見。邁可・康特瑞對他同事的魯莽感到煩躁不安。波比・泰勒對炸彈郵包的求生訊號來自於黑色幽默。羅勃・湯普遜一進到便利商店便馬上離開，是因為直覺發了最大的求生訊號給他——恐懼。

一輛跑車停在停車場，南西坐在副駕駛座，她的朋友當時下車跑去自動提款機領錢，這時她留意到了同樣的徵兆：忽然之間不知為何，南西感到害怕。她覺得身陷危險，卻又不知危險從何而來。值得稱道的是，南西並沒有等待問題的答案。她摒住呼吸，雙手開始倉促地找起門鎖來，但為時已晚。一名男子打開駕駛座的門闖了進來，拿槍抵著她的肚子，隨後把車開走綁架了南西。

南西從未見過該名男子，那為什麼她會懼怕呢？她從駕駛座那小小的後視鏡上瞥見了一名身穿藍色丹寧牛仔褲的男子，他快速地移向她們的跑車。據此南西正確理解了這個訊號：這個懷著惡意的男子馬上就要闖入車內了。這所有的資訊都是南西透過反射在後視鏡上的藍色牛仔褲蒐集到的。這些資訊只在當時的背景下才有意義。然而，在南西自己還沒搞懂一切時，她的直覺早發現事有蹊蹺。如果當時有人只憑著後視鏡上照到的牛仔褲，而試著說服南西鎖門，她肯定會跟對方爭辯；但結果證實，來自直覺的恐懼，遠比邏輯更有說服力。

南西靠著另一個直覺，熬過五個小時的折磨存活了下來：她藉著不斷跟這個危險的陌生人交談吸引住他。她反覆在腦中複誦「冷靜、冷靜、冷靜」，外在卻表現得像在跟好友聊天一般。之後，跑車停在一個遠離市區幾英里的倉庫，歹徒命令她下車。此時南西不覺得綁匪會開槍射一位他認識的人，結果南西猜對了。

我花了相當的篇幅去介紹各種危險的警訊，為的是盡可能幫助各位不致成為暴力的受害人。不過在危險逼近時事先發現警訊，並不一定保證你就能脫得了身。來不及脫身的話該怎麼辦呢？雖然常常有人向我請教遇搶或被劫車的時候該怎麼辦之類的問題，但我實在沒辦法針對每一種狀況都列一張表，教各位要怎麼辦，因為這種一個蘿蔔一個坑的方法有時候反而會為當事人帶來危害。例如，有些專家建議女性在遇到強暴的時候，千萬不要反抗，但另一些專家則建議一定要反抗。你要聽誰的？其實，這兩種策略沒有一種能適用於每一個強暴的情境。唯一適用於全部強暴情境的策略只有一個：聆聽你自己的直覺。我無法得知你在某些危險狀況下的最佳應對策略，因為我沒有關於該情境的全部資訊，但你跟我不同：你身在其中，有我所沒有的資訊。不要聽電視或雜誌上的專家怎麼說，也不要聽你有過類似經驗的朋友怎麼說。聽你自己的直覺怎麼說，因為它才是知道得最多的一個。

本章所提及的危險都是來自陌生人。但如果有可能帶給我們危險的人換成是我們的熟人的話（我們的上司、下屬、約會對象、配偶），要怎麼去預防呢？畢竟與這些人的關係都不是初次見面，而是經過我們的選擇，才進入我們的生命中的。我們跟這些熟人的關係其實也是始於預測的，因此我們所做的預測品質的好壞，將決定我們生活品質的好壞。所以，現在也該是看看你所做的那些預測品質如何的時候了。

第5章 最熟悉的陌生人

「當一個男人注視著它時，在他心中石堆不再是石堆，而是一座大教堂。」

——聖修伯里（Antoine de Saint-Exupéry），作家

想像現在是二〇五〇年，想像現在是一個判別好人壞人的科技已發展至完美無瑕的時代。拜一種高科技產品——某種化學試紙——所賜，你現在可以毫無顧慮地搭陌生人的便車，出遠門時也可以毫無顧地找個流浪漢來看家。你不會有任何的擔心，因為這種可以分別好人壞人的試紙百分之百可靠。

假設你帶著六歲的小女兒到公園去溜躂，突然間，公司急叩你回去參加一個緊急的業務會議。你要怎麼辦？很簡單，在公園裡找個人來暫時幫你看顧女兒。你左顧右盼，選中了一個坐在長凳上看書的中年婦人。你走過去坐在她身旁，她笑了笑，就拿出這個時代幾乎人人都會攜帶的化學試紙，對她進行測試，而她，也對你做同樣的事情。你倆都通過了測試。你馬上毫不猶豫地拜託她當你小孩的臨時褓母。她同意了。你們交換過聯絡方法後，你就匆匆走出公園。在前赴公司的途中，你內心了無牽掛，因為測試清楚顯示那位中年婦人情緒穩定、能幹、沒有毒癮、為人老實。

二〇五〇年確實是個令人難以置信的時代。反觀一九九〇年代的我們，又是怎樣決定要不要用一個褓母的呢？通常是對褓母做每種預測，只是沒那麼快又沒那麼正確。

倘若用現今的科技，得花多少時間才能讓陌生人不再是陌生人呢？在你信任對方前，要做過多少的科技測試，對方才能通過褓母審核？我們看了申請書，問了幾個問題便讓審查通過，但這種預測卻伴隨著高風險。我們來實際看看這種預測是怎麼樣的情形。對初學者來說，我們不會隨便面試一個在公園遇到的女子，而是透過朋友推薦，因為我們只想仰賴他人的預測，而不是自己的。你的朋友張三是個開朗、正直的人，所以你會認為，只要是他介紹的人，都肯定沒問題。問題是，你這樣做，等於是把張三本人的那些優秀品質無條件地轉移到他所推薦的人身上，卻不傾聽自己心裡的猶豫。一旦你要出門，要把小孩留給才剛來不到半小時的新褓母照看時，難免會聽到有一個聲音在你的心裡嚷嚷：「你根本還不認識她嘛！」

各位在面試褓母應徵者的時候，是不是會特別留意她臉上有沒有……服用毒品的跡象？要知道一個人有沒有毒癮，有個非常有效的測試方法。在美國，每星期都有數以萬計的求職者，在雇主的要求下進行毒癮檢定。因此相對地，這些雇用褓母的父母所遭遇的風險比這些雇主還大。而雖然大部分的美國人都把吸毒視為是一個相當嚴重的問題，但各位可曾聽過有哪一對家長會要求一個褓母應徵者接受毒癮檢定，或是要求他們做吹氣測酒精濃度？大部分家長甚至連應徵者的所有保證人都沒有一一聯絡過，就做出錄取的決定。這就難怪他們在開車出門的時候，內心會浮現「你根本不認識她嘛」這樣的聲音了。

我並不是在建議徵褓母的時候，家長非得對應徵者進行毒癮檢定或測謊機測試不可，我只是想指出，很多家長對應徵者所做的高風險預測，幾乎不及能做的十分之一。舉例來說，家長從來不會問應徵者一個他們很想問的問題：「你有沒有虐待過你帶的小孩？」他們為什麼想問而不問呢？除了是因為他們覺得這個問題很不禮貌又荒謬之外，還因為他們肯定對方不會如實回答——假如對方真有虐待過小孩的話。**總之提問就對了**，然後想一下應徵者怎樣回答會讓你感到舒服或不舒服。想像一下你問：「你有虐待過小孩嗎？」而對方回答：「請你定義一下什麼叫虐待」或「你聽到了什麼風聲嗎」之類的話，對小孩的託付對象這樣詢問跟討論你在意的議題，一點也不會不恰當。好的應徵者肯定能理解，不好的應徵者則會自露馬腳。

很多家長不去仔細詢問應徵者的底細，反而留意一些不相干的事情。如果應徵者把他們家的貓抱起來撫摸的話，他們就會想：「她喜歡小動物，這是個好指標。」（還有更糟的是：「黛比貓咪喜歡她，這是個好指標。」）由於急著用人，家長們往往挖空心思在應徵者身上找優點而不是挑毛病。但評估風險時，我們該看的是暴風雲本身，而不是雲後的那道金光。

讓我們再轉回到二〇五〇年一會兒。在這個未來世界裡，你不但可以毫不猶豫地搭一個陌生人的便車，還有一部由市政府運作的運輸電腦幫你找便車。如果你要從洛杉磯到聖地牙哥，而又不想自己開車的話，你可以把你預定的目的地和出發時間輸入電腦，電腦會比對有誰在那時間開車前往聖地牙哥，然後挑出最適合的一個來接你。一個完美的陌生人會把車開到你門前，把你一直載到聖地牙哥。從聖地牙哥回來，也是一樣的方式。這是一個對人性的預測技術已臻完美的時代。但在我們這個時代，正由於沒有完美的預測技術，公路上本來兩萬五千輛車子載得下的人，才要動用十萬輛車子來載。正因為彼此懼怕以及對自身的預測能力缺乏信心，才使得許多可行的替代方案化為烏有。

倘若我們今日有這種運輸電腦，除了媒合你的旅程時間外，它還能提供什麼人口統計學上的資訊？如果你要去的是聖地牙哥，你會選擇坐兩個三十多歲無業遊民開的箱型車呢，還是坐一個帶著一歲小孩的家庭主婦開的旅行車？你當然會選後者，因為雖然比較吵，可是也許比較安全。你還會考慮什麼因素？駕駛有沒有犯罪前科？他有沒有不良的駕駛記錄？車子的狀況怎麼樣？重點是，對每位候選人越是了解，就越能自在地仰賴自身預測能力，因為這就是陌生人如何變成你可信任的人的過程。換句話說，你對他們夠了解，他們也通過了你給的許多測試，陌生人就不再是陌生人了。

有些動物可以靠化學程序（例如味道）來辨識危險，有人主張人也有這方面的能力——是不是這樣，我不知道。不過，會不會有那麼一天，我們不用做預測，人真的可以單靠一張化學試紙，就足以試出別人是好是壞，而無須再借助觀察外表、衣著、笑容這些老掉牙的方法呢？我猜可能（不過你不要跟別人說是我說的）。儘管如此，由於我們現在所身處的，仍然是一九九〇年代，而不是二〇五〇年，所以，我們就只好繼續沿用那些老掉牙的方法了。而既然還要繼續使用它們，我們就應好好理解它們是怎樣運作的。

約束人類行為的八大原則

心理學家約翰．莫納罕（John Monahan）是行為預測領域的先驅，也是我的良師益友，我無論是工作還是生活，都從他那裡獲益良多。在他那本精采的著作《預測暴力行為》（*Predicting Violent Behavior*）的一開始，約翰以一個最簡單不過的問題揭開全書的序幕：如果你把手上這本書鬆開的話，它會往那個方向掉？

讀者諸君一定首先會指出，就過去的經驗告訴我們，當我們放開手上的任何固態物體的時候，它都只會往下掉，而不會往上飛或懸浮在半空中。而由於我們知道地心引力的原理，所以我們更是相信，如果我們放開手上這本書，後果也會像過去的每一次經驗一樣。這當然是事實，但有一件事情不是事實：我們對地心引力的了解，要比對人類暴力的了解來得更多。

在這一點上，約翰和我可能會有激烈的討論。因為在我看來，就像物體會受地心引力的牽引一樣，人類的行為也會受若干本質性法則的牽引。你可能會認為，約束人類行為的原理不可能和地心引力的原理相提並論，因為，人類的行為總有例外的時候。不過，地心引力何嘗沒有例外的時候？例如在水中或在外太空，就是會影響物體運行的環境。還有物體彼此間的關係和它們與環境的關係（也就是磁力、飛機等等）也會影響預測。行為就跟地心引力一樣，由環境會主導一切，但仍有以下八條概括性的原則適用我們大部分的人：

- 我們尋求與別人產生聯繫。
- 我們會因為失去什麼而難過，所以我們盡量避免失去。
- 我們不喜歡被拒絕。
- 我們喜歡被肯定和受人注意。
- 我們花在避免痛苦的力氣比花在尋求愉快上面來得多。
- 我們不喜歡被嘲笑和愚弄。
- 我們在意別人怎麼想我們。
- 我們尋求在一定程度上控制自己的生活。

儘管我們會期待暴力分子難以理解，而這八條原則也不是什麼多有開創性的假設，但對他們大部分而言都適用，同樣也適用於你我。請你看看，列表中包含了一些人類這道菜的食材，材料比例的多寡絕對會影響端出來的成品。一個人之所以會拿槍到他上班的地點濫射，不是因為他身上多了些你我所沒有的神祕成分或是少了些什麼成分，純粹只是因為上述的八大原則在他身上失去了平衡。我這樣說，是不是就意味著，我們如果可以事先得知上述八大原則在一個人身上的作用狀況，就多多少少可以預測出他會不會做出持槍濫射這樣的事來呢？沒錯。

我公司的同仁在進行暴力預測的時候，考慮的變數不下數百個，各位需要的話，我也大可以用一疊厚厚的報表紙把它們列印給你們。另外，我們也使用很多專家才會明白的心理學詞彙來解釋。不過，我在這裡所秉持的原則是簡化，以求讓你在你的經驗中找出最重要的元素。

正如我在前面的章節談過的，無論你想預測他行為的那個人有多變態，也無論你跟他的差異可能真的很大或你希望這差異很大，你都總可以在他身上找到你自己的影子，也總可以在你自己身上找到他的影子。當你要進行某種生死攸關的預測之前，你首先該做的事，就是在你倆之間找出一些共同點，一些你跟他共有的行為來預測，這將幫助你以他的看法來看清局勢。例如，一個人會打匿名的搔擾電話，目的自然是為了從被搔擾者的恐懼中找尋樂趣。以別人的恐懼為樂——這是我們很少人會有的心態。不過，請你回憶一下，你小時候是不是也有過從暗處跳出來，要把朋友或兄弟姊妹嚇一大跳的時候呢？從你自己的經驗，你就可以多少體會到，一個人嚇別人的目的，與其說是為了讓別人感到害怕，不如說是為了引起別人對他的注意。打匿名電話騷擾別人，讓對方感到恐懼，也正是一種可以大大引起對方注意力的辦法。如果騷擾者有更好的方法，或假使他覺得他與受害者之間仍有其他價值，那麼電話騷擾可能就不會是他用來吸引注意的最愛方法，但這可能只在過去對他有效。然而，這並不代表我認為那些電話騷擾者會自省而考慮到上述面向，也不是在說我們的行為通常是有意決定的結果。

一隻小鳥不可能比牠自己的影子先到達地面

雖然人與人之間的共通處要大於相異處，不過，你總可以碰到一些行為方式和觀察事情的方式跟你大異其趣的人。比方說，有些人就從來不會被良心所左右，也從來不會考慮別人的立場。發生在公司會議室裡這叫失職，發生在路上我們稱之為犯罪。不顧良心跟同理心而行動則是跟精神變態者有關的一個特徵。在《喪盡天良》（*Without Conscience*）這本富有洞察力的書中，羅拔・赫爾（Robert D. Hare）為我們列舉了喪心病狂者的一些共同特徵：

・花言巧語和膚淺　・容易衝動
・自我中心和喜歡誇大　・需要刺激
・缺乏內疚和悔過心理　・缺乏責任感
・喜歡欺騙和操縱　・感情淡薄

很多預測之所以會落空，源於我們誤以為別人看事情的方式會和我們一樣。上述這一類羅拔・赫爾提到的人就不是這個樣子。想要成功預測這一類人的行為，你就得同時用你的眼光和他的眼光來看事情。用自己的眼光來看事情是一件再容易不過、也再自然不過的事情，但要從別人的眼光看事情，卻要經過學習。不過不用擔心，你本來就已經學會了。怎麼說？舉例來說，假設你現在要開除一個行為、個性和人生哲學都跟你南轅北轍的下屬，即使你跟他的差異再遠，你仍然不難知道，你開除他，他會怎麼想。你會知道，他會不會認為你開除他有失公平；你會知道，他會不會認為你開除他的動機是出於報仇或歧視。特別是如果你跟他一起密切合作，你可以像他自己一樣背誦出對事件的觀點。儘管你不會同意他的觀點，但你仍然會知道他的觀點是什麼。預測人類行為就像從寥寥數語的對話中辨識出是哪本劇本。相信角色的行為肯定與該角色的立場觀點相符。假若該劇本忠於人性，那麼每個行為都會像在自然界中一樣，按照應有的方式進行。

一隻從天而降的小鳥不可能比牠自己的影子先到達地面；同樣地，一個人的暴力行為不可能先於他的衝動而出現，他的衝動也不可能先於引發衝動的事件而出現。每一個步驟都以另一個步驟做為前導。你不可能在買一把槍以前開它；你不可能在沒有想要買一把槍以前買它；你不可能會無緣無故想買一把槍……。總言之，在一個人拿著槍對別人扣扳機之前，我們有非常多的機會，可以憑自己的經驗設身處地去體會他的思想感受。

我可以用一種很多人都有過的經驗做為例子：趕飛機。根據你自己的經驗，你很容易就可以預測出一個趕飛機的乘客會有什麼樣的情緒和行為。他會慢慢閒晃嗎？他在辦登機手續時會和顏悅色地讓人插他的隊嗎？他會有興趣欣賞候機室的建築特色嗎？

我們之所以預測出趕飛機旅客的行為舉止，是因為我們對搭飛機這回事很熟悉；這麼說確實無誤，但反過來說，有些人會因為對暴力不熟悉所以覺得無法預測，但其實他們每天對非暴力行為的預測，其過程跟預測暴力行為別無二致。在《資訊焦慮》（*Information Anxiety*）一書中，沃曼（Richard Saul Wurman）告訴我們：「我們對每件事物的認識，靠的都是它們的反面：我們從日去認識夜，從失敗去認識成功，從和平去認識戰爭。」我們可以為沃曼的列舉再增加一條：「從安全去認識危險。」

如果一個婦女對出現在她家裡的一個陌生人（比方說家具店的送貨員）不覺得不自在時，就表示她的直覺已經做出了評估，而評估的結果告訴她，對方並沒有危險性。她的直覺會問許多問題，來完成評估。在我們進行意識層面的預測時，由於我們比較知道什麼是正常的行為，比較不知道什麼是異常行為，所以，我們不妨把我們認定的正常行為一一列舉出來，再就每一個正常行為列舉出它們的反面，這樣，要注意的是什麼，也就一清二楚了。這樣一種做法所依據的原理，我們稱之為「相反相成原理」（rule of opposites），它是一個有力的預測工具。

正常行為

他只是在做他的工作，心無旁鶩。
他尊重你的個人隱私。
站在離你適當的距離。
空檔時乖乖在一旁等候。
談的都是跟手邊工作有關的事情。
注意時間，快手快腳。
沒興趣知道屋裡還有沒有別人。
沒興趣知道待會兒有沒有人會來找你。
對你沒有投以不恰當的注意。

異常行為

他自願幫你做些他分外的事。

好奇，問東問西。

站太近。

隨意在屋內走動。

老逗你談些工作以外的事情，且喜歡作個人性的評論。

不在意時間，慢手慢腳。

打聽屋裡還有沒有別人。

打聽待會兒有沒有人會來找你。

盯著你看。

不單單是暴力行為，所有其他種類的人類行為，都可以透過「相反相成原理」來預測。

以三個選項通往直覺的大道

就好像我們一旦知道了時空背景，就有辦法預測行為一樣，我們也能藉由行為本身反向辨識出脈絡。

現在，假設你在機場內看到這樣一個人：他在航空公司櫃台前堅持要排在第一個，頻頻看錶，對工作人員緩慢的辦事效率火冒三丈；當他拿到機票以後就開始笨拙地跑起來，並對每一個經過的登機門都投以期待的眼神。現在我試問你，依你看，他會是以下三種人中的那一種：

a. 一個為爭取選票而來機場跟每一個路過者寒暄的政治家？

b. 一個來機場勸募的慈善機關義工？

c. 一個趕搭飛機的遲到旅客？

某個態度一向惡劣的員工在一次曠職後被解雇，但他卻忿忿不平，不肯離開辦公室。他向主管咆哮說：「你連解釋的機會都不給我！」他大聲把他主管的住址念了一遍，然後表示：「我會帶我的拍擋史密斯韋瑟（Smith & Wesson，手槍品牌名）去找你算帳的。」最後，要出動保全人員才把這位老兄給轟了出去。第二天早上，那個當主管的發現他汽車的擋風玻璃被人打了個粉碎。現在我想請教各位，你們認為被解雇的老兄接下來會有什麼行動？

a. 寄一張支票給他前上司，賠償他打破的擋風玻璃？

b. 第二天就去報考醫學院？

c. 開始半夜打不出聲的電話騷擾他的前上司？

在那老兄被解雇後兩三天，那位主管在家裡的信箱發現一條死蛇，各位猜會是誰放的呢？

a. 一個愛惡作劇的鄰居？
b. 蛇類保護聯盟（為提高社會大眾對蛇類的關心而做的一種宣傳）？
c. 幾天前被他解雇的那個傢伙？

我舉這麼淺顯的例子，是為了證明一件事情：如果我們把一個人放在幾個可能的選擇中去評估的話，很少會看不出他的真正身分。這很顯淺，但很有用。

當一個婦女在地下停車場碰上一個主動過來幫忙提東西的男士時，她不妨也來做個類似的習作。她可以問問自己，這個男的到底會是：

a. 一個經常在停車場逡巡，看看有誰需要幫助的守望相助隊？
b. 一名正在找下一期全國廣告明星的連鎖超市老闆？
c. 一個對她有「性趣」的傢伙？

其實，大多數時候，在你還沒有列出第一組選項以前，你就已經下意識地知道正確的答案何在了。記住，你的直覺比意識更深諳情境的掌握。當你在地下停車場內碰到一個陌生男子的時候，你的直覺要比你本人更早看到他；另外，它也會知道那男的第一眼看到你是在什麼時候；它知道附近有多少人，知道照明程度，知道聲音在這裡能傳多遠，知道你有多少自衛的能力，等等。

同樣地，在評估那位被解雇的員工時，直覺已清楚對方究竟積怨了多久，記得對方惡意的言論，也記得隨後發生了懸而未決的破壞公物事件，還讓人想起他找鄰居算帳的驚恐事蹟。

我建議各位每次創造出三個選項，為的是讓你不必因為擔心猜錯而改來改去，畢竟你已經知道，三個選項中最少有兩個是錯的。這個免於判斷的自由，將為你清出一條通往直覺的大道。在實踐中，這與其說是創造的練習，不如說是發現的練習；創造的過程中，你可能認為你在編造或**召集**些什麼。許多人認為創造的過程是一個彙集思想和概念的過程，但極富創造力的人會告訴你：這個想法，歌曲，圖像，早就在他們心中，而他們的任務是把它拿出來。所以這是一個發現的過程，而不是設計過程。

有人問米開朗基羅，他那著名的大衛雕像是怎樣創造出來的，而他的回答是：「太簡單了——你只要把石材上不像大衛的部分削去就行了。」我所建議的方法也可作如是觀。

我們不必等到一座雕像完全竣工，就可以看出它是個人像。同理，在做危險的預測時，我們不必等到所有的證據都到齊，就可以得到答案。沒有錯，花的時間越多，一個預測就會越精確；只不過，有時候花的時間太多，你反而來不及為你的預測採取對策。換言之，務必要在來得及採取對策以前完成一個預測。

我們之所以要做預測，為的就是要避免某種結果，或是要利用某種結果。無論是哪一個，預測之後就必須要做出防範準備。沒有防範準備的預測，充其量就只是滿足好奇心而已。比如說，在賽馬場上預測哪匹賽馬跑得最快，其價值只在於你有空在場邊下注賭輸贏。相反地，如果你站在快馬奔騰的賽道上，這時預測就是用來避免被馬踩傷，然後防範方法就是趕緊遠離賽道。

RICE評估系統

在做出某種預測以後，我們到底要評估採取何種程度的對策，取決於以下四點：一是後果的嚴重性，二是花費的多寡，三是對策的有效度。

第四個要考慮的因素，則是預測本身的可靠度。如果我告訴你，我預測你明天會遭到雷擊，並向你保證，假如你付我五萬美元的話，我可以保證你的安全無虞——可以預見的是，你絕對不會對我的建議感興趣。因為，雖然被閃電擊中是一件後果相當嚴重的事情，但我的預測卻沒什麼可靠度，這樣的話成本就太高了。但是，換成是一位醫生告訴你，你要是不立刻進行換心手術（手術費也是五萬美元），很快就會一命嗚呼的話，你的反應就會截然不同。雖然花費一樣高（五萬美元），而被雷擊中和心臟衰竭的後果都是一樣嚴重（死亡），但選擇卻截然相反，理由無他，就是我們認為因為醫學預測的可靠度相當高。

一般人在做日常生活中的評估時，根據的就是可靠度（reliability）、後果的嚴重性（importance）、花費（cost）、有效度（effectiveness）四個指標（我稱之為RICE評估系統）。

社會在做預防措施的評估時，用的也是同一套系統。一位總統候選人被暗殺，其後果顯然比一位市長被暗殺來得嚴重，職是之故，社會花在保護一位總統候選人一星期的花費，往往比花在保護一位市長一年還要高。讀者可能會以為，總統候選人被暗殺的機率也一定要比市長高，其實正好相反：市長無論是被行刺和被刺殺身亡的頻率，都要遠高於總統候選人。另外，就我所知，雖然歷來沒有任何一位美國州長曾在任內被刺身亡，但我們社會對州長的保護，卻仍然比對市長來得周到（歷來只有兩位州長在任內挨槍，但他們之所以會挨槍，卻跟他們的州長身分無關。他們一位是喬治·華萊士，他是在競選總統時遇刺的；另一位是約翰．康內利，他是在甘迺迪總統遇刺當時與後者同坐一車，才會被誤傷）。所以，雖然市長被暗殺的機率要比州長來得高，但我必須抱歉地告訴我的市長讀者們，我們的社會比較在乎的是州長的生死。

不過令人納悶的是，有時候人們——無論是社會還是個人——不會完全理性地按照ＲＩＣＥ系統來做決定。那都是情緒作祟的結果。例如，為了防止劫機，每年全球旅客接受Ｘ光安全檢查的次數超過**十億**人次，然而被檢查出有攜帶武器的，卻不過寥寥數百人，而他們之中，又幾乎沒有一個人是真有劫機意圖的。更諷刺的是，美國開始在劫機時發生死亡事件，正好是在實施了Ｘ光安全檢查制度之後。因此，就對策的有效度這一點來說，我們在防範劫機這件事情上所付出的代價跟我們得到的效益根本完全不成比例。我們會做這種不划算的事，完全是情緒——特別是憂慮——作祟的結果。我不反對Ｘ光安全檢查制度，但我之所以不反對，只是因為它能夠減少社會大眾對劫機的焦慮，以及對欲攜帶武器者做出威懾。

也許在你的區域闖空門的機率非常小，但為了避免其後果，花錢在門上裝鎖頭還是很合理的。另外，有些人則認為很可能會遇到入室竊盜，或是覺得應該避免這類後果，於是他們就購買了保全系統。我們所採取的防範措施都歸結於自己的ＲＩＣＥ評估系統。請問問自己這幾點：自己做的安全預測可靠嗎？能避免惡果嗎？防範措施有效嗎？藉著這些答案，你就能決定要採取哪種個人安全的防範措施了。

當危險逼近時，直覺會把所有的邏輯思考拋諸腦後，立刻釋放出恐懼的訊號。當我們收到恐懼訊號的時候，直覺事實上已經完成了一系列複雜的判斷程序。雖然直覺的預測是在下意識中進行的，但你仍得在意識的層面去領受它和做出回應。那麼這過程該如何改進呢？大導演柏格曼（Ingmar Bergman）說過：「直覺就像把矛投向黑暗的叢林裡，而知性就像派人到叢林裡把矛給找回來。」

只要願意把矛擲出，各位就可大大加強你們意識層面的預測能力。只要藉著探詢對方究竟會有何作為，我們就能進入直覺、意識以及自己這三者的聯盟關係中。雖然邏輯判斷有時會不願隨著長矛深入叢林當中，但關於這點，下一章的概念可以用來幫助說服它們。

第6章 暴力風險預測法則

「一旦提供了運動原理，事物就能毫無阻礙地一個接著一個運行。」

——亞里斯多德（Aristotle）

我記得有這樣一個個案。一個男的開車到自家附近的一家大飯店，要了一間位於最頂樓的房間。他雖然沒有帶行李，但行李小弟還是親自把他領到了十八樓。他把口袋裡的所有錢（六十一美元）全都掏了出來，給了行李小弟當小費。他問了行李小弟一個問題：房間裡有沒有紙筆？對方說有。五分鐘以後，這個男的從他房間內的窗戶縱身往下跳。

你認為櫃台人員或行李小弟有沒有可能預見他要自殺呢？他們有機會觀察那打算自殺的男人的言行舉止，但卻沒有做出正確的預測，為什麼呢？那是因為他們沒有問對問題。他們問自己的問題是：他付得起房租嗎？他是信用卡持有人嗎？我下次要到什麼時候才會收到一筆同樣多的小費？這些問題之中，沒有一個跟自殺有關。為什麼那個客人沒有行李？為什麼一個住得那麼近的人要來住旅館？為什麼他要挑一個最頂樓的房間？為什麼他會想要紙和筆？為什麼他把身上的錢都拿出來當小費？這些才是跟自殺有關的問題。

當然，理論上，什麼事都是有可能的。例如，那個男有可能是因為遺失了行李；他家那麼近還來住旅館，有可能是因為他的房子在進行消毒（但他又為什麼會沒帶行李呢）；他住旅館，也可能是因為剛剛和太太大吵了一架（他走得太匆忙，所以沒帶行李）；他挑最頂樓的房間，可能是因為他喜歡那兒的視野；他要紙筆，可能是為了寫個短柬給某人（例如他太太）；他會掏光身上的錢給小費，可能是因為他為人慷慨。但有個問題可以給他的其他行為帶來意義：他的樣子看起來沮喪嗎？但飯店的員工沒有人問這個問題。雖然我很確定有些律師可以讓飯店承擔起責任，但重點還是要有意識地去預測事情，一個人一定知道要預測什麼結果，或是對前事件指標看得夠清楚，才能夠將可能的結果帶進意識當中。禪宗的智慧在過去跟在現在一樣管用：知道問題是知道答案的第一步。

預測的語言

當你身陷狗群的包圍而不知所措時，這時你最需要的是吉姆．卡尼諾（Jim Canino）這樣的夥伴。卡尼諾是犬類行為專家，他跟數以百計被人認定是極凶惡或不可理喻的狗隻打過交道。同樣的一隻狗，同樣的一個舉動，對你來說可能茫不可解，但卡尼諾卻明白箇中含義，而且可以從中做出精確的預測。那是因為他懂得狗的語言。舉例來說，你也許會認為一隻向你吠叫的狗是要準備咬你，但卡尼諾卻曉得，狗的吠叫聲只是用來招引同伴。不過狗的低吼卻是一個你得小心的訊號，因為它所代表的意思是：「既然沒有其他狗會過來，那這件事就由我自己來料理好了。」

當別人用一種你不懂的語言跟你說話的時候，不管他的發音多麼清楚，你的了解都會很有限。以下面這段字謎為例：

Flemeing, r o b e r t do, Bward, CCR, L-john john john john john john john john, GGS, stosharne,: powell. Kckkm, cokevstner, michL fir fir fir fir fir, hawstevking, bjacksrowne, steVlder, dgeLnrs.

乍看這字謎，各位一定會覺得丈二金剛摸不著頭緒。但你的直覺可能不這麼認為。其實，這段字謎包括十五個名人的名字，它們之所以看起來那麼讓人費解，只因為它們所用的語言，有別於我們日常所用的那一種。這十五個人名，我可以告訴你頭五個：Flemeing 指的是 Ian Fleming（伊安・弗萊），robertdo 指的是 Robert De Niro（勞勃・狄尼洛），Bward 指的是 Warren Beatty（華倫・比提），CCr 指的是 Caesar（凱撒），L-john john john john john john john john john john 指的是 Elton John（艾爾頓・強），GGS 指的是 Jesus（耶穌）。*

現在，或許你已經有足夠的線索，可以自己把餘下的十個名字給破譯出來了。這段字謎顯示出，意義經常都是一種就擺在我們面前、只等我們去收割的東西。差只差你信不信它就在那裡而已。

上述一類的字謎還向我們透露一件事情：直覺和意識層面的預測，是兩回事。這一類字謎，如果你一開始就解不開，我建議你最好是不要再去看它，乾脆等答案慢慢自己浮現在你腦海，因為不管你再怎麼看，都不會從字謎本身得到更多的資訊。要是你能解開一個字謎的話，就代表答案早就進入了你心中某

---

* 這個字謎以英文的讀音為破解的線索。舉例來說：Flemeing 之所以是 Ian Fleming，是因為 Flemeing 是 Fleming 裡多了個 e，換句話說，是 e 在 Fleming 中；而「e 在 Fleming 中」這句話的英文是「e in Fleming」，讀音與 Ian Fleming 接近。又例如，GGS 可以轉換成 G'Ss（G's 是兩個 G 的意思），讀音與 Jesus 相近。

處，只等你再把它抓出來罷了。很多人不信這一點，他們以為，他們之所以可以解開一個字謎，是憑著把字母拆開來，再進行各種排列組合後得出來的結果。不過，這一類的字謎通常都沒有一個很一貫的原則，但人們卻常常在還沒花時間理解的狀況下就馬上解開了。

我在應邀演講的時候，常常會出一些這一類的字謎去給我的聽眾猜。絕大部分（有時候近乎全部）猜對的人都是女性。不過，得補充一點是：絕大部分猜錯的人也是女性。之所以會有這種現象，完全是因為女性願意呼喚自己的直覺——也因此願意嘗試去猜。相反地，男性由於害怕在一屋子的人面前猜錯丟臉，所以很少願意去猜，除非他們對答案有百分之百的把握。結果就是，當男性還在用他們的邏輯在那裡慢慢推敲琢磨時，女性早就已經用她們的直覺喊出了全部答案。女性更坦然依賴直覺，因為她們從來就是這樣做的。

直覺是單純的聆聽，意識層面的預測則更像是用邏輯解開一個謎題。你寧願信賴意識層面的預測，是因為你對自己使用的是什麼樣的方法了然於胸，不過，這並不代表你會猜得更準。即使我寫這一章的目的是教各位怎樣加強意識層面的預測能力，但你們可不要以為，對於人類行為的預測，意識層面的預測能力有可能勝過下意識層面的預測能力。

我們對人類行為之所以具有預測能力，是因為我們能讀懂人類的某些行為語言。在《身體語言》（*Body Talk*）一書中，迭思曼德．摩里斯（Desmond Morris）向我們解說各種人類的姿勢、肢體動作在世界各地所代表的不同意義。令人驚訝的是，根據摩里斯的研究，在所有人類的肢體語言之中，放諸四海而皆準的竟有六十六種之多；也就是說，它們所代表的意義，在任何社會和任何文化都是一樣的。而我們在用這些肢體語言來傳達訊息時，大部分時候都是不自覺的。不管在世界的哪一個角落，下巴上翹都是一種敵意的表示；頭部微微後縮是害怕的表示；喘大氣和鼻孔張大是憤怒的表示。不管在地球上哪個地方，一個人雙手前伸，手掌向下慢慢按壓，都是在叫你「冷靜下來」。不管在任何文化，撫弄下巴都是表示「我在思考」。

正如我們用肢體語言來表達意思時是不自覺的，我們對別人肢體語言的解讀也通常是不自覺的。如果我要你列舉六十六個四海通行的肢體語言的其中十五個，你一定面有難色。不過，我肯定你絕對認識它們全部，而且在你碰到它們其中之一時，肯定都能夠直覺性地做出適當的反應。

在前面我提過，狗有狗的語言（它們都不是文字），而摩里斯也告訴我們，人除了有聲音、文字的語言之外，還有肢體語言。常常，知道特定的預測語言遠比了解對方實際說了什麼還來得重要。關鍵在於去了解它們的意義，以及人們用字遣詞背後代表的觀點。在預測暴力的時候，有幾種語言要格外注意：

- 表達拒絕的語言
- 表達權利感的語言
- 誇張的語言
- 尋求被關注的語言
- 復仇的語言
- 依附的語言
- 尋求自我認同的語言

尋求注目、誇張、權利感和拒絕，常常都是彼此連鎖在一起的感受。不妨想像一下一個你認識的、極渴望被注意而又極不能忍受被忽視的人（沒人喜歡被忽視，這是理所當然的），但如果他受到別人的拒絕或忽視，這對他來說則有格外大的意義。不妨想像一下，假如阿爾．夏普頓*或拉什．林博**沒得到他們今日所得到的注意的話，後果會是怎樣。由於他們認定他們所得到的注意是他們所應得的（權利感與誇張），知道自己有被別人注意的需要（害怕被拒絕），熱衷於別人看他們或聽他們說話（尋求關注），所以一旦失去觀眾，他們的強烈反應就可想而知。如果他們在這方面的需要真的很強，而他們又得不到的話，他們就有可能會採取極端手段。

再想像一個自視甚高的人。當這個人自願參與某件工作，而他沒有被選中，甚或沒有被人認真考慮的時候，對他的意義肯定跟謙遜的人不同。他也一定會比一個謙遜的人更覺得自己受到了侮辱。

JACA四元素

在進行任何暴力行為的預測時，我們不能只問一個脈絡或某種刺激對我們代表什麼意義，更要問它們對被預測者代表什麼意義。我們應該問，例如，在被預測者自己的認定裡，行使暴力行為會讓他更接近還是更遠離他所渴望得到的結果。每一個人在決定行使暴力以前，都會經歷一段心理歷程（有時是自覺的，有時是不自覺的），而這段心理歷程，一般都可以歸結為他本人對四個因素的評估。這四個因素分別是：正當性（justification）、可選擇性（alteratives）、後果（consequences）、能力（ability）。我的公司簡稱這一組四個的元素為ＪＡＣＡ四元素，認識它們將能大大改善各位的預測能力。

一、正當性（J）

被預測者認不認為他有合理的理由訴諸暴力？從被冒犯時衝口而出的反應（「喂，你踩到我啦！」）到吵架時不惜迂迴曲折地找理由指責對方（譬如夫妻吵架鬥嘴），都是人愛為自己的怒氣辯解、尋找正當性的表現。我們可以窺見這種開展跟製造辯解的過程。例如一個被觸怒的人，對對方該說的話本來是「你做了件讓我生氣的事」，但為了讓自己覺得理直氣壯，說出口的話卻有可能會變成是「你做錯了一件事」。義憤填膺的高道德標準和以牙還牙都是常見的辯解。

憤怒是一種能量龐大且令人振奮的情緒，所以很容易令人陷溺在其中。有時候，人們會因過去遭受的不公，而覺得他們的憤怒更具正當性，藉著一點藉口就發出無關的憤怒。可以說，這種人懷有預作辯解的敵意，又或者說他們就是愛生氣。

當然，一個冒犯到底有多嚴重，最後的判決者仍然是被冒犯者本人。誠如約翰．莫那罕所說的：「一個人怎樣評估一樁事件，對他（她）最後會不會採取暴力的反應大有影響。」他稱之為「受理解的故意」，像「我知道你為什麼撞我，你不是無意的」這類話，就是一個人為自己尋找動怒合理性的最佳寫照。

---

* Al Sharpton，非裔美國人教會領袖，極具煽動性的黑人民權運動者。

** Rush Limbaugh，美國保守派電台主持人和記者，以諷刺他人言論著稱。

二、剩餘選擇（A）

被預測者認不認為除了使用暴力外，還有別的手段可以讓他達到目的？暴力行為就像其他的人類行為一樣，背後總有一個目的；若預測時能夠知道被預測者的目的何在，對預測將大有幫助。

例如，如果一個人的目的是把他失去的工作要回來的話，那我們就可以判斷，他較不可能使用暴力，因為一旦使用暴力，他就不太可能得回到原來的工作。相反的，如果他的目的是報復的話，暴力就是有可能——雖然不是唯一——的手段了。其他可以幫人達到報復的手段還包括嘲笑、毀謗、興訟等等。想知道報復的人會選擇哪一種，關鍵還是在於了解他渴望看到的是什麼樣的結果。如果他渴望的是對方身體受傷害，那暴力就是極可能的選擇了。當初，如果大衛還有別的選擇的話，恐怕他就不會跟巨人哥利亞對打了。大衛即使再有理，以他的實力，也不可能敢貿然挑戰哥利亞。大衛不得不硬上的根本原因，還是在於別無選擇。一個人（或動物）在覺得別無選擇的時候，即使明知自己理虧即使明知後果弊多於利，即使明知強弱懸殊，都會不惜放手一搏。

三、後果（C）

被預測者如何評估使用暴力的後果？在訴諸暴力以前，人們都會——有時是不自覺或快速的——先衡量一下可能的後果。一個自視甚高的人比較不會選擇容忍暴力的後果，因為那會破壞他的身分和自我形象。不過情境有可能會改變這一點，例如，一個被動消極的人有可能會因為身處群眾或幫派夥伴之中而變得暴力（有了他人的支持或鼓勵，暴力對當事人而言因而變得可以容忍）。如果一個人在經過評估以後，覺得使用暴力的後果是對自己有利的話，他行使暴力的可能性就會大大提高。一名暗殺犯之所以會把計畫付諸實行，就是他覺得那會為他帶來想要的關注，且對他而言還沒什麼損失。

四、能力（A）

被預測者相不相信自己有成功行使暴力的能力？過去曾經使用過暴力的人，會對自己使用暴力的能力更有信心，也因此，他們會再次使用暴力的機率也相對提高。有武器的人也會較認定自己有行使暴力的能力。

JACA四元素除了適用於預測個人的行為之外，也適用於預測群體的行為。我們不妨拿巴勒斯坦人來當個例子。巴勒斯坦人會以暴力做為鬥爭的手段，一點都不讓人感到奇怪。首先，巴勒斯坦人覺得他們的做法完全具**正當性**（奪回原先屬於他們的土地主權、報復過去的錯誤，以及處罰以色列人）。其次，他們不認為他們除了暴力手段之外，還有什麼更有效的**剩餘選擇**。再來，他們肯定暴力可以帶來對他們有利的**後果**（可以對以色列施壓、引起世人對他們困境的注意、為過去遭受的痛苦報仇等）。最後，他們認為自己確有合理使用暴力的**能力**。

要預測巴勒斯坦人會不會把暴力持續下去，我們就必須從他們的眼光來看事情。在做任何預測的時候都應試著從對方的眼光去看事情——這一點，再怎麼強調也不嫌多。最近有一集《六十分鐘》，節目內容很能凸顯出美國人觀點的狹隘。該集節目以一名外號「工程師」的巴勒斯坦恐怖分子首腦做為特寫人物。「工程師」策劃過多起炸彈案：在他的指派下，一些不怕死的恐怖組織成員身懷炸彈，前往以色列國境內人口稠密的地點，進行自殺式攻擊。當主持人克羅夫特（Steve Kroft）請「工程師」的其中一名追隨者形容一下「工程師」是個怎麼樣的人時，對方的回答是：「他是個很正常的人，和你我沒什麼兩樣。」

克羅夫特不以為然地說：「你說他看起來跟我們沒有兩樣？老實說，我認為，沒有人會認為你跟他是正常的。」

那恐怖分子回答說：「我想你的話是錯的。在我們的國家，有千千萬萬的人想法和我們一樣。不只是我的國家，在整個阿拉伯世界——乃至你的國家——都有我們的支持者。」他是對的。

JACA四元素適用於預測政府的行為。當美國要投入一場戰爭以前，首先必然會先合理化（諸如把敵對國塑造成「邪惡帝國」，把敵對國的領袖形容為「瘋狂的獨裁者」、「國際罪犯」，把出兵的理由說成是「保護國家利益」，我們不能袖手旁觀等等）。戰爭的可能性隨著可選擇手段的減少而增加：從談判變成要求，從警告變成杯葛，最後從封鎖變成戰爭。隨著輿論和政府的意見越來越一致，戰爭的後果也由不能忍受變成能忍受。隨著船隻跟部隊靠近敵人，我們對（武力）能力的評估就會提高。

美國轟炸機在伊拉克炸死一百個人和巴勒斯坦恐怖分子在以色列炸死一百個人，並沒有什麼差別。我的這種說法可能會令一些讀者感到不舒服，不過，正如我在第三章所提過的，想要得到有效的預測，我們得先擱置任何的價值判斷。在戰爭中，我們必須站在敵艦的甲板上——最少一陣子——觀察事情，因為，無論差別有多大，每一個人都有他自己的觀點，他自己的真理。如同歷史學家詹姆斯·伯克（James Burke）所言：「一個人認為他自己是水煮蛋，對於這點，我們可以準確地說，他屬於少數。」

左右預測成敗的要素

有個方法可用來評估預測成敗的機率，就是去預測那個預測本身。具體來說，可以用十一個要素來執行。這些要素也是我公司用來評估各種預測（不只是暴力預測）的策略，而且方法普遍來說都適用。有許多曾請我們做過危險預測的公司客戶，也請我們幫他們做其他類型的預測，像是對立的訴訟當事人可能會做出什麼行為。我們提出以下的問題：

一、可測量性

你正在預測的事情，它結果的可測量性有多大？你預測的結果發生與否，是一件可以一目了然的事情嗎？假如你要預測的事情是：「在禮堂舉行的支持墮胎大會會發生爆炸嗎？」那麼這就是一個可測量的結果（如果發生了一定很明顯）。

但預測的事情如果換成是「我們這一趟夏威夷之旅會享受到一段好時光嗎」，那結果就沒有那麼好測量了，因為你跟我兩個人對「好時光」的定義可能不同。而且，我有沒有覺得享受到一段好時光，對你而言可能不是一件那麼顯而易見的事情。因此，能成功預測這個問題的機率，要遠低於那些結果很容易測量的問題的機率。

二、立足點

負責預測的人所站的位置，是不是一個可以觀察得到脈絡和「前事件指標」的有利位置？例如，要預測兩個吵架的人接下來會有什麼後續動作，最好是站在看得著和聽得見他們吵架的位置。

三、急迫性

你要預測的那個事件，它的結果是會很快就出來呢，還是要很久之後才會出來？理想狀況是，人們要在事情仍重要的時候預測可能發生的結果。要預測「史密斯參議員下星期會不會碰上想傷害他的人」要比預測「史密斯參議員三十年後會不會碰上想傷害他的人」容易成功得多。理由是，會左右下星期發生之事的變數，要比左右十年後發生的事的變數要少得多。

當可能發生的結果仍對我們有意義時，我們才會竭盡所能去做最好的預測。對史密斯參議員本人來說可能有點殘忍，不過他三十年後的死活，實在很難引起我們現在的關心。

類似的情形也可見於一些個人的預測。例如，在預測「吸煙會讓我送命嗎」這個問題時，雖然一般的吸煙者都會給予它一個肯定的答案，不過由於因吸煙所導致的死亡是一件離現在頗為遙遠的事，所以這個預測結果也顯得無足輕重。

四、脈絡

到底，負責預測的那個人，對他所要預測之事的脈絡有沒有一個清楚的認識？是否能夠評估隨之而來的條件和環境，以及各方和該事件的關係？

五、前事件指標（PINs）

在預測結果發生之前，有沒有鐵定會發生、且可察覺的前事件指標？這點可說是最有價值的元素。如果要預測州長在演講時有無可能成為暗殺目標，那麼行刺人帶著槍跳上台就算是一個前事件指標；但把它當成前事件指標又不是非常有用，畢竟它發生時根本沒時間能阻止後面的刺殺。若拿行刺人的出生年分當指標，發生時間又太陳舊了而毫無價值。儘管這兩種指標在特定的預測上確實是很關鍵的交集，但我們希望的交集是介於兩者之間，即介於可提早察覺，和行為發生前的那瞬間。在行刺這件事上，有用的前事件指標包含了犯人有無探查州長的行程、擬訂計畫、購買凶器、寫日記，或透露給某人「有大事要發生了」。

理想情況下，事件發生前會有幾個可靠的指標出現，但它們也必須要足以被察覺才行。某人有行兇的想法也打算這麼做，雖然是個有重大價值的指標，但這兩點只存在心理難以察覺，所以不是理想的指標。稍後我們會討論職場暴力、配偶謀殺、兒童兇殺以及名人攻擊等的前事件指標。儘管預測人不知道，但這些一直都在。

六、經驗

負責預測工作的那個人，過去有沒有過預測類似事件的經驗？一個馴獸師因為很有經驗，所以可以相當精確地預測出一頭獅子會不會突然發起攻擊，但換成是我就不行了。如果馴獸師正反兩種情況都碰到過（既碰過有攻擊意圖的獅子，也碰過沒攻　意圖的獅子），那他對當前個案所做的預測肯定會更精確。

七、可比較性

在預測的時候，你能不能找到同類型的個案以資比較呢？要預測一個參議員會不會被一個狂徒行刺，一個可行的方法是把它跟那些市長遇刺的個案加以比較，因為這兩類事件在本質上是一樣的。看看市長遇刺的個案在事發前有哪些「前事件指標」，再看看有沒有類似的跡象出現在目前的個案中，你就可以獲得一個可靠程度相當高的預測。另一方面，拿那些不同類型的個案來作參考，對預測不會有任何幫助。例如，參議員被配偶槍殺或自殺的個案就對預測一個參議員會不會被行刺一點幫助都沒有。

八、客觀性

負責預測的人態度夠客觀，他有把正反各種不同的可能性都列人考慮嗎？還是他在還沒有完成預測以前，心中早有定見？若是如此，那麼他們的直覺能力將遇到瓶頸。找一個根本不相信有下屬打上司這回事的人去預測你的某個員工會不會出現暴力行為，你能指望他給你正確的預測嗎？只有相信正反後果都是有可能的人，才會把他可用於預測的全部資源全都用上。

九、涉入程度

一項預測的結果，和負責預測的那個人自身的利益有沒有相關性？他有理由要在乎他的預測結果正不正確嗎？如果我現在請你預測明天早上我會不會睡過頭，你一定不會用心預測，因為我睡不睡過頭，跟你一點關係也沒有。不過，如果你需要我明天一大早去接你機的話，你一定會竭盡所能地去做預測。

十、可預演性

可不可能，把你要預測的那件事情，在別的地方事先搬演一遍，看看後果是不是跟你的預測一樣？要預測你面前的一壺水在加熱時會不會沸騰，你不一定需要立刻拿它來加熱，你可以先拿別壺水燒燒看。可預演性是大部分科學預測的重要憑藉，只可惜，對暴力事件的預測來說，它卻幾乎派不上用場，因為要預測一個憤怒的員工會不會射殺他老闆，你無法把他放在別的公司，再給他一支槍，看看他會做出什麼來。

十一、知識

負責預測的那個人，對他負責預測的事情有精確的知識嗎？除非是真正精確和相干的知識，否則知識之害要大於知識之利。如果一個企業主認定工作場所的準暴力犯都是年約三十五至五十歲的白人男性（這是一項知識，因為一般來說事實的確如此），那他就有可能會忽略掉某個有奇怪言行但卻不符他「標準」的員工（在我公司，我們用一種預測量表將數值分配到這十一個元素中。該量表見附錄六，當中還有一些常見的預測範例）。

「前事件指標」是事件本身的一部分

最前衛的預測學思考的問題是，到底事件的「開端」要怎樣來界定？事件的「開端」與「結束」之間的距離，往往並不如我們所想的那麼短。一個最極端的例子就是地震。一般人都以為，地震是一件突發事件，不具備什麼可靠的「前事件指標」。這是錯的，地震其實有著相當可靠的「前事件指標」，問題只是，地震的「前事件指標」離地震發生的時間實在太長了（可長達一萬年），因此，在一般人的眼中，地震才會是無法預測的。換成是一個地質學家，就會明明白白的告訴你，洛杉磯的下一次大地震，早已開始了一段相當長的時間。在短時間內發生並足以對人類產生意義的事件，地質學會稱之為災難。而你腳下的這塊地正在移動，所以地球的移動不是重點。突發事件才是所謂的重點。

預測暴力時，花上許多時間才出現的前事件指標引出了一個問題，即是否非得等指標等到事件變成災難，還是要在中途發現它。一樁暴力事件又是從什麼時候開始起算呢？以暗殺事件為例，是在凶徒開槍那一剎那，暗殺事件才算開始嗎？還是應該從他把槍帶人會場的時候起算？還是應該從他買槍的時候起算？還是應該從他起意的時候起算？當你領悟到**「前事件指標」就是事件本身的一部分**時，預測就會從一門科學變成藝術了。

如果把這種概念援用在人的身上，那你將會發現，人類的行為像是一條環環相扣的鐵鏈。大多數時候，我們都只把目光局限在這條鐵鏈的一個環節上。例如，如果有一個人自殺了，我們問死者家屬或朋友死者自殺的原因，對方的回答有可能是「因為他遇到財務危機」，彷彿那足以解釋一切似的。很多人都遇過財務危機，但卻不是每個人都會自殺。雖然我們傾向於相信暴力是一種簡單的因果關係，但事實上它卻是一個過程，是一條環環相扣的鐵鏈，而最後出來的那個結果，不過是鐵鏈上最後的一個環節罷了。總歸來說，**在自殺行為之前，啟動自殺的程序就已開始了**。

同樣的道理也適用於謀殺。雖然我們習慣用簡單的因果關係來解釋一個謀殺犯的行為（例如：「他太太給他戴綠帽子，所以他把她給殺了」），但這種思考方式對預測謀殺的發生，幫助不大。暴力就像地震，是一個很長時間的醞釀過程。一個男人會謀殺他太太，早在他們結婚以前就應該已經有端倪。

到目前為止，各位已經看到過不少成功的預測個案，多得可能甚至超過你們的記憶。不過各位不用擔心你們會漏記了哪一個，因為它們所包含的智慧，本來就存在於你們的腦子裡。說起來，這些智慧，我還是從各位那裡學來的呢。這些智慧，也是我們的祖先賴以存活的憑藉。如果各位覺得它們看起來有點陌生的話，那是因為，我們現代人早已把它們其中的大部分忘得一乾二淨。我們覺得自己不再需要它們，是因為我們的文明自認為已經有能力控制危險，不必再費心去預測危險。

我們被賦予了偉大智慧保護自己，開發了非凡的生存科技，而其中最重要的一項，當然首推現代醫學。雖然我們的身體和過去一樣脆弱，但醫學的進步卻使我們不像從前那麼容易死亡。科技也大大增加了我們求援的手段，因此，在遇到緊急事故的時候，我們很少會覺得自己完全孤立無援。我們還有快速的運輸工具，可以在最短的時間內把我們送醫救治（或把醫生送到我們身邊）。儘管如此，今日的我們，所感受到的恐懼仍然比從前任何時代的人都要來得高，而最令我們感到恐懼的事物就是別人。

如果我們想在最大程度上免於恐懼，那就得重溫那些我們與生俱來的預測能力。在接下來的章節裡，我會把我迄今討論過的各種預測和直覺元素運用於實踐中。你將會看到，正如傾聽直覺不外乎就是解讀我們發給自己的訊號，預測別人的行為也不外乎就是解讀別人發給我們的訊號。

第7章——危險之一：威脅與恐嚇的本質——

「男人就是膽小、平庸又愚蠢，既貪生又怕死。」

——傑克．亨利．愛伯（Jack Henry Abbott），美國著名罪犯

「你等著我來幹掉你吧。」在美國，恐怕再也沒有一句話會像這句那樣，引起那麼大的恐慌。有人認為，只有精神異常或有暴力傾向的人才會起意傷人，事實並非如此。那個跟在你後面、嫌你車開太慢的司機，那個在電話亭外面苦候你出來的人，那個被你開除的雇員，那個被你遺棄的情人或配偶……他們全都是正常人，但他們全都有過傷害你的念頭。雖然傷害你的念頭很可怕也無法避免，但重點不在於有沒有念頭：對方如何表達出這個念頭，造成我們不斷恐懼害怕，這才是一切的重點。認清這點，才能減少不必要的恐懼。

所以我們要了解：有些人擾亂我們平靜的心，說一些難以收回的言詞，利用我們的恐懼、毫不在乎我們，提高危險，幹一些齷齪事，這些種種行為都是故意嚇人用的。

恐嚇的言語就像一支秩序森然的軍隊：它會引起我們的焦慮，讓我們感受到一抹揮之不去的陰影。不過，收到恐嚇並不完全是一件壞事，因為它意味著施加恐嚇的人傾向於——至少在目前——用言語恐嚇你，而不是用行動傷害你。

恐嚇是一種被應用得非常廣泛頻繁的語言工具（雖然我們對它的理解少得可憐）：父母恐嚇孩子不聽話就要罰他；律師恐嚇他當事人要採取法律行動；一國元首恐嚇他國對方不就範就要宣戰；前夫恐嚇謀殺；小孩恐嚇父母要當場大吵大鬧一番讓他們出糗。所有的恐嚇，都是想透過言語來達成同一個目的：讓對方的一顆心懸在那。

社會生活的維繫，有賴於我們對某些恐嚇認真看待，而忽略另一些恐嚇。市政府恐嚇市民要是敢亂停車就會被拖吊，你不敢不信，所以停車時就會格外小心。你的太太恐嚇你要是晚餐的時候敢遲到，就把你斃掉，你不會把她的話當真；而就是因為你不會把她的話當真，你們的婚姻才能繼續維繫下去。由此可見，值得擔心的事情不在恐嚇本身，而在恐嚇所發生的脈絡。

相反地，不危險的行為在變換了脈絡之後，也有可能會變得極為危險。例如，上下樓梯是一個很普通的行為，但如果換成是某個觀眾在舞台劇演到一半時無緣無故悄悄地走上舞台的台階，那就是一個極不尋常的訊號了。基於不同的脈絡，讓他走的那幾步樓梯有了完全不同的意義。

情侶間交換的片言絮語，聽在旁人耳中可能沒有任何意義，但在當事人聽起來，卻有可能是一種愛的表示或恐嚇的表示。脈絡是了解任何事情的意義不可或缺的環節。

再想像以下的情景。一天早上，有個男的像往常一樣去上班。但他今天沒有走正門，而是繞到大樓背後，想循後門進去。他前面有人正在用鑰匙打開後門，他快步趕上去，剛好來得及在後門重新闔上以前把門抵住。在他進入大樓以後，迎面而來一個同事，同事對他說：「老總想見你。」他幾乎沒有什麼反應，只低聲說了一句：「我也正想見他呢。」他帶著一個運動袋，不過看起來有點重，裡面不像是只放著衣服。他先到了儲藏室。在儲藏室內，他探手到運動袋裡，取出了……一把手槍，接著又是一把。他把兩把槍都藏在外套底下，然後就往上司的辦公室走去。

如果故事就此打住，接著你必須依照目前所知的資訊，開始預測這名男性接下來的行為，那麼脈絡將決定一切；因為只消揭露以下這點，就會改變後續的故事走向：他是一名警探。如果他是一名郵差，那你的預測就會完全不同了。

恐嚇的重點是脈絡

雖然脈絡才是判斷一個恐嚇會不會付諸實現的關鍵，但大部分人都寧可把恐嚇內容的重要性擺在脈絡的前面。即使是有些專家也相信評估恐嚇的最佳方法就是看看它有沒有包含一些關鍵字。這種方法認定，單靠一些關鍵字，我們就能判定一個恐嚇的危險程度。不過進一步說，人在創造溝通時，話語中的用字遣詞本身就是一種創造，但這些創造僅僅是用來溝通的工具，並不是最終的成品。

試看以下這組字眼：

皮膚　撕裂
剝（皮）　警告
血　殺
切斷的　炸彈

一個熱衷於憑關鍵字來評估恐嚇危險性的人，理應會把一段包含上述字眼的文字認定是一個危險性極高的恐嚇吧。不過，各位不妨自己來評估一下，以下這段文字有沒有什麼危險性：

整段開車途中我都冷得皮膚發紫。風撕扯得那麼厲害，簡直可以掀開車頂。這是我給各位的忠告：千萬不要跟親戚一塊旅行。雖說血濃於水，但要靠聽亨利舅舅那些掐頭去尾的*笑話炸彈來殺時間，也未免是件太痛苦的事情了。

相反地，再看看以下這組字：

打點整潔
可愛
花朵
美麗
歡迎

這些都應該不會算是什麼有危險性的字眼了吧，但請你看看它們是從哪裡拿出來的：

把你自己打點整潔，再去買一些可愛的花朵來戴吧，因為上帝吩咐我，把你帶去祂那美麗的所在，祂正迫不及待要歡迎你呢。

以下是一封一位客戶拜託我加以評估的信件：

昨天我跟你一道散步時，你那得天獨厚的軀體讓我感到一陣戰慄。你的美給了我欣賞其他美——像花朵的美和溪流的美——的一個起點。我有時候真的分不出來，哪裡是你的美的結束，哪裡是自然的美的起始。我唯一渴望的事情是感受你身軀的律動，以及和你分享我的愛。

這封信各位乍看之下可能會覺得相當的美，不過，如果各位知道了它的脈絡所在，肯定會感到震驚：這是一封一個五十歲的老男人寫給他鄰居十歲小女孩的信（那老男人在我們登門造訪沒多久之後就搬走了；他現在正在坐牢，至於他為什麼會坐牢，我想各位應該猜得到：誘姦一個未成年少女。）

「親愛的，是我。」這是一通尋常不過的電話留言，不過如果有個女的為了逃避前夫而遠走他鄉改名換姓，那這通來自前夫的留言就很可怕了。

---

*此處之「去頭掐尾的」一詞係作者所列舉的關鍵字「切斷的」（mutilated）一詞的異譯，作此更動是為了照顧中英文習慣的不同。

威脅和恐嚇之間有著重要的分別

正如我說的，脈絡在預測上面遠比內容重要得多，而這點又深深影響我們的安危。我可以舉個例子。寫作這個章節的當時，我人在斐濟，而在斐濟這個地方，不時都會有人死於一個我們大部分人都意想不到的原因：被椰子樹上掉下來的椰子砸死。由於椰子樹一般都很高，而椰子一般又都很重，所以被掉下來的椰子砸到，後果跟被一個從五層樓掉下來的保齡球砸中一樣淒慘。

有沒有在椰子掉下來以前防範於未然的辦法呢？當然有。但要評估一顆椰子會不會從天而降，需要考慮的因素非常多。你得先爬上一顆椰子樹，測量枝梗纖維的溼度、密度和椰子的重量等等。或者也可以盡快測一下風速，還有看看附近有沒有椰子樹的椰子已成熟掉落了。最後，我還可以提供你另一個預估椰子會不會從天而降的指標：椰子從樹上掉下來的聲音。只可惜，這是個來得太遲的指標，當你聽見椰子墜落的聲音時，那很可能已經是你一輩子所聽見的最後一個聲音了。說來說去，到底有沒有避免被椰子砸中的辦法？

當然有，但我不必坐在樹下去思考這個問題，免得椰子砸中我的腦袋。既然這種後果只發生在特定的背景（在樹下），那就別坐樹下，坐別的地方就是了。同樣地，我們可以避免發生在特定情境下一定會出現的危險。你不想遇到危險，就不要打幫派分子群集的地區經過，就不要帶著勞力士錶前往里約熱內盧，就不要跟一個有暴力傾向的男友交往，等等。脈絡本身就是一個可以預測危險性的指標。

另一方面，脈絡也可以是一個可靠的安全指標。我曾經在喬治．華盛頓大學教授過一堂刑事司法課程。有一次，我要求班上其中五名學生，竭他們所能想一些恐嚇的話來恐嚇我。我要求他們說得盡可能逼真，並表示會在最後評估他們每個人的恐嚇有多少分量。

第一個負責恐嚇我的學生用很嚴肅的口氣說了起來：「你會叫我們做這種練習，我覺得很諷刺；更令我覺得難以置信的是，你竟然會挑我當第一個。因為事實上，我本來就準備好要把你幹掉。當我看到課表今天晚上有你的課時，我就借了——嗯，應該說是『**拿了**』才對——拿了我哥哥的手槍。手槍現在就在我的手提袋裡。」

他拿起手提袋來晃了晃。感覺得出來，裡面的確有什麼重重的東西。「我本來是打算等下課後你去開車時再殺你，但現在我改變了主意，決定在課堂上就把你幹掉。由於今天晚上談的是關於恐嚇的課題，而你又是恐嚇方面的專家，我射殺你肯定會引起轟動。」

他環顧其他學生，其中有些顯得有點局促不安。「有誰不想看到這一幕的話，現在立刻就給我滾出去！」當他慢慢把手伸到手提袋裡去的時候，我說：「下一個。」他即時就坐下了。我曾告訴學員們，我可以評估出他們的恐嚇有多少分量，我當然可以，他們說了什麼或怎麼說都沒差：畢竟他們的恐嚇是應我的要求編出來的，因此脈絡（不是編的內容）很明顯決定了：以上的恐嚇決不會發生。

大部分的人從來都沒遇過死亡恐嚇，所以一旦遇上，難免會慌了手腳；他們誤以為，死亡恐嚇和其他種類的恐嚇完全是兩回事，以至於對死亡恐嚇的恐懼，超過了應有的程度。其實，跟其他種類的恐嚇比起來，死亡恐嚇是最少被付諸實行的一種。

要學會判斷一句言詞到底有沒有確實的危險性，第一步就是要弄懂恐嚇是什麼和不是什麼。恐嚇是一番宣示恐嚇者有加害於你的意圖的言詞。它不給你選擇，不給你條件，不給你出路。它不包含**如果**、**除非**、**不然**、**要是**等等這一類字眼。有這一類字眼的話語都是威脅，而非恐嚇。威脅（intimidation）和恐嚇

（threat）之間有著重要的分別。

威脅會陳述前提條件，它能避免傷害。例如「**如果**你不升我職，我就放火燒掉這棟大樓」，就是一個威脅，而非一個恐嚇，因為對方傷不傷害你是有前提的。威脅的動機經常明白顯示在威脅者的話中，而且有個他明確想要的結果。「**除非**你道歉，**不然**我就把你給幹掉！」（他希望對方道歉）「**要是**你敢開除我，我會讓你後悔莫及！」（他想保住他的工作）

出言威脅的人最終目的不在傷人，而在迫使別人接受他的前提。恐嚇則不然，它不包含任何前提，因為提出恐嚇的人通常都認為事情已經沒有轉圜的餘地。職是之故，恐嚇比威脅更有可能付諸實行。另外，在爭吵結束時所提出的恐嚇，比在爭吵中途提出的恐嚇更要值得小心，因為這意味著恐嚇者的恐嚇不是出於一時衝動，而是一個經過考慮的決定。

炸彈客的個性都不是爆炸性的

做為一種溝通工具，恐嚇跟承諾有相似之處（雖然我們更常使用承諾）。在承諾方面，如果我們判定作出承諾的人是真心誠意，那接下來就會評估他能信守承諾多久。畢竟一個人也許今天做出承諾，但到了明天就變卦了。而恐嚇常常發自情緒，也因為情緒是暫時的，所以恐嚇者的意志也常常難以為繼。恐嚇與承諾的相似之處，就是說易行難。

承諾與恐嚇都意在使我們看見它們的意圖，然而實際上，恐嚇使我們看見的是一種情緒：挫敗感。當一個人需要出言恐嚇的時候，正代表他已經黔驢技窮，沒有別的能力足以影響對方。所以嚴格說起來，恐嚇要傳達的不是意圖，而是沮喪。恐嚇與承諾這兩者都不是保證書、合約或擔保；它們只是空口白話。

（當承諾無法履行時，保證書提供了修復的權利。而合約則是當違反承諾時，違約方得付出代價。擔保則是若無法履行承諾時，擔保人需要付出代價。因此話說回來，恐嚇是一種最低成本的承諾形式，對方也希望最好能打破承諾。）

儘管你無法從恐嚇者所收到的反應來知道這件事，但我們知道，有權力（power）的人很少出言恐嚇。對恐嚇者而言，他們的力量（power）來自於灌在受害者身上的恐懼，因此恐懼即是恐嚇者的籌碼。他透過你的慌張猶豫來獲得利益。但相對地，一旦出言恐嚇了，那麼接下來他就必須得要選擇進一步還是退一步；如同所有人一般，他希望能透過進或退來維持尊嚴。

一個人怎樣去回應一個恐嚇，將決定這個恐嚇能有多少分量。假使一個人在接到恐嚇後，馬上面如土色、瑟瑟發抖、頻頻求饒，那這個恐嚇將形同黃金；相反地，假如當事人對恐嚇嗤之以鼻，那這個恐嚇就會形同糞土。

即使是在一些我們判斷極有可能付諸實行的恐嚇（對這一類恐嚇當然要採取預防措施），我都會奉勸我的客戶不要在恐嚇者面前表現得太在乎他的話，更不要流露出半點懼意。

這個年頭，炸彈恐嚇是那些有怨氣無處出的人很愛用的一項報復手段。僅僅一通炸彈恐嚇電話，就可以讓一整棟大樓疏散人員並關閉一整天，讓一個機構採取更嚴格的保安措施，其威力大得叫人訝異。如果有人打電話給你，告訴你「我剛剛裝了一個炸彈，會在三小時後爆炸」，而你又相信他的話，那你無異於相信有人會不嫌麻煩把組裝炸彈的零件弄到手、組好，然後又不嫌麻煩等待沒人看見的時機、冒（被逮到的話）終身監禁的風險把炸彈裝好，最後卻主動打電話警告別人，讓自己白忙一場。世界上會有這樣的人嗎？

如果他真的裝了一個炸彈的話，那請問他打電話告訴你這一點的動機何在？是想挽救一些人命嗎？那他何不把炸彈裝在沒有人會經過的地方，甚或根本就不要去裝它呢？

如果一個人真的是因為突然良心發現，為了確保沒人受傷而打電話來恐嚇，那這種時有時無的反社會人格者，他為什麼不把藏炸彈的地點講得清楚一點，好讓別人一下子就可以找到呢？

當然還有一種可能，那就是打電話的人真的藏了炸彈；但他為了保障炸彈爆炸後的「榮譽」會落在自己身上，所以打了警告電話（事前打電話才能證明事情確是他幹的）。不過試想，如果一個人真的病態到要用炸彈爆炸來吸引別人的注意，他會願意冒這個險，讓警察有時間搜查他裝置的炸彈，讓警察有機會剝奪掉他的驕傲與樂趣嗎？

我們如此相信「我裝了炸彈」，以至於我常思索，是否我們對其他難以置信的說法也能輕易相信呢？如果換成是有人打匿名電話，說他「埋了一百萬美金在大樓前面的花圃裡」，那大樓裡的上上下下——從總經理到小弟——是不是也會一擁而出，統統跑到花圃裡去挖錢呢？

我們不能再這樣繼續下去。如果有人打電話說他在大廳裝了個炸彈，但十分鐘後又打電話來說沒這回事，我們要怎麼辦？是要停止搜查，叫每一個人繼續上班嗎？如果我們在星期一接到炸彈恐嚇之後，就馬上疏散所有人員，但接著在星期二，甚至星期三，我們又接到同樣的電話，我們要怎麼辦？要到什麼時候，我們才會學會不要把做出匿名炸彈恐嚇的人——儘管迄今為止這一類的恐嚇幾乎百分之百是虛報——當成是世界上最可靠的人呢？答案是，在我們對自己的預測能力更有信心的時候。

藉由對恐嚇有更進一步的了解，就能獲得這股信心。如果打炸彈恐嚇電話的那個人，語氣裡充滿憤怒和敵意，那我就可以很有把握地告訴各位，他的目的和絕大部分其他種類的恐嚇者沒有兩樣：單單只是為了製造害怕與焦慮。一個會在電話裡使用暴力意象（像「你們所有人都會被炸得屍骨無存」）或表現出挑釁口吻的恐嚇者，都跟真正炸彈客的個性不符。絕大部分真正會放炸彈的傢伙都屬於有耐性的一型，碰到有怒氣的時候，他們會把怒氣暫時收藏起來，等待來日再報復。他們發洩怒氣的方式是把東西給炸掉，而非打恐嚇電話。說起來很有趣：炸彈客的個性都不是爆炸性的。

炸彈恐嚇會為企業主帶來很多猶豫不決的問題（諸如：「應不應該疏散員工？」「我應該把接到炸彈恐嚇的事告訴員工，再由他們自己決定要不要留下來嗎？」「要怎樣評估一個炸彈恐嚇的可信度？」「碰到炸彈恐嚇的話該注意哪些人？」）所以，有些企業主會來我的公司求教，請我們為他們事先擬訂一套遇到炸彈恐嚇時的反應對策，以免事到臨頭才在那裡瞎子摸象。正如評估其他種類的恐嚇一樣，在評估炸彈恐嚇時，脈絡也是一個絕不能忽視的關鍵要素。例如，在奧運會發生的炸彈恐嚇，由於涉及政治方面的因素，加上奧運是全球媒體注目的焦點，所以評估的方式就會有別於評估一個發生在購物中心的炸彈恐嚇。

誰會從你的決定中獲得好處？

有些恐嚇者在提出恐嚇時，由於沒有經過事先整理，所以常常會一再修改恐嚇的內容。例如，他們最先可能會說：「我一個小時之內就要把你轟上天。」繼而改口為：「你應該被幹掉。」然後又再改為：「你的那一天會來的，我承諾。」我們稱這種一再修改的語句為「價值遞減型的語句」。會用這一類語句來恐嚇人的人，與其說是在提出警告，不如說是在發洩怒氣。

人在恐嚇別人時，都會刻意挑一些會讓對方感到震撼或驚懼的字眼。被恐嚇的人常常會把他們所聽到的恐嚇言詞形容為「恐怖的」或「邪惡的」，因為這些言詞所揭示的，往往是一個令人毛骨悚然的畫面：

「我會把你切成一塊一塊」這句常見的恐嚇語如是，「我要把你的腦漿轟出來」也是。然而你一定不能忘記，幾乎在任何的情況下，內容的重要性都要遠遜於脈絡，而且選擇說這些驚恐的言詞，通常反映了恐嚇者與其說是要傷人，不如說是想嚇人。其實，像「我要轟掉你的頭」或「我要把你像條狗那樣斃了」之類的話所意味的危險性，有時候（看脈絡而定）反而不如「我再也受不了了」這句話來得大。

就心理學上來說，遭到出言恐嚇會激起我們的防衛。儘管令人驚慌失措的言論並不真的致我們於險境，但對危險的不確定感卻會造成一個問題：驚恐會遮蔽我們的感官知覺——而清晰的感官知覺正好是我們想精確評估眼前的恐嚇，所不可或缺的。

過去三十年來，我接觸過世界上最富原創性、最令人毛骨悚然和最逼真的恐嚇。而我從中學到的事情是，在收到這一類的恐嚇時，最重要的事情就是保持冷靜；否則，我們就無法專心評估眼前的各種資訊。舉例來說，一封恐嚇信或一通恐嚇電話，並不會帶來立即的危險。然而，當事人卻往往會產生即時的生理反應，諸如進入手腳的血液量會增加（有利於打架或奔跑），身體會釋出皮質醇（chemical cortisol，有利於在流血時加快血液的凝結速度），肌肉中的乳酸會增溫（以便肌肉能動作），視覺會變得銳利，呼吸和心跳會加速（以支援各身體系統）等等。這些生理反應，在真正面對危險時（像凱莉從床上站起來走出公寓的時候）都是很有價值的反應。不過，如果你仍處於評估危險的階段，那最好還是保持冷靜；只有保持冷靜，你才有可能獲得最佳的預測結果。要讓自己在緊張時保持冷靜，一個可行的辦法就是問問自己這個問題：「我現在有立即的危險嗎？」你的身體也需要你先問這個問題；一旦問了，就能察覺到事情會如何發展。

感官知覺的最大敵人就是知性判斷。知性判斷喜歡把東西不是歸入這個範疇就是歸入那個範疇，而當知性判斷碰到一個它完全不解的行為時，就會告訴我們：「那傢伙是瘋子。」知性判斷會根據一件東西裡面我們所熟悉的部分把它加以歸類，把它從陌生變為熟悉。熟悉是一件讓人感到舒服的事情，只可惜，它也會讓我們對一些新資訊視而不見。

另一個讓人們無法看見新資訊的原因，是他們過早斷言一個人有罪還是無罪。還記得我那位懷疑恐嚇者是跟她打官司打輸的男人的女客戶嗎？在她向我陳述她的狀況時，她的敘述裡包含了一些跟事情主體無關的細節（我稱之為「資訊衛星」的細節）。我之所以看得出來它們的價值，而我的女客戶自己反而看不到，就是因為她心中早有了誰是嫌疑犯的定見，因而關閉了自己的感官之窗。

相反的情形也可能會導致相同的後果，也就是說，如果一個人在事前就排除掉某個人有涉案的可能，那他對一些明顯的線索就很可能視而不見。莎莉就是箇中一例。

「有人在裝神弄鬼嚇我，我非查出來是誰不可。幾星期前，一輛車子開到我家——我家位於一個山崗頂上——的大門前，盯著我的大門看。後來，我把大門上的燈開關了一下，他就離開了。同樣的情形在第二天再度發生。接著，騷擾電話就來了。一個男人的聲音在電話裡說：『妳該搬家的；一個女人單獨住在那種地方不安全，那地方不是妳該住的。』我很幸運，幾天以後就認識了李察．班納斯，他對我的房子有興趣，我就把房子賣給了他。說起來，對像我這樣一個單身女性，住在那麼偏僻的地方實在不適合。」

「資訊衛星」在哪裡？

「告訴我一些有關李察．班納斯的事情。」

「李察．班納斯？噢，他跟這件事無關，他是位好買主。有一天，我到信箱拿信時，他剛打我家門前慢跑經過。我們聊了起來。他告訴我他很喜歡我房子面對海灣的景觀，於是我們就順著房子的話題談了下去，我告訴他我正在考慮把房子賣掉。他第二天下午就給我開了個價錢。」

「既然房子已經賣掉，妳幹嘛還擔心那通匿名電話？」

「我擔心他是不是想傷害我。」

「那通匿名電話建議妳搬家。如果對方有傷害妳的意圖，又怎麼會想要妳搬家？據妳所知，誰會從妳搬家這件事情中獲得好處？」

「沒有人。」她若有所思了一下子以後，又加了一句：「除了想買我房子的人以外……」

我想各位已經知道答案啦。有很多理由支持我的想法：李察．班納斯的住處離莎莉的住處有一小時的路程，他為什麼會慢跑到莎莉的住處來，令人不解；他曉得莎莉的房子視野很好，這一點，沒有開過車沿山路而上的人是不會曉得的。莎莉之所以不會想到匿名電話是他打的，完全是因為從一開始就已經排除了他涉案的可能。

由於幾乎所有匿名恐嚇的目的都是為了左右當事人的決定，所以，我喜歡建議我的客戶問自己一個問題：誰會從他的決定中獲得好處？通常經此一問，恐嚇者是誰都會昭然若揭。

被威脅者決定威脅的分量

最常見的非匿名威脅，莫過於敲詐勒索（extortion）：抓住別人的痛腳，然後要求對方付你保守祕密的代價。不過，一個威脅到底有多少份量，歸根究柢還是取決於被威脅者的態度，而非威脅者的態度。

眾所周知，敲詐也是威脅的一種，因為它總是會包含著**如果**、**除非**、**不然**、**要是**等等這一類的字眼：「如果你不給我一萬美元，我就告訴你太太你有外遇。」在聽到這樣的威脅時，最明智的回答莫過於：

「不要掛，我叫我太太來聽電話，好讓你可以現在告訴她。」要是你能這樣回話，對方的威脅就會由黃金變成糞土。如果你能讓對方相信，他的威脅並不能使你緊張，那你最少可以站在一個比較有利的談判地位。這招在許多案例中，都能有效中和掉整個事件。

相反地，懇求和讓步只會讓對方得寸進尺。有時候，被敲詐者會寧願花錢消災，不過，只要你付過一次錢，敲詐通常都會重複出現。得過一次甜頭的敲詐者會把你當成提款機，只要有需要，就會來提款。

我絕少建議我的客戶付錢給敲詐者。除了合法的敲詐者（像律師）之外，很少敲詐者會信守承諾。最常被敲詐的人，大概非公眾人物莫屬了，而他們的經驗，也可以讓我們學到不少的事情。曾經有一位年輕的女明星，因為被敲詐而來找我。她告訴我，她未成名前認識的一名男朋友打電話給她，威脅說要是她不付他五萬美元的話，就要把她流過產的事實公諸於世。女明星對此極感焦慮，從而也大大提高了這個要脅的身價。在她來找我以前，已經整整一星期沒睡過好覺。我處理這類個案的方法一向都是先進行系統性的評估。我請她列一張表，把她認為事情公開後會有激烈反應的人一一列出來。

「那很容易。」她說：「是我父母。我不想讓他們知道。」我聽了以後，建議她不妨打個電話，自己把流過產的事實告訴他們；若這樣做，怎麼說都比他們從別的什麼管道（例如某張小報）得知這個消息要來得好。我告訴她，她是這世界上唯一能決定威脅者所掌握的祕密具有多少分量的人。

自己主動公開自己的祕密——這是很多被敲詐者壓根兒都沒有想過的可能。不過，在考慮了十分鐘以後，我的客戶就做了這個艱難的決定，當場打電話給她的父母。掛上電話以後，她的神情顯得輕鬆無比。她告訴我：「我來這裡，本來是為了尋求什麼法子阻止我的祕密被公開。不過，我現在不再打算為此做些什麼了，我根本不在乎他會說些什麼了。」（她沒有付錢給敲詐者，而對方最終也沒有把她的祕密公開。

我一年總會碰到幾個類似的個案。）

敲詐是一種要機緣湊巧才犯得成的罪，所以大多數從事者都是新手。既然是新手，威脅起別人來難免會轉彎抹角：「妳曉得嗎，我前天晚上在電視轉播的艾美獎頒獎典禮上看到妳呢。妳現在真的很風光耶，賺錢又多。我就不行了，今年手頭拮据得半死。我常常把那些我們在墨西哥時一起拍的照片拿出來看，那時候妳真美……」由於是新手，所以他們說起話來都有一點笨拙，而且總希望對方幫他們把話接下去：「我很樂意能在財務上幫你的忙，不過我不知道，你是不是可以把那些照片還我。我不想看到它們被公開。」

很多被敲詐的人不等敲詐者把話講完就急著安撫對方，這樣做有一個弊端：讓對方不覺得自己在做的事有多醜陋。你要逼他面對自己的醜陋。我建議各位，遇到敲詐的時候，在對方未把話挑明以前，你一定要反覆地說：「我不明白你的意思。」有很多威脅者（由於是新手）就是沒法子把赤裸裸的威脅說出口；結果，他們不是變得結結巴巴，就是乾脆把已經到嘴邊的話吞回去。要對方把話說明，也可以讓你判斷出對方的威脅是出於不懷好意還是出於貪婪。這樣，你多多少少可以判斷出對方究竟想要什麼。

要謹記的一件事情是（我承認這不易做到）：對敲詐者要保持禮貌，避免讓他找到讓自己心安理得去威脅你的理由。相信我，一個新手在威脅別人的時候，正是他自尊最脆弱的時候。我不是叫你去同情敲詐者，我只是叫你不要去刺激他，因為他一旦動怒，就會變得強硬。

被敲詐者常常會認為，威脅自己的人如果是熟人，對方說到做到的機率就不會很高。是或不是，我留給各位自己來做判斷。不過，對那些想節省點判斷時間的讀者，我可以提供以下兩點心得供他們參考：第一，動機出於惡意的威脅者，要比動機出於貪婪的威脅者更狠。無論如何，這些出於惡意的人通常很難談判，所以我不建議我的客戶嘗試。第二，一開始就不講理的威脅者，要比那些吞吞吐吐的威脅者來得說到做到。

不管是哪一種威脅，如果威脅者對他們會採取的行動是用「否則你會後悔」或「不要惹我」之類含糊其詞的說法，我建議你直接問他：「你打算怎樣做？」他們詳盡的回答幾乎總會比原先所暗示的要來得弱。不過，就算他們給你的是一個明白而強悍的回答，你也沒有什麼好損失的，因為，事先知道他們有什麼打算，總比你懸著一顆心在那裡瞎猜來得好。

具名的恐嚇信比匿名的恐嚇信危險

我在前面曾一再強調，脈絡是一個用來評估危險性的重要指標。這一點，在評估公眾人物所受到的恐嚇時，再一次獲得印證。適用在其他恐嚇脈絡的那些假定，幾乎完全不適用在公眾人物的脈絡。例如，在親密的人際關係中（鄰居、朋友、配偶）遭受暴力的可能性，會隨著溝通品質下降跟挫折感上升而提高，但同樣的威脅在公眾人物的脈絡裡，卻一點也不是危險的徵兆。

再來，人們還有一個頑固的迷思是，恐嚇公眾人物的人就是最可能傷害他們的人。事實上，比起直接恐嚇公眾人物的人，溝通方式不當的人帶來的危險還更大，比如相思病、過度崇拜、相信一段關係是命中注定、抱持著媒體人物欠他們什麼的信念，等等這些。在美國，直接的恐嚇絕不是一個預測暗殺的可靠「前事件指標」。有一個鐵一般的事實可以為我這個論點作證：**綜觀媒體時代，一個成功攻擊公眾人物的攻擊者，從不會事先恐嚇。**

對公眾人物的直接恐嚇不足以構成一個暴力行為的指標。不過，要是一個人曾對第三者提過他有傷害某公眾人物的意圖，那我們對他就應該投以多一點的注意了。例如，如果有個叔叔向警方報告他侄兒曾提過要行刺州長，那我們就不能排除他侄兒真有行刺州長的可能。因為不直接去恐嚇當事人而選擇告訴第三方，那就表示他的動機並不只是要嚇唬受害人而已。雖然這類人會把想法付諸實行的仍屬鳳毛麟角，但要是各位碰到這樣的人，聽到這類的話，還是應該向警方報告才是。

有個迷思是，那些欲傷害公眾人物的人犯案前會先預告（恐嚇）受害人，這導致許多人心中下了個錯誤的結論：只要不當的言詞當中沒有包含恐嚇，那就不重要。事實恰恰相反：若公眾人物因其不含不當言詞而選擇忽視，這才會使他們錯失跟安全最相關的溝通。

說出口的恐嚇會降低危險，沒說出口的恐嚇卻提升了危險。這個想法對大家來說一定很難理解，畢竟這與直覺正好相反，但卻是事實；而且在公眾人物面臨的恐嚇這方面，這還不是唯一驚人的。

例如，雖然匿名的恐嚇信常常比具名的恐嚇信更令收信者憂心忡忡，但事實上，具名的恐嚇信要比匿名的恐嚇信來得更危險。有一個很簡單的理由：具名反映出寫信的是一個喜歡受人注意的人。職是之故，他比匿名的恐嚇者更有可能會成為一名暗殺犯。在新聞報導的時候，我們不是常常可以看到一些行刺名人的人，站在犯罪現場揮手說「嘿，是我幹的」嗎？

儘管事實俱在，但警方也像一般民眾一樣，看重匿名的恐嚇而輕視具名的恐嚇。這部分可能是因為警方終日與之周旋的，都是一些千方百計隱藏自己身分的罪犯，所以一旦碰到一些自報姓名的準罪犯，警方難免會認為：「這傢伙什麼都不會做的——他已經把名字明明白白告訴人家了。」這種思路的邏輯是，要是恐嚇者把他們的死亡恐嚇付諸實行，就很容易會被抓到，所以他們不至於那樣傻。問題是，衡諸歷來那些真的有所行動的恐嚇者，你會發現，他們很少是那種擔心被逮到的人。警方的失算源於他們誤以為，行刺公眾人物的罪犯跟其他種類的罪犯是同一類人。他們有沒有想到，有一類人，是在犯案之前就已經算計好怎樣讓別人抓到他的呢？有沒有想到，有一類人是極樂意出現在電視新聞畫面上的呢？

現代媒體矚目的犯罪當中，行刺暗殺是最醒目的一種，這被描繪為一種完美犯罪，而且很少人願意致力於此。當然你不會想面對那種罪犯，但卻還是會遇到不願摒棄這種想法的人。

第8章　危險之二：死纏爛打應對心法

「當你對著人生氣，你就讓他們變成你生命中的一部分了。」

——蓋瑞森・凱勒（Garrison Keillor），主持人

在美國，堅持不懈這回事有點像披薩餅：它不是美國人發明的東西，但美國人卻愛死它了。我們向小孩保證，人只要堅持不懈，一定會有所回報。我們把它視為成功的要因，讚美那些遭逢逆境卻還能堅持下去的人。我們歌頌堅持不懈，卻完全沒想過，有些堅持不懈的人會讓我們陷於抓狂的境地。再也沒什麼狀況比處理那些死纏爛打的人更令人厭惡了。我們試著去預測他們等下會做什麼，擔心他們很可能變得暴怒危險，此外還得苦苦思索怎麼停止他們心中那莫名想持續糾纏的衝動。

試把以下一個我客戶的遭遇想像成是你自己的遭遇。你跟你太太參加一個研討會，在那裡，一名熟人介紹你們認識一個名叫湯米的人。湯米是一個娃娃臉、活力充沛的年輕人。你跟他談起你的旅行社準備要擴展業務，他顯得興致勃勃。

這個偶遇不像是個夢魘的開始，不過它對麥克・費達和他太太賈姬來說，卻不折不扣是個夢魘的開始。在研討會的閒談時間，湯米對費達夫婦大談他對旅遊業的一些想法：「我喜歡開發一些非傳統式的旅遊項目，而很明顯，現在人們正慢慢離棄住大飯店坐遊覽車式的觀光活動，轉而鍾情於野營、泛舟和健

行。我有一些構想，保證可以讓任何旅行社的業務量倍增。我只是還沒找到適合的夥伴來開始。他建議費達夫婦在少棒聯盟的後援會推展一種父子同遊的旅遊業務。

「我在好幾個少棒聯盟的後援會工作過。我知道後援會很多會員都願意花時間在小孩身上，我肯定他們也一定樂意花錢跟小孩一起出遊。少棒聯盟的後援會都很有組織，所以可以透過它們的會訊或聚會把我們的旅遊方案推銷出去。另外，我們還可以給參加旅遊團的其中一些爸爸佣金，請他遊說其他的父子檔參加。」

賈姬告訴湯米，她喜歡他的構想，而麥克也說計畫聽起來很有趣。不過，他們接下來所說的，也僅止於「晚安」二字而已。

兩天後，湯米打了通電話給麥克（他是從介紹他認識麥克的女孩那裡拿到電話的），說想找他談談上次還沒談完的事情：「十分鐘就夠了，我承諾。」為了不想讓對方難堪，麥克同意了見面：「兩點鐘可以嗎？」

兩點鐘的時候，麥克因為剛好接到一通長途電話，所以耽誤了幾分鐘的時間。湯米為此看來有點不悅，他劈頭就說：「我還以為我們約的是兩點鐘呢！」

「對，是兩點鐘沒錯，我剛剛因為一個四十人的非洲團的事……」話講到一半，麥克才猛然想到：**我幹嘛向這傢伙道歉？**湯米在電話中要求的見面時間是十分鐘，但現在他已經足足講了二十分鐘。在這段時間內，湯米對他上次提及的構想又加入了不少細節，顯見他對這件事情十分用心。

最後，湯米向麥克提出了一個正式的建議：他願意向公司請個長假（他從來沒告訴過麥克自己在哪工作），為麥克組一個前往優勝美地（Yosemite）國家公園的父子檔旅遊團。如果不成功，麥克一文錢都不用給他；如果成功，湯米可以抽成。

當麥克告訴湯米，他的一貫原則是不跟公司之外的業務代表合作時，湯米表示自己可以理解，還說：「那我可以當你們的專職人員啊。」而當麥克告訴他公司暫時沒有空缺時，湯米表示，給他什麼樣的缺都沒關係，他可以等有業務代表出缺的時候再補實。

唔，**堅持不懈，這是個成功者的標記啊！**麥克心想。不錯，那確是個標記，只不過不是成功者的標記。那是一個對「不」字置之不理的標記。在任何脈絡下，那都是個表示「麻煩來了」的清晰訊號。

到第四十分鐘的時候，麥克讓步了：「我看這樣好了，湯米。我最好的業代瑪利蘭考慮在幾個月後離職——她打算要結婚。如果成為事實的話，我會打電話給你，屆時我們再好好談這件事情。」

湯米對沒有獲得具體的回應表示失望。不過他說他會保持聯絡，等待「進入下一局的機會」。

他一星期後又打電話來，問麥克已經做好了決定沒有？（什麼決定？只有天曉得。）麥克回答說：「還言之過早，湯米，瑪利蘭和她未婚夫還沒有決定結婚的日期呢。」語畢便對他置之不理。

湯米最後說：「那好吧，代我向賈姬問好。」這通電話透露了糾纏不清的人格特質：將不存在的承諾加諸在他人身上。

第二天，瑪利蘭遲疑地問麥克，他是不是有個朋友叫湯米？她說有個叫湯米的人打電話給她，問及她的婚事，還問她到底要什麼時候離職，因為「麥克和我正試著進入下一局」。

不到五分鐘後，麥克就給湯米打了電話。「湯米，你給我聽好，我知道你是個很棒的小伙子，而且有很強烈的進取心，但有一件事你務必要搞清楚：**如果**你的構想我們公司覺得用得著，我自會打電話給你，你用不著再打電話來給我，而我也絕對不認為你有必要打給瑪利蘭。明白了嗎？」

引鬼上身

但湯米看來一點都沒有為麥克所說的話感到沮喪。「嗯，我完全明白了，很抱歉為你帶來困擾。我只是想從瑪利蘭那裡得到個時間表，好準備上班而已，沒別的意思。我不會再煩她的了。」聽湯米這樣說，誰都會以為他已經搞清楚狀況，不料，他又補充了一句：「她說大約還要再八個星期。我會做好準備的。」

「湯米，聽好，你不需要準備任何事情。旅遊生意和你想像的有出入。我希望我們有朝一日會有交集。我也希望你諸事順利，再一次謝謝你給我的建議。」

好了，事情到此為止啦！真是個堅持的傢伙，麥克心想，不過我想我這一次講得夠清楚了。

大約三個月後，有一天，當麥克午餐回來時，發現他的聲音郵件信箱有三通留言，全是湯米留的。真是個**堅持先生**。在麥克來得及回電話以前，湯米已經先打來了，他聽起來很激動：「真是令我吃驚，麥克，只可惜不是個驚喜，更像是驚嚇。今天早上我打到你公司，你公司的人卻告訴我瑪利蘭已經離職兩星期了。整整兩星期！我們有過約定，所以這件事情讓我有一點點失望。我真不敢相信，你竟讓我們損失了整整兩個寶貴的星期。你知道我又投入了多少時間來讓我的構想變得盡善盡美嗎？你應該沒有找別人來接替瑪利蘭的工作吧？」

麥克覺得很心煩，湯米這番謬論讓他有不祥之感。要怎樣才能把他打發掉呢？「首先，呃，瑪利蘭的工作現在還沒有人接手。（**我幹嘛提這個！**）不過，嗯，這不是重點。我們沒有過任何約定。我們只是談過了一談，不是嗎？」

「也許你是這樣想，但我可是把全身心都投到裡面去了。我本來以為你是那種會有所執著的人，但看來我錯了。」

「你說得對，我不是一個有所執著的人，湯米，所以，我們就到此為止吧。我很抱歉讓你產生那麼多的誤會。」

湯米掛斷了電話。

但第二天，他又打來了，而且一共打來了兩通，但麥克都沒有回電。湯米在其中一通留言裡表示，有緊急的事要跟他談。但一個你幾乎不認識的人，又能有什麼緊急的事呢？

在那星期結束以前，湯米又留了五通電話錄音。麥克終於忍不住把這件事情告訴了賈姬。「我壓根兒就沒有想過要用他，但我一定是說過什麼才讓他燃起希望。我不知道我還能對他說些什麼，但老不回他電話也不是辦法。我可不想惹怒他。」

「他早就生氣了。」賈姬的回答很明智：「在你不願成為他的好朋友和生意上的夥伴時，他就已經氣壞了。我不認為他會聽得進你的任何話。」賈姬就像其他的女性一樣，更懂得怎樣應付糾纏者。她曉得，在他們耳中，「可能」會被聽成「一定」，「喜歡」會被聽成「愛」。不願意聽你說什麼的人就是不願意聽你說什麼。那是已經到了再怎麼嘗試也於事無補的地步了，再試事情只會更糟，因為當你試著拉開距離時，就是鼓勵他黏上來。

如果單從空氣中，湯米就可以看出麥克對他做過終身合作的承諾，那天知道他又能從麥克的其他任何回應中看出什麼來呢？接觸本身就是燃料，更何況湯米是個不需要多少燃料就可以自己燒起來的人。

「我會再觀察一個星期，要是他還不停止的話，我就會再打給他，跟他說個一清二楚。」

「麥克，你已經說得一清二楚了。」賈姬提醒他：「你直接了當叫他不要再打來；你說：『讓我們到此為止吧。』這不算一清二楚的話，什麼才算呢？」

賈姬是對的。如果你告訴對方十次不想跟他講話，這就是在告訴他們，你比你想講的還多講了九次。要是對方每留下二十通留言你就回他一通，那你不等於是教懂了對方，他要打多少通電話才會獲得你的一次回應嗎？

接下來兩星期，湯米一通電話都沒打來。就在麥克暗暗慶幸事情總算過去的時候，湯米又留了話：「我有急事要跟你立刻談談。」麥克覺得他真的該讓事情有個了結了。他每一次都用自己的行為標準來衡量對方，這一次也不例外。他心想，不回電話就好比是一種侮辱，倒不如回他電話、侮辱他一下，事情可能就會改觀。主意打定後，他就開始撥電話給湯米。

「你到底怎麼搞的嘛，你這個瘋子！我們絕對不會一起共事的，絕對。你聽清楚了沒有？我以前已經說得很清楚，你就是不聽到耳朵裡去。從此以後我絕不會再打電話給你的了，懂了嗎？」

湯米的反應出乎麥克意料之外。他說他剛才打電話來的目的只是為了想道歉，他說他不想完全斷了自己後路。「我仍然在想，說不定，有朝一日，我們可以一起來個全壘打。」

「不，湯米，你應該把心思擺到別的地方去。如果我知道有什麼好的機會，我會知會你的，好嗎？（**老天！我說這個幹嘛！**）但這是我們的最後一通電話，可以嗎？我們可不可以到此為止？」麥克是在詢問，不是在要求。

麥克以為自己總算擺脫了湯米的糾纏。當天晚上，他告訴賈姬：「我昨天回了那傢伙的電話。原來他不過是想向我道歉。」

賈姬答道：「那就好，希望那真的是你們的最後一次通話。」

「當然是最後一次。他道了歉，事情結束了。」

一星期後，麥克收到湯米用聯邦快遞寄來的一件郵件。郵件裡面是一封密封的信函，上面附了一張便條紙。湯米在便條上告訴麥克，信是給銀行的推薦信，他請麥克在信上簽名，說那會對他有很大的幫助。

麥克雖然告訴過賈姬，自己絕對不會再打電話給湯米，不過這一次，麥克覺得自己還是有必要再打一次電話，向湯米說明自己的立場。接電話的是答錄機，麥克覺得鬆了一口氣。「我不認為我是為你簽署推薦信的適當人選，但我衷心祝你一切順利。」

那些糾纏不清的人常常喜歡向被他們糾纏的人做一些看似合理的小小要求（像是湯米的推薦信），不過，他們的真正用意只在於找新的接觸機會。幾小時後，湯米留了一通話給麥克：「我不驚訝你沒有勇氣直接對我講話。你知道嗎，在我寄給你的信上簽名，花的時間不會比你留那些紆尊降貴的話在我的答錄機上來得多。你會從事旅遊業，真是一點也不值得奇怪，誰不想離你離得遠遠的？請你把我的推薦信寄回來。」問題是，麥克早就把信給扔掉了。這樣一來，可又給湯米逮到可以做文章的題目了。

第二天，麥克的聲音郵件信箱裡有如下的留話：「不必回電。我只是要讓你知道，你是個不折不扣的渾球。把信還我！」

麥克火了，他覺得有必要採取什麼實質的行動來制止湯米。事情已經演變到了一個有趣的階段。現在，糾纏者和被糾纏者都有了一個共通點：不肯罷休。糾纏者執迷於收到回覆，而被害者執迷於制止騷擾。

交給時間來處理

每一位糾纏者在心裡對被糾纏者說的話，莫過於：「我不會讓你忽視我的存在。」他會一個一個按下能激起對方反應的按鈕，然後只要按鈕有用，他們就會一直按。通常，他最先按的鈕會是內疚（對方的內疚），接下來是搔擾，再接下來侮辱。每個按鈕都會管用一陣子，然後便失去效用。只要受害者一參與這個過程，那就離恐嚇不遠了。

不過麥克並沒有坐以待斃。他找來介紹他給湯米認識的那個人，告訴了她原委，請她幫忙。「也許妳能說得動他不要再來煩我。」

第二天，麥克的聲音郵件信箱裡又傳出三通湯米的留話，有一通還是午夜兩點留的。「你破壞了我跟一個好朋友的友誼，你該滿意了吧，渾球！我不知道你在造我的什麼謠，不過我要求道歉，一份書面的道歉。我會盯著你的。」

兩天後，湯米打來更多的電話，其中一通說他準備做出正式的投訴（何謂正式投訴大概只有他自己知道）。然後，他留了一通這樣的話：「我每個月都會向你的旅行社訂二十個假的旅遊名額。你不會知道哪個是我訂的，哪個不是我訂的。經過這個教訓，你就能學會不應該做出那些自己不打算遵守的承諾。」

賈姬勸麥克不要把聲音郵件信箱關掉，但也不要去管湯米說些什麼。在接下來那星期，湯米留了一通話，說要是麥克願意打電話向他道歉的話，他是有可能會接受的：「不過，事到如今，單單道歉已經不足以解決問題。我喜歡賈姬，真的不願意看到因為你的倔強而把她牽扯進來。」

最後，麥克和賈姬終於來到了我的辦公室。他們把湯米留言的錄音一一放給我聽。在找我以前，他們已經到警察局求助過兩次。警察人員登門造訪湯米，警告他不要再惡搞下去。可是，湯米不但沒有收斂，反而變本加厲。要了解警察直接干預的意願，就必須先認知到在所有的文化中，警察的角色就是去控制行為。警察是社會的執法部門，只要有人行為不端，眾人就會期待警察能出面制止。通常是這樣沒錯，但如果警察的涉入反而助長了本該被阻止的行為呢？警方在束手無策之後，建議麥克向法院申請一張禁制令，不過賈姬卻勸他先來找我談談，再作打算。

坐在我辦公室的沙發上，麥克向我表明，他的耐性已經到了極限。而且儘管有了兩次找人幫忙失敗的經驗（湯米朋友和警察），他還是希望我「派些人手」去說服湯米不要再糾纏他。麥克說他希望我能用「最明白了當的字句」向湯米說明他的意思。

我告訴麥克，對湯米來說，沒有任何字句會是明白了當的。

麥克不相信。「要是他知道他的舉動會為自己招來麻煩，他唯一合邏輯的選擇就是住手。」

「沒有任何理由可以讓我們認為湯米會是個合邏輯的人。他說的是跟我們不同的語言，我們也無法用邏輯教他。如果他是個可理喻的人，他打從一開始就不會有那些奇言怪行了。跟邪門歪道根本沒什麼話好說。」

麥克仍不以為然。「我可不願讓這傢伙以為他在騷擾我以後可以沒事。」

我還沒開口，賈姬就開口了：「我們連他的行為也控制不了，還談什麼控制他的想法。」

我告訴麥克（賈姬立刻表示同意），如果相應不理的話，那湯米最後就會把注意力轉到別處了。「那需要一點點的時間和一點點的耐性。我知道這不容易做到。但是，任何改變他想法或行為的努力都只會適得其反。你不是想要他變成好人，你只是希望他消失。你希望他從你的生活中消失。有個我們稱之為『參與和憤怒』的規則。你越是依戀（無論好壞），標準就隨之升高。你看看，我們都知道這個祕密，就是你不想跟他共事、不想跟他交朋友，也不想跟他有任何瓜葛。任何低於這標準的，他都不滿意，於是我們老早就知道結果了；他會覺得失望憤怒，但他也必須面對這些情緒。如果你跟他講上話，那你所說的一言一語都會成為大問題。現在唯一可以如你所願的方法，就是不要聯絡他。只有這樣，他才會開始找其他的方法面對他的問題，而這些問題你根本幫不上忙。只要你回應他，他就無法專心面對這些問題。不管如何，如果你對他的留言都置之不理，這就會傳達一個訊息給他：你有辦法抵擋他的窮追不捨。」

「話是沒錯，但那傢伙從不罷休。」

賈姬插嘴說：「你又從何而知？你連兩星期不回電都沒耐得住過。」

她是對的。我向麥克解釋，每次他回電給湯米，或顯示出對湯米的騷擾有任何回應的跡象，這就是前面說的「參與」。「每一次接觸，都會延長他對你六星期的騷擾。」我告訴麥克，同樣的情形也適用於那些死纏爛打的追求者、不肯分手的前男友和不甘被解雇的人身上；湯米是很惱人，但他並不是唯一的特例。

我問麥克，他猜湯米下一步會有什麼行動。

「我一點概念都沒有，所以我才會來找你。」

我沒開口。

麥克接著又說：「我猜他會向我發出再嚴重一點的恐嚇。」（完全正確；不過剛才麥克不是說他一點概念都沒有嗎？）

最初麥克有以下兩個處理方案可選擇：一，改變對方；二，改變對方所作所為對我們造成的影響。第一個方案可以是警告、反恐嚇、警察介入，或其他可以用來控制對方行為的策略。至於第二個方案，則是試著脫離危險和煩惱、評估危險性，還有監控新的聯絡內容。在第二個方案下，可以藉著減少恐懼焦慮還有不回應對方，來降低他對我們的影響力。

在跟麥克商量後，我做了以下的一些安排。首先，我會派人調查湯米的底細；第二，我會派人評估湯米迄今為止留給麥克的所有留言；第三，我請麥克裝一個新的聲音郵件信箱，然後把他原先的聲音郵件信箱轉到我的公司來，我會派員每小時打開郵件信箱一次，有任何留言我們都會打電話轉告他——但湯米留的例外。對湯米的每一通新留言，我們都會仔細評估。我向麥克和賈姬保證：「從現在開始，要是湯米有什麼傷害你們的企圖，都一定會有跡可循。只要我們嗅出他有任何超出打電話之外的不軌企圖，哪怕只是一點小小的跡象，都會立刻知會你們。」

糾纏者的行動是被害人所無法控制的，但他們卻可以控制糾纏者對他們的影響力。而從麥克離開我辦公室那天開始，湯米對麥克就再也無法發揮任何的影響力了（因為麥克根本不會再聽到他的留言）。

在我們接手了麥克的聲音郵件信箱以後，湯米繼續打了五個星期的電話，然後便告完全停止了。在他的那些留言中，包含著一些肯定會議麥克有所反應的恐嚇。麥克一直以為除非有人出面制止，否則湯米不會罷休。事實剛好相反。只有沒人試圖阻止他的時候，他才會罷手。

這個案例很不同。麥克和賈姬很可能已經拿到禁制令了（在民事法庭控訴某人，讓他離你遠點的程序）。湯米會就此更進一步還是退縮呢？誰的損失更大，湯米、麥克還是賈姬？麥克試著為自己的行為付出代價時（請湯米的朋友和警察幫忙），湯米的反應是否往好的方向發展？訴訟對湯米自認的合理性有什麼影響？

大部分的人碰上糾纏者——不管是已分手的前男友、被開除的員工，還是像湯米這一類的偏執狂——在考慮各種不同的對策時很少會想過，什麼都不做也是一個可能的對策。他們的親戚朋友會教他們：「如果你回他電話，他應該就會收手。他希望得到的不過是認同罷了」；「試試看把電話號碼換掉，那他應該會心裡有數」；「也許你應該找個人幫你接電話，說你出城去了」。在這種時候，旁人都幾乎會一無例外的勸遇到恐嚇或騷擾的當事人做些什麼；殊不知，什麼都不做才是上策。什麼都不做並不是聽天由命；它是一個理智的處置計畫，對糾纏者而言，其訊息清晰得有如直接回應。對一個被糾纏的受害人來說，什麼都不做是對耐性的一大考驗，不過，它通常也是結束糾纏最迅速的捷徑。

這種應付糾纏的方式，和我一個朋友處理文件的方式有點類似。他告訴我：「我的辦公桌有兩個抽屜：一個放我必須自己處理的文件，一個放時間會來處理的文件。」就把那些糾纏不清的人交由時間來處理吧。

部分的糾纏者蒙受妄想症困擾，這解釋了為何他們遲遲不願鬆手；就連面對強大的反證，也沒辦法撼動他們那錯誤的信念。然而，大多數的糾纏者並沒有妄想症，有時我們會稱之為另類感知或無理想法。他們尋找的解決方法通常都無法達成，而且因為他們起初緊抓不放的事情是來自於他們不尋常的觀點，所以這群人才令人困惑。我們可能不認為麥克有承諾過湯米什麼，但湯米卻可以說他認為有。他甚至可以將自己的感受建立在客觀的事實和聲明上。

然而，正是他期望的結果和他採用的手段，將湯米塑造成不可理喻的人。麻省理工學院的瑪莉．羅威（Mary Rowe）教授是少數幾位研究過這些案例的學者。她認為以下這些都是警訊：「極端的欲望，比如說完全控制他人身心、完全控制辦公流程、無端解雇他人或完全接受提案。」她還描述了一種「非比尋常的權力感，像是『她**應該**要跟我談！』、『部門**應該**要讓我參與這個計畫！』或『我拒絕搬出辦公室』。」

當一個人要求得到某些根本不可能給他的東西時（像是完全臣服於無理的要求），談判就應該停止了，因為很明顯地，對方根本無法滿意。就好比在一場談判中，一方希望得到的是一百萬美元，而另一方只準備頂多給五美元，或一毛都不打算給，這樣的談判能談得下去嗎？

不要說糾纏者的渴望別人通常都很難辦到，有時候，甚至連他們要的是什麼，他們自己也不是那麼清楚。到底什麼樣的結果才會讓湯米覺得滿意呢？一個道歉嗎？麥克接受他當拍檔嗎？我不知道，我也懷疑湯米自己也不知道。

羅威教授將焦點放在這類人內心的重大衝突，她解釋：「他們當然不願意輸，問題是，他們也受不了贏，因為這意味著拳賽已經結束。」只要擂台上一天有人，拳賽就一天不會結束，也就是說，只要有人試著去改變糾纏者，或一再對糾纏者讓步，糾纏就會一直繼續下去。對暴力的懼怕潛藏在陰影中，它驅使著試著去解決，但湯米真的想訴諸暴力嗎？讓我們用前面提到的ＪＡＣＡ四元素來檢測看看：

正當性

麥克打電話請朋友幫忙時，湯米可能因此受到刺激，但他並沒有因此表明使用暴力是合理的。

可選擇性

人們覺得別無他法的時候會傾向使用暴力，但湯米持續打電話騷擾，這證明了他還有其他選擇（干擾麥克的生意、騷擾或威脅等等）。

後果

一旦覺得使用暴力帶來的後果可以容忍甚或帶來好處，他們就會施暴。但從湯米身上看不出他有意藉由提升暴力而放棄自由的跡象（對他來說無法容忍的結果）。而有趣的是，很明顯地，他可以容忍恐嚇的後果（警察登門拜訪）。

能力

使用暴力的人會意識到他們有能力施暴才施暴，但湯米沒說，也沒做什麼表明他能力的事。

美國之所以特別多糾纏不清的人，和美國特殊的文化環境有分不開的關係。我們自小就接受「堅持不懈必有回報」的迷思，大家都在說「在美國，每一個人都可以成為總統」。但事實上，在兩億四千萬*美國人之中，只有一位能成為總統。也許，費茲傑羅（Francis Scott Key Fitzgerald）的話對湯米這一類的人反而會更有幫助：「生命力不只可以表現在堅持上，也可以表現於重新再來的魄力上。」

「強尼出場了！」

沒有人比名人更能體會被人苦苦糾纏的滋味。從地方學校的舞會皇后到政治家到國際影視紅星，幾乎沒有人沒有過被糾纏的經驗。一個知名的媒體人物，他身邊的追逐者，有時候會多達數百人，換言之，他得應付數以百計的湯米。

像麥克這一類的老百姓，在碰到糾纏者的時候難免會想，如果自己是個大人物，有警察和司法機關特別照顧的話，要掃除身邊的糾纏者一定易如反掌。不過這只是個錯覺。不管你多有名，不管你有多大權力，想要改變另一人的行為，都難如登天。

關於這一點，有加拿大女歌手安・茉莉（Anne Murray）的經驗可以為證。茉莉被一個狂熱的男歌迷糾纏了很多年，他不斷違反法院的命令，一次次被捕。最後，他甚至被關了起來，坐了六年的牢。出獄的時候，法官再次命令他不得靠近茉莉，不過單是甫獲自由的頭幾個月，他違反命令的次數就超過兩百次。

另一個例子的主角是約翰・西林（John Searing）。他是一位住在紐澤西的三十六歲藝術用品銷售員。在一九八〇年，他寫信給強尼・卡森（Johnny Carson）主持的《今夜秀》（*The Tonight Show*）節目，希望製作單位能夠幫他達成一個從小的心願——讓他在某一次節目開始時負責呼喊那句著名的開場白：「強尼出場了！（"Here's Johnny!"）」製作單位回寄給他的是一張強尼・卡森的照片。

雖然製作單位的意思再清楚不過，但西林卻不死心，一再寫信。過了一段時間，西林收到製作單位的一封正式回函，感謝他的好意，但表示礙難滿足他的願望。西林並沒有因此而停止寫信。他還模仿吉米・史都華（Jimmy Stewart）和理查・尼克森（Richard Nixon）的聲音，喊出「強尼出場了」這句開場白，然後把錄音帶寄給製作單位。

西林此後又持續寫信寫了一段很長的時間（他前前後後一共寫了超過八百封信）。《今夜秀》的製作

---

*二〇二二年美國總人口數約為三億三千萬人。

單位碰過很多這一類的事情，所以處變不驚，也沒有找警察介入的打算。不過，他們還是派了個人打電話給西林，問他為什麼要這樣堅持。

他回答說：「因為，在我的生命中，沒有比這更重要的事了。」接下來，一件不可思議的事情發生了：《今夜秀》的製作單位答應了他的要求。西林飛到洛杉磯，在一間掛有他名牌的化粧室裡換過衣服以後，就如置身夢中似的踏入攝影棚。他站在舞台旁邊，親耳聽著麥克馬洪（Ed McMahon）喊出那句有名的「強尼出場了」；他納悶地問工作人員：「那我呢？」工作人員叫他別急。

在第一段廣告過後，主持人強尼．卡森把西林請到了攝影機前面，向觀眾介紹了他那堅持不懈的故事。西林在大名鼎鼎的卡森旁邊坐了整整六分鐘，當著全國觀眾的面前說明自己為什麼會這麼堅持，而這件事情對他的生命來說又代表著什麼樣的意義。接著，卡森把西林引到一個麥克風前，然後自己走進了舞台後方的布幕裡去。西林看著一份稿子，用極大的熱情念道：「這是好萊塢的《今夜秀》節目。我是約翰．西林。我，連同導播史文連遜（Doc Severinsen）和ＮＢＣ大樂隊，邀各位一起來與強尼．卡森和他的來賓共聚。今天晚上的來賓包括了：丹尼．迪維多（Danny DeVito）、來自聖地牙哥動物園的瓊．安貝芮（Joan Embery）和寫信者約翰．西林。」

接下來響起一串鼓聲。「現在，各位女士、各位先生……強尼出場了！」這時，卡森從布幕後面再次現身，觀眾掌聲雷動。卡森走向西林，只向他簡單的說了一句：「好吧，現在回家去吧，不要再寫信了。」

西林後來的表現完全符合了製作單位的期望：他回到了原先的工作崗位，安安分分地繼續當他的藝術用品銷售員。雖然西林一直寫信不輟，但他的信卻從來沒有流露過任何的惡意。他一直有份正當工作，有自己的嗜好和興趣，而他從來也沒有過為實現夢想而把行動升級的打算。我並不鼓勵我的客戶滿足糾纏者的願望，不過《今夜秀》製作單位不阻止西林繼續寫信的決定仍然值得肯定。

卡森和他的工作同仁都知道，信件，不管是來得多頻繁的信件，都是不會傷人的，但發起一場戰爭卻肯定會傷害到每一個人。如果《今夜秀》的製作單位從頭到尾都對西林置之不理的話，他會做的事情，也僅止於是繼續寫信而已。在我所碰到過的個案中，不乏一些寫上超過一萬封信卻仍未起意接近他們寫信對象的人。對這一類書信上的糾纏者，我的客戶根本不為所動。在他們的工作人員把信送來我這裡的時候，絕大部分都是連拆都沒有拆過的。

因此，問題不在於糾纏不清，而在於區分什麼樣的對話和舉動會讓事態升級，什麼樣的對話和舉動會讓預期追求者撤退甚至消失。在這樣的狀況下，（毫不誇張地說）受害者感到沮喪是可理解的；他們總想去主動做些什麼，好讓那些追求者罷手。但精神病治療機構、執法部門以及政府都證實了，無論擁有什麼資源，你都沒辦法控制瘋子的行為。雖然這麼說很不公平，但事實就是如此。我的角色是提升安全、降低恐懼，不是去告訴人們他們想聽的話。儘管如此，還是有些顧問不顧安危地順著名人的意願辦事。

我已記不清有多少次，許多私家偵探採用硬碰硬的干預措施，還覺得這麼做很合理，事實上卻讓追求者的行為進一步惡化。他們把那些追求者引導至宛如對戰的情境，然後說：「呼，幸好我們這麼做了，看吧這事情有多嚴重。我早告訴過你要採取措施了吧。」難道這些私家偵探就沒想過，就讓那些人靜靜地在那會怎麼樣嗎？

打個比方，當夜晚車子開在濕滑的山路時，你不會用下車或擦乾路面這類的方法來減少危險，你會降低車速通過危險的彎道。在處理那些死纏爛打的人時，就需要有策略減輕不必要的相遇。你要改變你能改的，不要試著去改你改不了的。

碰到糾纏不清的人時，最明智的做法莫過於停看聽，而不是瞎攪和。一旦選擇了攪和進去，那你就不用再想脫身了。

血腥自衛

有寫信狂的人不一定是危險人物——卡森明白這個道理，但另一個媒體名人希克連可不。金．希克連（Jim Hicklin）是洛杉磯廣播界的名嘴，專門負責開著直升機播報路況，有時也會從直升機上報導一些有新聞價值的事件。每當希克連收到一些讓他困擾的信件時，他馬上就去找那些會跟他說他想聽的話的人：「我們懂得怎麼處理。」事實上，他們根本不懂。

希克連第一次收到泰勒的信，是在一九七一年的八月底。愛德華．泰勒（Edward Taylor）是一個四十五歲的庸碌之輩。他第一封信說的都是一些讚美和支持的話，語氣很友善。信的抬頭是「親愛的詹姆士」，署名是「尊敬你的愛德華．泰勒」。

雖然希克連沒有回信，但泰勒的信仍源源不絕地寄過來。信中一律是讚美、問候與恭維之詞。泰勒在一封信中建議希克連應該競選州長，而在另一封裡又恭維希克連是個「大明星」。

希克連有所不知的是，原來除了他以外，泰勒還給不少洛杉磯地區的名人長期寫信。對於這些信，有些人覺得有趣，有些人覺得惱怒，但其他收到泰勒信函的人大部分都沒有做任何反應，唯獨希克連例外。他雇了兩個私家偵探，在未事先知會的情況下登門造訪泰勒，明明白白給他下了一道命令：停止繼續寫信給希克連。

這個干預政策沒有能改變泰勒，但卻改變了他所寫的信的內容。泰勒在私家偵探登門造訪之後寫給希克連的第一封信長達六頁。信的文風丕變，變得古怪，字跡很潦草，塗改得很髒亂，最重要的是，以前的客氣和讚美全消失不見了。「你嚴重地侵犯了我。」泰勒如此寫道：「我對你給我發出的隱含恐嚇訊息想了又想，你有妄想症嗎……還是太天真……還是因為有人給了你個爛建議……還是你是個叫人倒盡胃口的自大狂？」

這封信在接下來的一年為希克連帶來了訴訟，信中繼續寫到：

對於被調查我受寵若驚。但問題究竟是什麼？這就是為什麼我會請律師，然後你也要盡快請一位好律師了。找到之後，**務必**請律師以他的身分書面通知我。

泰勒又寫了一封信給希克連工作的電台總經理：

有兩個自稱是受黃金西部廣播公司（電台的老闆）之託的私家偵探來敲我家的門。**他們來得出其不意，說是要**詢問有關我過去幾個月來寫給希克連的一些非常私密的信箋。

你們的人表示，他們是在金．希克連的授意下來我家的。他們來得出其不意，對我的家人、客人，乃至於我的健康狀況，毫無表現出半點的尊重。那是不折不扣的騷擾；是對別人隱私權的惡意侵犯；是恐嚇，是威脅，而且大錯特錯！

到底，金．希克連指控我的是什麼大不了的過失？於公於私我都很想知道。**而我也會去搞懂它的。**

大約一個星期以後，泰勒寫了一封信給聯邦航空署，質疑希克連是否能勝任駕駛直升機：「除非貴協會另有認定，否則我堅信，希克連先生無論對別人的生命、財產以至他自己來說，都是個威脅。」

這封信值得注意的一點是，它首次提到了威脅和恐嚇的問題。接下來，泰勒又向高等法院提出民事訴訟，要求希克連對他做出道歉。他呈遞給法官的訴訟狀是這樣寫的：

本人提出這個訴訟的目的，是為了中止一個公民對另一個公民權利的侵犯。前者侵犯了後者自由表達的權利、自由投遞信件的權利、免於受到心理傷害的權利、讓他在家顯得毫無男子氣概。

這封信讓我們有機會一窺泰勒本人對整件事情的觀點。他感到自己被侵入、被恐嚇；最重要的是，他感到自己沒了男子氣概。請各位回憶一下我在第五章提過的，那些適用於我們大部分人身上的人性假設：

- 我們尋求與別人產生聯繫。
- 我們會因為失去什麼而難過，所以我們盡量避免失去。
- 我們不喜歡被拒絕。
- 我們喜歡被肯定和受人注意。
- 我們花在避免痛苦的力氣比花在尋求愉快上面來得多。
- 我們不喜歡被嘲笑和愚弄。

・我們在意別人怎麼想我們。
・我們尋求在一定程度上控制自己的生活。

希克連派私家偵探去阻止泰勒寫信之舉，觸犯了以上的全部禁忌。泰勒尋求與希克連產生聯繫，卻被希克連所派來的私家偵探橫加阻撓；他損失了跟希克連的親密關係（雖然那只出於一廂情願）；他被拒絕了；他面臨的處境，是一個不可能會再變得愉快的處境，而他唯一能做的事情就是試著去減少痛苦；他覺得自己被希克連嘲笑和愚弄；泰勒覺得，如果他不能獲得道歉，不能把自己的男性氣概扳回來的話，就會被人看扁；最後，他覺得對自己的生活完全失去了控制。

有一天，希克連在廣播裡談到他對那些在森林縱火的人的感想：「應該把他們綁在火刑柱上，活活燒死。」在聽到這段話以後，泰勒立刻寫了一封信。在信中，他說有些青少年可能會在希克連的慫恿之下，成群結黨去執行希克連鼓吹的病態狂想；屆時，「執法機關就會發現山坡上屍骸盈野。原諒一個用火炬殺人的殺人犯，不啻是一件獸行。」

注意出現在這封信裡的殺機。在泰勒寫給聯邦航空署的第二封信中，他投訴說希克連駕著直升機在他家的上空盤旋騷擾。「還有比一個直升機師駕著他的直升機，去一個毫無防衛能力的平民百姓住家上空進行「低空掃射任務」騷擾更野蠻、更沒腦、更齷齪的事嗎？難道，一個直升機師的唯一病態任務，就是要征服一個手無寸鐵的人嗎？」

不用說，聯邦航空署根本不會（也無此權力）採取任何能滿足泰勒要求的行動，高等法院也駁回了泰勒的訴訟。泰勒可選擇的「自衛」方式已經越來越少了，於是，泰勒又寫了一篇長達七頁的備忘錄，細數希克連的每個「罪狀」。他說希克連把他的直升機當成武器，然後「手握飛行器的精神病患就成了攻擊型武器。」

我們暫時就此打住，先來好好梳理一下整件事的脈絡。起初很簡單明瞭：一位名人從他的觀眾那收到了幾封對他讚譽有加的信。儘管這些信並沒打動到希克連，但在這脈絡下仍當屬恰當無誤。起初他們的關係也稱不上人際關係，但泰勒被那兩位私家偵探威脅警告不得再寫信給希克連之後，才建立起真正的人際關係。希克連得到了他最不想要的東西：與泰勒為敵的人際關係。

希克連——

如果你拿著一把點三八口徑的手槍來敲我的門，

我想會比你派兩個私家偵探來我家，更容易讓我明白你的意圖。

你要躲在別人背後來恐嚇我，真是可悲。

記得稱呼我「先生」。

在泰勒把信寄出那一天，他買了一把點三八口徑的手槍。

在收到泰勒的信後，希克連決定故技重施。他要求地方檢察官派人去制止泰勒的行為。地方檢察官辦公室的調查人員去是去了，卻沒能改變些什麼。

泰勒告訴他們，他才是騷擾事件的受害者，而非希克連。他說他擔心希克連會為了繪製地圖而開直升機在他家上空盤旋。他還說由於太害怕希克連的古怪行為，他經常會帶著一張便條在身，以防遇襲的話，洛杉磯警局和地方檢察官才知道是怎麼回事。他沒告訴調查人員的是，他除了隨身攜帶一張便條以外，還會隨身攜帶一把手槍。

事後，泰勒寫了一封信給地方檢察官：

> 當一個投訴人發現，當局並未在意他有被一個頭殼壞掉的神經病殺害的可能時，他唯一能做的事情就是在他四十六歲那一年買一支點三八口徑的手槍，以防被一個充滿激情的暗殺者加害。在工作的時候，他只有在看到一把手槍在他的辦公桌上，他才會覺得安心；當他起床和睡覺以前，也只有看到有手槍在身邊才會覺得安心。最糟的是，還得顧及投訴人挑釁被告的本質（聽被告把信的事拿出來講）。

這封信所傳達的訊息再也清楚不過。泰勒所加諸於希克連身上的那個形象（「一個充滿激情的暗殺者」），實際上是他自己的投射。正如詹姆士．包德溫（James Baldwin）所說的：「一個行凶者會從他行凶的對象身上看到自己。」雖然泰勒從未對希克連出言恐嚇，但這封信所反映的凶險程度，從 JACA 四元素的評估法很輕易就能看得出來：泰勒覺得自己有行使暴力的**正當性**（為了自衛）；他自認為別無**選擇**（當局並不站在他這一邊）；使用暴力的**後果**在泰勒看來是可喜的，因為那將可制止「頭殼壞掉的神經病」有進一步的行動；最後，他有**能力**去行使暴力——他有一把槍。

無論是派私家偵探還是地方檢察官辦公室的調查人員去警告泰勒，都明顯地對事情造成了不利影響，這讓泰勒很難恢復過來。最終的侵犯，最終的侮辱也將到來，而泰勒終將無法復原。

一天傍晚，幾個警察來到泰勒家中，當著泰勒年邁的母親面前（她剛好來訪）逮捕了他。他因輕度毀謗罪被關在洛杉磯縣立拘留所裡面。由於是周末，泰勒聯絡不到可以保釋他的人，結果他在拘留所裡一待就是三天。

返家後，泰勒還是憤怒得無法釋懷。他為了寫信而付出代價，只好停筆。他焦急不安，試著睡覺、試著吃點東西，卻只換來更多的焦躁。他無法找回他過往的生活，所以就只是坐在家聽著希克連的廣播秀。就這個案例的意義來說，媒體人物僅僅只是因為出現在媒體上，就無可避免地火上加油。舉例來說，一位迷戀電影明星的人可以在雜誌、娛樂節目和脫口秀上看到她。諷刺的是如果他想要，那位被迷戀的明星將發現很難從他的追求中逃脫。

泰勒**從收音機裡得知**節目很快就要停播了，希克連和他太太將會乘坐他們的遊艇《義大利號》出海度假。

一九七三年四月二日是希克連夫婦出海的日子。出港以前，希克連夫婦先在《義大利號》上設宴款待來送行的朋友。不過，來送行的可不是每個都是朋友。結果，希克連就在他妻子的身旁，被一個他從未謀面的人所槍殺。泰勒終於達成他盤算多時的「自衛」計畫。

在我們所相信的各種迷思中，最危險的一個，莫過於以為別人對事情的反應會像我們一樣。正因為這種迷思作祟，人們才會以為只要對泰勒加以強烈的警告，或是把他加以逮捕，就可以制止他再寫信。不過即使是在泰勒被逮捕、審訊、判刑（終身監禁）後，他仍寫信不輟。到他死於監獄那一天為止，他一直孜孜矻矻地寫信給地方檢察官。

糾纏不清的人變得越來越常見，我們都可以從中學到同一件事情：不要挑起戰爭。戰爭很少會有完美的結局，因為戰爭是一件總有人贏總有人輸的事情。

在《預測暴力行為》一書中，莫那罕指出暴力是一種**互動**：「受害人的反應有可能會決定一件事件只是一場口角還是一場謀殺。」正如公眾人物追求者和死纏爛打的案例教會我們的，一旦跟他們牽扯上就真的沒完沒了；如果你對他們動怒，那就表示他們勝利了。

還記得湯米嗎？我們在對他進行追蹤調查時發現，在停止騷擾麥克以後，他找到了一個銀行裡的工作。不過才三個月，他就被銀行方面以不服從上司為由給解雇掉。自此以後，他對銀行的人事經理發起了一連串的騷擾行動。銀行威脅說要告他，而他則用他想得出來的一切法子恐嚇銀行。湯米的前雇主就像其他人一樣，擔心被員工暴力相向，擺在他們面前的狀況其實是可預測的（事實上這狀況僅次於親密關係）。這種能輕易預測的狀況反而讓一些雇主不舒服，因為伴隨預測能力而來的，就是責任。等讀完下一章，你就能同時擁有預測能力與責任了。

第9章——危險之三：職場暴力事件簿

「憤怒的後果，遠比它的原因更令人擔心。」

——奧理略（Marcus Aurelius），羅馬皇帝

對同事或公司做出毀滅性的行為，既不罕見，也不是孤立的現象。現在上班族的情緒有如活火山，稍一碰撞，就會一發不可收拾。

親愛的羅拉：

該是脫掉羔羊皮手套的時候了。*要不要讓妳的生活變得悲慘，決定權在我，不過如果那是妳樂見的結果，我會成全妳的。我告訴妳，要是我被開除，妳就得跟我約會。妳問我打算把妳怎麼樣？殺掉？現在和從前都是同一個答案：不。如果我把妳殺掉，妳就沒機會悔不當初了。我有妳父母的地址，所以

---

*意謂「我不能再心慈手軟下去了」。

妳不要想逃出我的手掌心。我已經把房子賣掉，把退休基金的戶頭結掉，把手上所有的股票清光。我的行動可以非常迅速。說你不退縮＋在壓力之下我很快就會崩潰＋抓狂亂跑＋我會摧毀擋住我路的一切直到警察把我抓住＋殺掉。

保重了！

李奇

讀這封信的時候，你的直覺會想知道更多的細節。誰是李奇？誰是羅拉？他們是什麼關係？李奇被開除了嗎？因為更多的資訊意味著更好的預測，所以直覺告訴你該好奇一點。你想知道這封信所說的事情發生在什麼樣的脈絡。不過，即使你並不知道這封信的脈絡，但單憑JACA四元素，你仍然可以看出它隱含的危險性有多高：李奇覺得自己有使用暴力的**正當性**（他被開除了）；他覺得自己已經沒有什麼別的**選擇**（「該是脫掉羔羊皮手套的時候了」）；他覺得暴力的**結果**對他來說是可喜的（可以讓羅拉感到悔不當初）；他也覺得自己有足夠的**能力**行使暴力（他有羅拉父母的地址；他已經變賣所有財產，行動起來很方便）。

寫信者李奇的全名是李察．法萊（Richard Farley），收信者的全名是羅拉．布萊克（Laura Black）。他們同是矽谷一家名叫ＥＳＬ的高科技公司的雇員。起初，法萊找羅拉約會但被拒絕了，法萊卻不能接受自己被人拒絕的事實。自此以後，法萊對羅拉發起了一連串的騷擾跟監行動。公司方面好幾次出面干涉，卻一點作用也沒有，反而讓法萊更變本加厲。最後，法萊甚至對羅拉發出了死亡恐嚇。有一次，法萊寄給羅拉一樣令人不寒而慄的東西，羅拉打開一看，是自己家大門的鑰匙。

當ESL的主管告訴法萊，他再這樣惡搞下去就會被開除時，法萊的反應很激烈，而且出言不遜。其中一個主管以滿不在乎的口吻問他：「你的意思是不是說如果開除你，就會要我的命？」

法萊的回答是：「不只你的。」

大約在同一時間，羅拉很不情願地向法庭申請了一張禁制令。她告訴法官：「我很擔心我採取這種行動之後他會有什麼反應。」她對法萊的直覺很準。

法萊終於被開除，而且被禁止再進入公司的園區。但有一天他回來了──為復仇而來。他用一把獵槍轟爛沿路的每一扇玻璃門。他身上還有一把來福槍和幾把手槍：他用它們來射殺他在大樓內碰到的每一個人。

當他最終找到羅拉的時候，他用來福槍向她開了一槍，然後讓她躺在地板上等死。那天一共有十一個人中槍，其中七個死亡。羅拉雖然血流如注而且意識模糊，但仍強撐著爬出了公司的大樓。

事後羅拉告訴我：「那張禁制令是將他推向抓狂邊緣的一劑催化劑。在申請以前，我猶豫了很久，可是公司一再催我。最後我的主管告訴我，假如我再猶豫的話，就可能會影響我的升遷。我別無選擇，只好說：『好吧，姑且一試吧。』我們原定隔天要去法院將臨時禁制令變更為永久禁制令（法萊也得出席），但當天就發生了槍擊案。」

蘿拉度過了那一天，但花了更多日子在醫院。法萊度過了那一天，卻用了更多光陰待在牢裡。記者也度過了那一天，還做了許多相關報導。據記者的報導，法萊是因為「一時失心瘋」才會做出持槍濫射這種瘋狂的舉動。但他們錯了。從來沒有一個持槍濫射的人是出於一時的失心瘋，從來沒有。

JACA四元素告訴你，會持槍濫射的人絕不是出於一時的失心瘋。那是一個有跡可循的過程，而且通常都是可預測的，就像水加熱到攝氏一百度會沸騰一樣可預測。雖然我們稱之為職場暴力，但這實際上是由各類型加害者所犯下的各類型暴力。復仇謀殺：由這位感到羞辱、失去男子氣概的員工，為了證明無法被輕視所犯下。家庭暴力：丈夫在妻子工作時找她。約會跟蹤：在受害者上班時還死纏爛打。怒殺：由一個準備幹件大壞事的員工選擇在職場上所犯下。我們會懼怕職場暴力不難理解，因為職場是人們被迫與人互動的地方，而這些人又不是我們可以選擇的。

幸運的是，職場暴力提供了許多可預測的機會，而且總會有幾個人觀察到警訊。儘管如此，正如眾多案例，明顯的警訊常被忽略掉，但事情本不該如此發展才對。

同歸於盡的職場暴力事件

各位也許沒聽過培特．夏里爾（Pat Sherill）的名字，但一提到美國郵政，你就會想到他在職場瘋狂掃射。這位四十歲的奧克拉荷馬市郵差被他的同事稱為瘋狂培特（Crazy Pat）。一九八六年，在上司威脅說要把他開除之後沒多久，他帶著對主管的滿懷憤恨和三把手槍在郵局內濫射。一共有二十人中槍，其中十四人死亡，之後夏里爾舉槍自盡。

與大眾認為夏里爾事件促進郵局員工團結的認知相反，統計數據顯示，郵局員工間的施暴次數，遠遠優於美國各行業。美國的郵政單位有數以十萬計的全職雇員和百萬計的周邊相關人員，所以在統計數字上，難免好事壞事都比別人多。說起來，發生在速食店的槍擊事件比郵局還要多，但前者卻沒有被當成某種趨勢來報導（我並不是說郵政單位的管理風格一點問題都沒有，我只是想指出，郵政單位不像一般人所想像的，是全國最糟糕的事業單位）。

雖然夏里爾事件所造成的結果可用血流成河四個字來形容，但跟不出一年後另一個憤怒員工所幹下的勾當比起來，簡直就是小兒科。這次的主角是一位名叫大衛．柏克（David Burke）的全美航空雇員。事發之後，新聞界查出許多有關柏克的背景資料（這些資料要是全美航空早有所悉的話，當初肯定不會用他）：他曾經當過毒品掮客、商店扒手、偷車賊，還對女朋友動過粗。他對他女友做過的事包括割斷她車子的電線、打她和拿槍恐嚇她。就是到了他女友非得申請禁制令來抵抗他的地步。

柏克把壞脾氣帶到了工作裡去，在公司常常挨他主管司雷．湯普森（Ray Thompson）的罵。柏克認為，湯普森是因為種族歧視才會處處找他的碴。當全美航空因為他偷竊六十九美元而解雇他的時候，他怒不可遏。他在湯普森的答錄機裡留了一通死亡恐嚇，又向同事借了一支點四四的左輪手槍（我搞不懂那個人為什麼要借他）——但再也沒歸還過。

全美航空在解雇柏克的時候，並沒有能拿回他的機場通行徽章，他就這樣戴著它到人生最後一天。所以當柏克在他人生最後一天要進入機場的時候，負責金屬探測器的小姐跟他揮了揮手後說：「祝你今天愉快。」他回答說：「我今天會很愉快的。」柏克走入湯普森的辦公室，跟他理論，要對方把工作還他。湯普森斬釘截鐵地說沒得商量。由於湯普森要坐飛機去三藩市，所以很快就中止了跟柏克的談話。當湯普森登機的時候，他不曉得，柏克剛剛買了跟他同一班飛機的機票。柏克跟其他同機的乘客有一點不同：他根本不在乎飛機要飛到那裡，因為他知道，飛機哪裡都到不了。

飛機起飛後，柏克在一個嘔吐袋上面寫了一個短柬給湯普森：「嗨，雷。我覺得我們會以這種方式了結，實在有點諷刺。還記得嗎，為了我的家人，我曾經請你高抬貴手？結果我啥也沒得到。那麼你也一樣啥也得不到。」

在兩萬兩千英尺的高空，機組人員聽到了兩聲槍響（柏克當時只殺死了湯普森一人）。他們馬上呼叫航管中心：「飛機上傳出槍響。」據飛機的黑盒子顯示，在幾秒鐘之後，飛機上又傳出三下槍響，然後是一陣騷動，接下來又是一聲槍響。

塔台努力想跟飛行員恢復聯繫，問題是，當時控制飛機的已不再是飛行員，而是地心引力。飛機以七百英里的時速向地面俯衝，然後墜毀。這件死了四十三人的悲劇讓柏克搖身一變，成為美國有史以來最大宗「職場謀殺事件」的主角。最大宗，但遠非最後一宗。

我們常常以為，持槍濫射這種事只會發生在大企業或政府的雇員身上，錯了，實際上跟蹤狂、常客甚至是大學生犯行的數字正在升高。現在我公司的客戶名單中，還包括許多知名大學的名字。在過去，他們很少說會有這方面的憂慮，不過，暴力正無孔不人地滲入我們社會的每一個組織和機構。人們不樂見這個現象，卻也還沒做好準備。

通常，在事件發生以前，一切的徵兆都已昭然若揭，差就差在人們肯不肯用眼睛去看而已。舉例來說，在發生校園兇殺事件後，最常聽到學校當局說的話莫過於：「肇事者一直是個行為良好的學生。」言下之意就是說：「誰能想得到他會幹出這種事？」可是，進一步的探索卻會透露出事實並非如此。

大學生韋恩．盧（Wayne Lo）的案例別具 發性。在他立刻就要成名的那一天早上，一個郵包寄到了他的宿舍。女收發員對這個郵包有點起疑（懷疑是直覺發出的一個重要訊號），因為上面寫的回郵地址是「經典武器公司」。她很明智地把這件事告訴了宿舍主任，而宿舍主任則把郵包拿去給校長班奈德．羅傑斯看，請他決定要怎麼辦。因為覺得包裹內應該有武器，所以在場的其他校務主管都建議把郵包打開一看究竟，可是羅傑斯校長卻認為，擅自打開學生的郵包是不當的行為。他贊成其中一個校務主管的建議：把郵包交給韋恩，問明他裡面放的是什麼東西。

收發員把郵包交給了韋恩，讓他拿回房間。過了一下，宿舍主任翠恩嘉・羅賓遜敲韋恩的門，問他那個重重的郵包裡裝的是什麼。韋恩拒絕在她面前把郵包打開。翠恩嘉一再堅持，但韋恩說什麼就是不答應。翠恩嘉無可奈何，只好離開。過沒多久，她和他的丈夫弗洛德・羅賓遜一道再來。他們看到，郵包已經打開過。韋恩告訴他們，郵包裡面的東西並不是什麼武器，而只是三個空的彈匣、一些手槍組件和一個空的子彈盒而已。他說，這其中一些是要當禮物送人，而另外一些則是留給自己玩的。

弗洛德對韋恩的回答很滿意——他顯然沒有把剛才韋恩拒絕打開郵包給翠恩嘉看一事放在心上。後來，弗洛德回憶韋恩房間當時的情形時這樣說：「他的態度很開誠布公，完全不像有保留的樣子。」弗洛德要說的其實是那句老話：「誰能想得到他會幹出這種事？」事實是，在當時想得到這種事的人，理應已有好幾個了。

在傍晚九點，翠恩嘉接到一通匿名電話，對方告訴她，韋恩有一把槍，還說他準備殺翠恩嘉、翠恩嘉的家人，還有其他人。

翠恩嘉把這個恐嚇看得很認真，她馬上打電話給好幾位學校的主管，並隨即把小孩帶到一個行政人員的住處暫避。她丈夫九點三十分的時候和好幾個學校的主管在韋恩的宿舍會合。他們本來打算要搜查韋恩的房間，還說好要是韋恩抗拒搜查或搜出武器，都一律報警。可是，他們後來轉念一想，羅傑斯校長連打開韋恩的郵包都不同意，如果搜他房間，不知道校長會有什麼反應。所以他們決定先知會校長一聲。就在他們打電話給校長的同時，槍聲響了。

當槍聲和尖叫聲終於平靜下來的時候，已經有六個人中了槍，其中兩個死亡。在韋恩收到郵包的整整十二小時之後，校方才做了唯一一件有意義的事情：報警。即使是在翠恩嘉接到匿名警告電話的時候，他們也沒有立刻報警的打算。

事發後，人們都急於想聽聽羅傑斯校長會怎樣說，但他卻過了整整十天才就此事發表談話，而他告訴大家的是：「我不知道關於武器的事，我不知道關於槍的事。」我確定校長知道槍危險，也確定他知道當時可以為此事打電話通知警察。

由於大學的行政人員對韋恩的思想感情知之甚少，所以，要他們用JACA四元素去預測他的行為，自然是強人所難。然而，即使無法運用JACA四元素，但單就脈絡而言就能成為預測的關鍵因素這點，此案例堪稱完美：一個學生收到一個從武器販售店那裡寄來的郵包；他拒絕在別人面前打開郵包，也拒絕告訴別人裡面裝的是什麼；他在一個人的時候打開了郵包；幾個鐘頭以後，有人打來警告電話，說是這個學生有槍，而且打算殺人。如果這些跡象只出現一個兩個，那人們把它們疏忽掉還情有可原，問題是它們出現得一個也不漏啊。而且還能再加上一個：大家都直覺有危險。

犯下謀殺案的韋恩被提訊時身穿一件運動衫，胸前寫著「我受夠這一切了」。這句話也道出了我的感受。在許多案件裡，否認自己的直覺，到最後都演變為不得了的疏忽；有能力知道後果的人，卻也是最後講出「誰能想得到他會幹出這種事」的人。

到目前為止已經講了許多因忽略警訊而導致悲劇發生的故事，我還想承認一點：相關人員都盡其所能地利用他們當時擁有的工具，比如希克連派去的私家偵探、韋恩學校的行政人員、蘿拉公司的主管、全美航空，甚至是飽受批評的美國郵局。但如果他們擁有了你在本書學到的知識，我相信他們也會做出不同選擇，因此我以上的觀察不是出於責備，而是出於教育。

美國首屈一指的法醫精神病及暴力研究專家派克．迪亞茲（Park Dietz）指出，絕大多數工作場所暴力事件的凶犯在行凶以前，他四周的人早已有不舒服、被侵犯、不安全的感覺，但偏偏就是不加防備。單舉迪亞茲研究過的一個案例就可以顯示出，人們遮耳閉眼已經到了什麼樣的地步：有一個人因為謀殺了一個同事而坐牢；他出獄後，**原來的公司竟然重新聘用了他**。在他第二度任職於原公司期間，他跟誰都處不來，因為他老是一副悶悶不樂的樣子，而且很容易動怒。他恐嚇上司，又騷擾跟蹤一位女同事。他在被解雇前夕主動辭掉了工作，之後，他繼續跟監騷擾那位女同事，並在最後把她給殺掉。

誰能想得到他會幹出這種事？

公司裡面的「劇作家」及TIME併發症

對同事或公司做出毀滅性的行為，既不罕見，也不是孤立的現象。在我們這個接收、併購和裁員層出不窮的時代，上班族的情緒需要被重視。對很多人來說，失業是件跟失去所愛的人一樣難過的事情，失業者卻很少獲得別人的鼓勵和安慰。

雖然暴力事件有增無減，但釀成多數暴力事件的遠因依然還是那些。在美國，很多雇主徵才時態度很馬虎，根本無視應徵者的種種問題；一旦錄用人之後，又用很可能引出他們最壞人格特質的方式監督。最後，他們被解雇的方式與他們被雇用的事實，一同促成了事件發生。絕少人會主動點燃擺在自己面前的炸彈，但很多雇主卻不經意這麼做了。在出事之後來向我求教的雇主不在少數，但會在問題演變為危機以前就來找我的雇主卻寥寥無幾。

我常常提醒我的客戶，要特別注意一類我稱之為「劇作家」的員工。這一類人的很多特徵在受雇的早期就觀察得出來。他們的一項特徵是沒有彈性，不接受任何建議，因為他們把建議視為對他們做事方式的一種侮辱和批評。他們的另一項特徵是總以小人之心去猜度別人，例如他們發現這個月入帳的薪水數目不對，就會質問負責的人（或自己在心裡想）：「你們最好別想占我的便宜。」這就好像他期待別人侮辱他或傷害他似的。

這種劇作家人格的人會「自問自答」，之後又走掉，同時氣你跟他講了什麼。他會為他與同事和上司間的互動**開啟小劇場**。在小劇場裡，他把自己寫成一個通情達理、卻常常被上司或同事設計的好員工。出了任何紕漏，都絕不會是他的責任；不管是意外或無心之失，都一律是別人的錯；大家都在聯手對付他，但公司卻不聞不問，也不欣賞他對公司的貢獻。

當你想跟這種人溝通的時候，你會發現，他並不會聽你在說什麼，他耳中聽到的，只是他預期你會對他說的話。他只會聽到自己為對方寫好的台詞。這種人的人格，是一種自招失敗的人格。有個老笑話很生動地說明了這一類人是怎樣想事情的：

> 有個人的汽車在一段偏僻的公路爆了胎。他想換上備胎，卻發現忘了帶千斤頂。遠處有幾點亮光，看得出來那是幾家小農舍。於是，他向農舍的方向走過去，打算借個千斤頂用一用。天已經很黑了，他一面走一面擔心，農舍裡面的人會不會願意幫他的忙。
>
> 「他們可能甚至連門都不會應，更糟的是，他們有可能會裝作不在家。」他內心想：「那我就得再走

上一英里的路，去找下一戶人家。不過，下一戶人家也有可能不肯開門，或推說他們沒有千斤頂。即使我最終找到有人願意理我，他們也很可能會先要我證明我不是個罪犯，而如果他們願意借我千斤頂——機率很低——他們也肯定會要我把皮夾留下，以防我帶著他們那個爛千斤頂跑掉。這些人到底是怎麼搞的？難道連幫一個落難的同胞也那麼難嗎？難道他們要看到我冷死在荒郊野外才會高興？」想著想著，他不覺已走到了第一所農舍的門前。由於正在氣頭上，所以他敲門敲得很用力。他心想：「他們可別想裝著不在家，我聽得見裡面有電視聲。」

幾秒鐘後，一個和顏悅色的婦女把門打開，臉帶微笑地問他：「有什麼要我幫忙的嗎？」

他大聲咆哮道：「我不稀罕妳幫忙，就算妳把妳那個爛千斤頂用包裝紙包好送我，我都不會要！」

「劇作家」不會對別人的幫忙心存感激，這也是大家為什麼會疏遠他的原因。小劇場原本只是他一個人憑空杜撰，但久而久之，別人待他的態度會跟小劇場越來越相似。在特定的雇主遇到他之前，他早已在其他工作和其他關係中經歷過這些問題了。

「劇作家」會在無形中向別人發出諸如「你最好不要把責任推到我頭上」或「你最好不要不升我的職」之類的警告。但即使他如願以償獲得升遷，他也覺得這只是因為他強迫公司，公司才讓他如願；同時也覺得管理階層曾試著阻撓他升遷，但卻失敗了。

當我檢視客戶提供的員工紀錄時，我常常都很驚訝地發現，裡面充斥著多少不服從行為的紀錄。很多這一類的行為早就構成開除的理由。他威脅人、霸凌人、恐嚇人。有時候，員工甚至出現了蓄意破壞或暴力行為，但公司方面仍然不開除他，為什麼呢？因為沒有人敢。主管不是只把他調去別個部門，就是只調他的班。他們這樣做，不外乎都是想把燙手山芋扔給別人。沒有人願意找他坐下來，當面告訴他，他已經被解雇了。沒有人願意當黑臉，因為他們都明白，對方不會善罷甘休。

這種狀況會形成一種惡性循環，所以讓一個「劇作家」在公司裡待越久，他就會越覺得自己有待的權利，因此碰到劇作家型的員工時，最佳做法就是讓他早早捲鋪蓋走路。在你第一次有足夠理由開除他時，就要當機立斷（我不是建議各位刻意去找開除他的理由，而是說，在碰到有理由開除他時不要猶豫）。不過有兩點要緊記，一是你的理由要充分，二是態度要堅決。若你要解雇一個人，卻沒有貫徹到底的話，你就會引發ＴＩＭＥ併發症，也就是：恐嚇（threats）、威脅（intimidations）、操控（manipulations）和行動升級（escalation）。

所謂的操控，是指他會用說話來左右別人，但不訴諸暴力。所謂的行動升級，則是指他會做出一些可以引起別人擔心或害怕的舉動，例如擅自出席聚會、寄一些嚇人的東西給上司或同事、破壞東西或陰險的舉動等等。

有心解雇一個既麻煩又有暴力傾向的問題員工時，不要遲疑。你要知道，若不及早行動，TIME併發症就會接踵而來。要一個問題員工乖乖走路可能真的不容易，不過，你解雇得越早，事情就過去得越快。如果你在早期都下不了手，你到越後來就越下不了手。

「劇作家」這類人通常在未被解雇以前，在公司裡就要過威脅或操控的手段，而且屢試不爽。所以說起來，他的雇主或主管實在難辭姑息之責，他也期待這兩招會奏效。當管理階層終於做出解雇他的決定時，他難免會感到愕然，覺得公司對他不公平。某種意義下，他是對的，公司真的是不公平；因為過去他做出同樣的行為，並沒有被解雇，而這一次卻被解雇了。可以想見，他一定會勃然大怒，口出恐嚇，不肯善罷甘休。

當他過去所用的操控技巧不再管用的時候，他就會把行動升級。這時候，公司方面就要認真評估他有可能會對公司或公司員工帶來什麼樣的危害了。以前看到他這一面的時候，管理階層總是退縮，但這次他們鐵了心，而劇作家也同時拉高賭注。然而這些過程都一再表明：公司早該解雇他了。

攸關員工生死的問題

在向各位提供一些可以預測工作場所暴力的「前事件指標」以前，我必須再次申明，我一般都盡量避免使用表列法，因為它會讓人誤以為，暴力事件的預測是有捷徑可走的。對一個毫無訓練的新手，以下的列表有可能造成誤導，但對已經讀過本書前面章節的各位，下表將可充實各位直覺的資料庫：

1. **無彈性**　拒絕改變、頑固，不肯考慮任何與自己想法相左的意見。

2. **武器**　在過去三個月內曾買過武器；有收集武器的癖好；常常開有關武器的玩笑；曾表示過武器是一種很適合用來展示力量或復仇的工具。

3. **憂鬱**　看起來一副悶悶不樂、生氣或沮喪的樣子。慢性憤怒症是暴力行為的一個重要指標。常常有強烈憤怒感的人，他們會發生心臟病的機率也比較高（比吸煙、有高血壓或酗酒的人還要高）。這類人不只把自己置於危險之中，也把別人置於危險之中。職是之故，我們絕不能對有慢性憤怒症的員工掉以輕心。當一個人沮喪的時候，會有體重改變、易怒、自殺念頭、絕望感、哀愁、對以前感興趣的活動不再感興趣等徵象。

4. 悲觀　常把諸如「那有什麼用」、「沒有事情是可以改變的」、「我沒有什麼未來可言」之類的話掛在嘴邊。會提到關於自殺恐嚇的話題，會做一些跟自殺者相符的事情（例如把各種未了的事情處理好、變賣財產等）。悲觀是發生問題的重要指標（樂觀則是成功的重要指標）。

5. 認同　會認同甚至讚美那些在上班地點製造暴力的人；會在談話或開玩笑時提到喜歡最近發生的重大職場暴力事件；喜歡看暴力電影和書刊或是恐怖的新聞事件。

6. 同事的恐懼　同事在跟他相處時會有一種害怕或毛毛的感覺（不管說不說得出理由）。這是抓住同事直覺的前事件指標。

7. TIME　對上司或同事會使用恐嚇、威脅、操控或行動升級等伎倆。

8. 有疑心病　老覺得別人算計他；老把不相關的事情聯想在一起，然後得出別人在聯合密謀對付他的結論。

9. 批評　對別人的批評極為感冒，質疑批評者的動機，不肯正視對他的批評裡面有沒有任何值得參考的地方。

10. 歸咎　把自己的過失歸咎別人，拒絕自己承擔責任。

11. 十字架　老覺得自己對自己的工作有什麼使命，覺得自己是個背負十字架的人。假設他要發動專屬他個人的「一人戰爭」，這點就特別重要。

12. 不合理的期待　期望升職、獲得長期休假、別人向他道歉、在某些爭辯當中被稱為「勝利者」、被人發現他是「對的」，諸如此類。

13. 申訴　有懸而未決的申訴，或曾有不合理的申訴史。

14. 警察　最近有被警察找上門過（甚至被逮捕過），或有攻　、傷害別人的前科。

15. 媒體　近期有關職場暴力或重大暴力事件的新聞報導，這類主題時常會刺激一些認同罪犯，以及因施暴而獲關注的人。重大的職場暴力也與公眾人物遇襲事件一樣，有接二連三發生的傾向，這些罪犯也時常提起那些上過新聞的同類。

16. 注意別人　儘管不是工作，但極度注意其他同事的行為、活動、表現、言行、去向，甚至會去做一些紀錄；在上下班時跟蹤某些同事（有近半數的跟蹤狂會出現在受害者的公司，所以瞭解這種動向是明智的）。

17. 接觸　被解雇以後覺得忿忿不平，一再找機會跟開除他的雇主接觸；不肯罷休，老把心思花在怎樣要回原來的工作，而不是找一份新的工作。

儘管沒有個別的前事件指標可以拿來預測，而且也不是所有嚴重事件都符合上述全部特點，但這些都是需要留意的警訊。我們大部分的人都多少認識一些有上述特徵的人，但如果你的同事符合很多項特徵的話，就要特別留意了。

一旦主管階層和基層員工都了解這些警訊，那在事態惡化之前，就比較能夠事先預測到。派克·迪亞茲長年研究職場暴力事件，他為我帶來傑出的想法。隨後我和他曾一起製作過一個錄影帶系列，指導企業和政府（見附錄四）的行政主管怎樣去處理他們遇到的問題員工。很多把錄影帶的指導付諸應用的企業在回函中都告訴我們，早期發現一個問題員工，比他們想像中要容易得多。不過他們又表示，處理問題員工的最佳方式還是找他懇談，而非解雇他。當然，如果能及早發現他的問題，及早幫他解決，是最好不過的事情。在研究過差不多每一件重大的職場凶殺案之後，迪亞茲博士得出以下結論：

如果一家公司想要防範這一類事情的話，它就必須學會去聽取員工的不安感。要能讓員工主動向公司反映他們對某個同事的不安感，不是一夕間就可以做到的事情。那需要有一個循序漸進的計畫。不過，要是等到有電話告訴你十六樓發生槍擊事件時你再採取行動，那就太遲了。

他的研究也印證了我對大眾媒體與職場暴力之間關聯性的看法：

那是一種出現頻率正在增加中的犯罪模式。它和大眾媒體的關聯性是如此之高，以致我們可以預期，每當出現一件被廣為報導的職場暴力事件以後，在接下來的幾星期裡，同類的事情就會大增。理由是，很多做出這種事情的人，都是身處困境，正在尋求解決之道的人。如果他們在電視上看到有某個像他們的人，做了件他們也想做的事情，他們就會認同他們，而這正是促使他們付諸實行的原因。

一件職場暴力從醞釀到成熟，需要一段很長的時間，但高級的行政人員往往一無所知，為什麼呢？因為沒有一個低層主管願意向高層主管報告。為什麼？因為他們擔心招來的反應會是：「噯，你連自己的人都管不好嗎？難道你不懂得要怎樣處理這類事情嗎？」

幾年前，有一次我跟一家全國性大企業的總裁碰面，談及他公司旗下的餐廳連鎖店，我問他：「你們一定碰到不少女性雇員被不速之客騷擾跟蹤之類的事吧？」他回答說：「我聽見過一件這樣的事，不過那對我們來說不是什麼大問題。」幾小時後，我問了這個企業的人事部經理同樣的問題，他的回答是：「噢，當然，去年我們碰過六、七件這一類的事。有時候這種事還挺煩人的。」接著，為了證明自己所言不假，他打電話向負責餐廳業務的主管查證，但對方的說法卻是：「我們大概一個月會碰到兩件這樣的事。在過去幾年來，大概每年都會有二十件上下。問題很嚴重。」

如果最高層根本沒法接觸到事情真實的一面，那安全相關問題的決定權就會落到中下層主管手中了，這是因為：一來，這些主管也認為上司要他們自行決定；二來，因為他們也不敢告訴上司他們無能為力，只好自行處理。想改變這種情況，一個辦法是鼓勵中下層主管把任何情況——不管好壞——一律往上報。一個經理向上級報告自己的下屬中有問題人物，往往要冒兩個風險：被上層指為反應過度的風險和被指為無能的風險。更不公平的是，如果問題員工始終沒製造事端，這位經理就會被上層視為判斷錯誤。我建議大企業重新界定他們對「錯誤」一詞的定義。只有在以下三種情形下，一個經理才可以被稱為是錯誤的：

1. 沒有把安全問題放在考慮事情的第一位。
2. 沒有問對問題。
3. 沒有把他的憂慮及早和清楚地往上反映。

我有幸能跟一些想法很進步的公司合作。這些公司會告訴他們的中下層主管：「不要以為你們懂得應付那些只有行為科學家才應付得來的問題。我們不指望你們能處理那些有潛在危險性的員工。只要你能管好手下百分之九十五的員工，我們就覺得你做了一件了不起的事。至於那些脫序的百分之五——那些會恐嚇、威脅、打人的百分之五——你們應該向我們報告，留給我們處理。」

難以解雇還有暴力員工，這兩件事都與這個激烈變動的社會相似，例如離婚、與鄰居起爭執、跟財務機構的爭議、激烈的訴訟和解除伙伴關係。這些例子都有個共通點，就是為了彼此利益起衝突。因此，各方都滿意的完美解決方案實屬少見。

更加複雜的是，難搞的員工常常在工作之外也有相似的問題。他生活中美好的事物開始像骨牌一樣倒塌：自信倒向表現，表現倒向認同，認同再撞擊到自尊。最後，失業又會衝擊到剩下的骨牌，而雇主最該小心注意的是別讓自尊那張牌倒下，因為這很可能會引發暴力行為。讓我們用ＪＡＣＡ四元素再來檢視一遍：

正當性：當雇主拿走所有一切時，員工就此認為可以合理使用暴力。

剩餘選擇：如果用盡了所有上訴程序，可能會覺得除了暴力，他別無選擇。

後果：一旦向下沉淪，他對暴力後果的評估就會改變。如果夠憤怒，特別是感到被羞辱的話，那麼施加暴力的後果就可能變得有利。

能力：憤怒的現任或前任員工常高估自己行使暴力的能力。這相當危險，因為他們很可能為了「殺掉所有人」或「炸毀一切」而發起大動作攻擊。儘管他們很少如想像般那樣成功，但仍會傷了許多人。

介紹信和履歷表中透露著危險訊號

一個雇主所能做的最失策的事情是什麼？

當然，一切都從雇用開始。人事部會預測應徵者是否符合公司需求、能否適應良好、工作能力強不強、是否為產能高的員工等等。我們都知道，預測得越多資訊越完善，所以調查應徵者的背景相當關鍵。但我的意思並不是期待背景確認能幫我們過濾掉潛在的暴力分子，而是暴力本身就是個隨時間演變的過程。它不是一種條件或狀態。不過背景確認對雇主而言，確實是個了解應徵者重要資訊的輕鬆方式。

一家名叫麥格特（MacGuard）的保全公司雇了一個名叫羅德尼・加曼尼恩的保全人員。可是，正是保全公司給他的制服，讓他得以騙一名十八歲的女孩上他的車；正是保全公司給他的車，讓他可以載走她；正是保全公司給他的鑰匙，讓他有地方可以禁錮她；正是保全公司給他的手銬，讓他可以銬起她；正是保全公司給他的警棍，讓他可以揍她；正是保全公司給他的槍，讓他可以殺了她。麥格特保全公司不但事先沒調查清楚羅德尼・加曼尼恩的底細，甚至連他的履歷表都懶得細看。只要他們願意多花幾分鐘看他的履歷表就會發現，履歷表上很多欄位都空著沒填，填了的部分也不是那麼盡如人意。譬如，他在履歷表上寫著自己服過三個月的兵役。這裡就有個很值得一問的問題：「加曼尼恩先生，為什麼你只服了三個月的兵役呢？入伍服役的人通常都不只待這麼短。」他上兩個工作的離職理由都是「被開除」，但麥格特保全公司在這一點上也沒問半個問題。

最令我惱火的是，我單憑兩通電話，就知道了許多麥格特保全公司所不知道的事情。我的兩通電話分別是打給加曼尼恩的兩個前雇主。他們第一個告訴我：「誰？羅德尼・加曼尼恩？我記得他。有一次，在大樓上鎖以後，他在二樓企圖強暴一個女孩。」另一個則說：「誰？羅德尼・加曼尼恩？我記得他。他有一次畫了一些淫穢的圖畫貼在女廁所。」加曼尼恩最後終於在另一棟上鎖大樓的二樓女廁一圓他寄託在淫穢圖畫裡頭的那些夢想。**在雇用一個人以前先查核他的介紹信是否為真，並向前雇主查問他的為人，這絕對是每個雇主的義務**。

在另一個案子裡，有位員工故意把卡車開得飛快，衝過一個崗哨，結果導致多人受傷，一人腦部受損。這個事件也如同加曼尼恩案一樣，是掉以輕心的雇用的產物——介紹信未經查核，履歷表上的資料也未經求證。有時，即使單看履歷表本身，也可以看出它填得不盡詳實，例如有些填在親友欄的電話，也會重複出現在介紹人一欄，又例如一些明明是私人的電話，卻會被當成公司行號的電話來填。確認這類不誠實的行為並不花多少時間，最起碼也能讓你知道這些人有不為人知的一面。

在美國，不去求證介紹信是否屬實已經蔚為風尚。對那些向我抱怨員工怎樣怎樣，而自己在雇用時又未盡評估之責的經理或雇主，我一向很沒耐性。對於為什麼不向介紹人求證，最常見的推託之詞就是：介紹人都是應徵者事先安排的，所以可以預期，他們只會講好話，不會講負面的話。事實上，一個雇主可以透過介紹人知道應徵者的履歷表有沒有作假：「他在某某公司任職的時候，你就已經認識他了嗎？請問據你所知，他是什麼時候開始到某某公司上班的？你知道他當時大概是多少薪水嗎？你知道他念的是哪所學校嗎？可是他說他跟你是同學啊！」我建議依著履歷表上應徵者填寫的資料問介紹人問題。

一個介紹人能給雇主最有用的資訊，莫過於其他應徵者熟人的姓名電話。他們事先沒料到會有人向他們打聽有關應徵者的事，所以一旦被問起，就會透露許多有價值的資訊。

跟應徵者的面試，是另一個可以獲得重要資訊的機會。這道理看似誰都懂，但有許多老闆就是不會好好把握。在面試時，最先應該探究的就是應徵者的誠實度。如果應徵者在履歷表上作假的話，他們通常都不會記得自己亂填了些什麼，所以，在面試時，我建議雇主一面拿著他的履歷表，一面問問題。一個人最容易在履歷表上撒謊的項目是工作的任職期間長短：很多人喜歡把八個月寫成一年，十八個月寫成兩年，以此類推。

在面試時，我建議雇主問以下這些問題：

「談談你碰過最好的雇主？」和**「談談你碰過最差的雇主？」**

這是一個有力的問題，可以讓一個雇主知道應徵者對主管或管理階層的態度。如果應徵者對他認為好的老闆只說一點點，但對於他認為壞的老闆卻滔滔不絕，這就是一個訊息。他有用類似「個性衝突」之類的字眼來形容他跟前雇主的不合嗎？他有嘲笑他的前雇主嗎？他有認為他應該對自己的離職負任何責任嗎？

「請說說你到目前為止最感失敗的一個經驗，並說說它是怎麼發生的？」

應徵者的回答是有還是沒有？如果是有，那他認為責任是在他自己還是在別人身上？（例如：「我覺得一生最大的憾事是沒能從高中畢業；那些爛老師不懂得怎樣循循善誘。」）

「照你認為，你上一任雇主做些什麼樣的改進，經營將會更加成功？」

注意應徵者有沒有滔滔不絕，一副換他來經營會成功的樣子。注意他的評論是以建設性的口吻、還是忿忿不平的口吻說出來的。接著問他以下的問題：

「你有沒有對你上一任老闆提過上述建議呢？」

如果應徵者的回答是「有，可是他們從來不聽員工說些什麼」，或「有是有，不過他們的反應卻是：『你管好自己的事就行了』」。那他的話所反映的，很可能是他對前上司提建議的態度，而非他前上司對待建議的態度。那是因為，如果員工是抱著為公司好的態度提建議，很少雇主——不管他們最後接不接受這個建議——會不理不睬。另一個也可稱之為差勁的回答是：「建議有什麼用？還不是一切因循舊章。」有些應徵者會指控他們的雇主或上司盜用自己的創意。有些則會告訴面試者他們為了讓上司接受他們的建議而不惜發起一場戰爭的故事。如果他有此一說，不妨問問他，他是一個人幹還是聯合其他同事一起這樣幹。有時候，他會說出這樣的話來：「我的同事才沒我這個膽跟上級抗衡呢。」

「假如你前一任雇主想留住你的話，他得做些什麼？」

有些應徵者會給出一些合理的回答（如少許加薪或更準時的上下班之類），但另一些卻會列出長長的一串要求，而其中很多根本就是癡心妄想（如「加我一倍的薪水，升我為副總裁，讓我禮拜五也可以休假」）。

「你工作的時候遇到問題，一般都是怎樣解決的？」

好的答案包括找別人商量、衡量所有不同的觀點，以及跟相關單位討論。差勁的答案是包含著對抗心態的答案（例如「我會告訴問題的始作俑者，叫他自己把事情打點好」或是「我會直接找負責人直話直說」）；另一個也可歸類為差勁的答案是應徵者說他不打算去解決任何問題，說是「沒有事情是可以改變的」。

「請描述在你的一生中遇到難題時，受人幫助的重要性？」

他能記起有過這樣的情形嗎？有的話，他對幫他那個人有沒有表示感激之意呢？

「你最好的朋友是誰？可不可以形容一下你們的交情？」

信不信由你，有很多人就是說不出一個名字來。如果應徵者舉的那個人不在介紹人之列，問問他為什麼。然後又問他可不可以找這位朋友當他的介紹人。

在面試時，應徵者一些乍看之下很正面的屬性，很可能實質上並不那麼正面。如果一個應徵者告訴你：「我**絕不**遲到」或「我是一個非常、非常有條理的人」，日後你可能會發現，他原來是個很沒有彈性、很本位主義的人。本位主義（**我的**桌子、**我的**範圍、**我的**工作領域）很難說得上是一種必要的屬性。如果一個應徵者告訴你：「如果我答應會給你八小時，你就大可放心，我絕不會少你一分鐘。」日後你可能會發現，他原來是個會要求你符合他期望、會對任何職位或職務的更動都覺得不公平的人。

人都很容易把一些事情合理化，一個急於用人的雇主尤其如此，還會忽視直覺。正如我在談雇褓母時所提到的應注意事項一樣，在面試的時候，要做的事情不是幫應徵者挑優點，而是在他身上找缺點。**好的應徵者會自己凸顯優點，不需要你幫他找**。

雇主的另一大失策，是沒有予以員工適當的督導。所謂的適當督導，可以用一句話來涵蓋：賞罰分明。無論員工做對做錯都需同等告知，最重要的是絕不姑息不服從的行為。許多主管，在問題員工做得不對的時候往往不敢加以糾正。其實，假如主管能在每一個階段都用恰如其分的態度去對待這類員工，很多問題都不會發生。可惜，比解決問題本身來得容易的做法是：把問題員工當成另一類人，並用有別於其他員工的方式去對待他們。

有潛在暴力傾向的員工都是很敏感的一類人，如果他們嗅出主管把他們當成危險人物看待的話，他們行使暴力的機率就會增加。因為在他們看來，既然別人都已經把他們視為危險人物，那他們也沒有什麼好損失的了。

如何解雇問題員工

除了用人馬虎和對員工欠缺適當的督導以外，雇主常犯的另一個毛病是明知該讓一個問題員工走路的時候，仍舉棋不定。

解雇問題員工要把握好時機，最好在他們對工作投入大量感情之前、小事變成大事之前、失望化為不滿之前。一旦他們投入了越多情感，事態也只會更加糾結，屆時解雇就會成為燙手山芋了。

很多老闆之所以下不了解雇問題員工的決心，是因為他們不知道怎麼做才不會有後遺症。以下，我會列舉一些解雇問題員工的策略。它們也適用於中止其他涉及情感的關係，諸如生意夥伴關係、夫妻關係、追求者與被追求者的關係等。雖說個別的環境條件需要個別客製化的回應法，但以下這些哲理仍然適用。

給對方留點面子

解雇一個問題員工時，要裝出禮貌和體諒的態度。絕不要給他難堪，也千萬不要讓他察覺出你擔心他會不會對你怎樣。如果你覺得他有動粗的可能，不妨在心裡做好最壞的打算，但不要流露出來，而是要表現得好像他就是你心目中那個好人的樣子。用對待一個可理喻的人的態度來對待他，裝作你壓根兒不認為他會動粗。把他當成一個會用成熟而恰當的態度接受現實的人看待（但這不是要你忽略可能的危險），不要流露出膽戰心驚的樣子；否則，你等於在自己臉上幫他寫好一本教他怎樣反應的劇本。此外，他也會看穿你是好欺負的人。

要斷得乾脆

有些雇主在解雇問題員工時，喜歡採取分段式的解雇，他們以為這樣就可以減少被解雇者所受到的打擊。這種方法乍看之下好像延長了對方的在職時間，實則是延後了開除他的時間；於是，一個人在被開除時會感受到的焦慮與難堪，也隨之延長了。這種做法，就好比是在病人全無生命跡象、也全無存活的可能時，仍然用儀器來維繫他的生命。你以為你是在延長他的生命，但你實則是在延長他的死亡。

不要跟對方打商量

「不要跟對方打商量」可說是一條金科玉律，它適用於中斷任何種類的死纏爛打關係。一旦做成解雇一個員工的決定，那你見他的唯一目的，就是告訴他這個決定。也可以談些別的事情，但在解雇這件事情上，絕不要再討論。解雇告知不是糾正錯誤、改變過去或討論責任歸屬或一切重新開始的場合。舊事重提只會再觸及痛處和激起情緒。無論你的證據多充分，你都絕不可能說服他，解雇他是個好主意（如果他是可以理解你開除他理由的那種人，他就不會被開除了），所以，與他會面的時間應該簡短。我建議顧客先寫個腳本，上面列出幾點他們想通知該員工的解雇事項。我還建議他們想一個詞，好讓對方試著岔開話題時可以拉回主題（我們公司稱這詞叫「回力鏢折返線」）。比如：「比爾，如果這是你的決定，我們尊重你」或「現在不是重新處理過去的時候，我們得向前看。」

多提些關於未來的話題

避免談有關過去的話題，多談些有關未來的話題，例如：「如果你離職後有人打電話找你，你要我們怎樣告訴他？」「你希望我們知會郵局，把你的信件轉送到新地址嗎？」「在你下一個應徵的公司跟我們聯絡的時候，你希望我們怎樣為你美言呢？」講這些是要讓他覺得，他在這份工作上的投入沒有白費。不知道自己的前雇主會怎麼說自己，常常會引起被解雇員工的高度憂慮，所以不如把話挑明。不要讓滾燙的熱氣隱藏在水面下，務必讓它散發出來。這些話看似無足輕重，不過卻可以把被解雇者的眼光轉移到未來，不再那麼執著於過去。

解雇的話要說得直截了當

有些雇主在解雇員工的時候喜歡拐彎抹角，不把話直截了當說出來，讓員工聽了老半天還不曉得自己已經被解雇。結果，員工在聽了雇主的一席話以後，有可能會說自己已經明白，以後會好好改善工作表現。這時候，當雇主的才不得不直說：「不，你沒有聽明白，你被解雇了。」但這樣一來，被解雇的員工除了會感受到一般被開除者皆有的情緒以外，還會增加一項：被愚弄的感覺。婉轉的結果常常是語焉不詳。有這樣一個笑話，乍看之下是在讚美婉轉表達壞消息，但實際上卻在說直接表明才更具意義：

有個女的在出遠門的時候託朋友照顧家裡。有一天，她從外地打電話回來，問朋友家裡是不是一切無恙。對方回答說：「妳的貓從屋頂上摔下來摔死了。」「我的天啊。」那女的驚歎了一聲，但接下來又說：「不過，你怎麼可以用這種方式告訴我這件事情呢？你應該說：『有一天，小貓咪在屋頂上玩得正開心，不知怎麼搞的，突然間開始向下滑動。起初牠止住了滑勢，看來一切恢復正當，但才一下子，牠又開始往下滑，並從屋頂上掉了下來。我們急忙把牠送到獸醫那兒去，牠看來傷得很重，不過有那麼一下子，牠看來又恢復了精神，所以大家以為牠可以撐得過來，沒想到……唉……牠終究還是離我們而去。』那才是妳告訴我牠死訊的恰當方法。」她的朋友向她道歉，說自己實在太不懂得將心比心。一星期後，那女的又打電話回來問家裡的狀況。她朋友猶豫了一下之後說：「唔……有一天，妳媽媽在屋頂上玩得正開心……」

對別人宣布壞消息的時候，直截了當說出來，對方反而會更受益。

在解雇一個員工時，你要強調，你十分相信他會有一個成功的未來，會找到他喜歡的工作，而且會有很好的表現（有可能其實在你心目中，他有情緒問題，但你沒必要把這些想法流露出來）。跟被解雇員工談話時，要不帶感情地就事論事，不要把氣氛弄得悲慘兮兮的。你應該說：「這是工作生涯的一部分，我們每個人一生中難免都會碰上過兩三次。像我自己，以前也遇過這種事。我們都知道，這種事難不倒你。」

解釋時盡可能用詞籠統，別談具體問題

很多雇主都努力向被解雇的員工說明自己做法的合理性，就像是要員工在他們面前承認他們解雇他是個好主意似的。有些雇主則在解雇告知的時候，對員工的工作態度提出種種善意的批評和改進建議，結果，一場解雇告知弄下來倒更像一場教學。也有許多雇主不在對方還在職時給出直白有建設性的批評，卻在解雇時才提出。算了吧，一切都太遲了。聰明的做法是多說些籠統的話，諸如說他離職對彼此都有好處；說雇用就像一條雙向的街道，而目前這一個公車站剛好只有單向服務；說他毫無疑問是個有能力的人，只是這裡實在不是他能發揮的地方等等。不要跟他討論誰會接他位子的問題。他問起的話，就用「回力鏢折返線」法拉回主題，或說尚未做成決定。

要讓對方出其不意

為了安全考量，不應該讓一個員工事先知道公司開除他的決定。但信不信由你，許多員工在被叫去告知解雇的時候，負責通知的人說的話都是：「他們叫你進去要開除你。」

時間要選擇得當

告知一個員工被開除的消息，時間應該選在一天結束、其他員工都下班以後。這樣子，在得知被開除

的消息以後，他就無法立刻去找他認為害他被開除的人尋釁。另外，他也可以在如往常一樣的時間回到家，而不會感到有太大的異樣。我建議在星期五的下班時間告知一個員工他被開除的消息，這樣，他就不會有隔天早上該上哪去的衝擊感，也不會覺得他的前同事有工作自己沒有、甚或擔心同事間的耳語。如果換成被開除的時間是平常的工作天，他一覺醒來，就會覺得一切都跟平常不一樣，例如電視節目不一樣、家人不在家等等。雖然有些人覺得平日解雇才是明智的決定，但我認為此時他正情緒高昂，很可能會出現讓他找到下手侵犯的目標。

慎選環境

進行解雇告知的地點，應該選在一個其他員工看不見內部情形的房間內。不應該在被開除員工自己的辦公室內告訴他被開除的消息，因為如果他講個沒完，負責解雇他的那個人就很難脫身。負責解雇的人應該是一個在多說無益的時候，下得起決心站起來離開的人。有經驗的行政主管都知道，不宜在自己的辦公室內解雇一個員工，因為一個人對自己被解雇的地點記憶特別鮮明，他要是回來尋仇的話，很可能會逕往該地點走去。

慎選列席人選

誰該出現在解雇告知現場呢？我建議開除應該由一個層級較高、被解雇者平日接觸較少的主管提出，或是日常上跟爭議的被解雇者毫無關聯的人。他應該是一個冷靜、遇到辱罵或恐嚇也不為所動的人。不妨在管理階層中找一個與被解雇者友善或被解雇者景仰的人列席（有的話），這樣做，可以讓被解雇者保持莊重。

誰不該出現在解雇告知現場呢？武裝警衛、警察和不知那裡找來的壯漢。雖然有些雇主認為，有這一類人在場會讓自己顯得很有力量，其實剛好相反。那只代表你有多膽怯。也不應該有被解雇者同級的同事或直屬主管在場，因為那會讓被解雇者感到尷尬，也增加了他為自己提出激烈辯白的可能。再次強調，負責解雇會議的主管不應該透過援軍來增加自己的力量。

很多雇主都以為自己是最有權力（power）的人，可是，當李察．法萊在ＥＳＬ公司掃射那一天，他才是最有權力的人，而不是ＥＳＬ的老闆；而當大衛．柏克在飛機上開槍的時候，最有權力的人也不是他在全美航空的長官。愛默森（A. E. Emerson）說過：「理直氣壯的憤怒可以引發一個人的所有力量（power）。」理直氣壯的憤怒，也有可能會引發出一個被解雇的員工連他自己都意想不到的行為。但要注意的是，這個人並不是怪物，他是公司僱來工作一年的人，只是他現在被解雇嚇到了，這個解雇撼動了他的世界。這結果要嚇他沒料到，要嚇這證實了他對這世界的看法（因為他總是這麼料想的）。無論如何，這個既不受歡迎又貶低人的改變正強加在他們身上。

一個人有可能接受公司裡沒有人喜歡他的事實，但被漠視、被拒絕、被抹去，卻是截然不同的一回事。解雇讓他失去很多重要的東西：地位、收人、醫療保險、目的感、自我認同。但最令他受不了的是：他戰敗了，而他的對手卻贏了。

一個問題員工與他雇主之間的權力關係，會在他聽到自己被開除的那一剎那開始逆轉。過去，他為了保住工作，很多可能是他連考慮都不會去考慮的；但現在，一切又都變成了可能。雇主最大的武器就是解雇，但一旦解雇的子彈從他們手上射出，他們的槍就空了。接下來，權力就由雇主的一方轉移到了被解雇員工的一方。很多公司都已經從慘痛的經驗中得到一個教訓：低估一個被解雇員工的權力所付出的代價，要比尊重這種權力所付出的代價大得多。

由於在美國打不當解雇官司時常可見，所以有些公司在解雇問題員工時，不去擔心他會不會做出什麼嚇人的事情，反而去擔心他會不會興訟。其實，如果一個難纏的員工會用興訟來威脅公司，公司反而應該覺得高興，因為那代表他暫時還不打算訴諸暴力。該擔心的不是官司開始的時候，因為如果公司方面的解雇理由夠充分的話，就不愁打不贏官司；該擔心的是官司結束的時候，因為被解雇員工在打輸官司之後，有可能會考慮透過別的手段發洩他的怒氣。不過，如果公司方面不再做出什麼刺激該員工的事情，一般來說他的傷口、自尊和自我認同可望被時間治癒。

如果問題員工在聽到自己被解雇的消息時出言恐嚇，最佳的對策是什麼呢？在第七章，我提到過不少有關恐嚇的概念，它們也一樣適用於當前的情境。要始終謹記的一點是，一個恐嚇分量的大小，取決於被恐嚇者的反應。因此，在一個被解雇員工出言恐嚇時，你最佳的回答就是：「我知道你現在心情很不好，才會說出這樣的話來，那跟你一貫的作風不符。以你一個這麼有理智、又這麼有前途的人，我不相信你剛才的話會是認真的。」說這話的目的不是為了安撫對方，而是為了讓他知道，你對他的恐嚇並不害怕。

另一個要謹記的重點是要讓對方覺得，他話雖然已經說出口，但並不是沒有轉圜的餘地。你可以說些類似以下的話：「在情緒不穩定的時候，人難免都會說一些傻話。我以前也這樣過。讓我們都忘了剛剛說過的話吧，我肯定你明天一覺醒來，就會有完全不同的想法。」

即使在對方的恐嚇非常有付諸實行的可能時，我仍然會奉勸我的客戶要裝得不太在意對方的恐嚇，而且千萬不要流露出懼意。這並不表示不要採取預防措施，正好相反。在我的客戶決定要開除一個難纏的員工時，我會提議他們採取各種防範措施，諸如把解雇告知全程錄影、吩咐保安人員守在附近待命和在會議室內裝設警鈴按鈕等，還有解雇後要更改門禁系統設定。

所有的解雇會議無論順利與否，都為這位被解雇員工之後的行為提供了寶貴的見解。同樣重要的是，這場會議也為之後管理階層要如何應對該員的行為提供應對方向。所以，在解雇告知結束後，主持人應該立刻就被解雇員工在會議中的態度、行為、反應和講話內容寫一份報告，交由專家評估。專家的意見將有助於一家公司決定是否有必要採取安全措施。

在解雇掉一個難纏的員工後，公司方面必須考量，有沒有哪些人會成為他發洩怨氣的對象；有的話，就得趕緊通知這些人小心。還有其他應該注意的事項包括收回被解雇者的通行證、確定他在收拾好東西後已經離開了大樓，以及知會警衛或接待人員他已經被解雇等等。

應對恐嚇最糟糕的反應，就是恐嚇回去。一旦該名員工覺得已經沒什麼好損失了，那麼他可能就會做出魯莽的行為，這也是為何恐嚇對他而言是好用有效的方法，管理階層深知這點。反過來，這名員工也深知管理階層不打算採取對抗措施。況且，對抗只會把事情弄得更糟。請把暴力試想成一種互動，如果你對恐嚇作出惡性的回應，那就是在提高賭注，還把局面轉變成一場恐嚇比賽；而在這場比賽中，雇主所受到的傷害和失去的東西會遠比這名員工多得多，所以雇主幾乎沒贏過。典型的對抗例子像是：「喔，是嗎？如我你敢我就馬上叫警察」。一旦對抗起來，就等於把自己置身於對方的主場。你要做的正好相反，就是退場，並用你的規則來處理這件事。

打破規則，而不是留在擂台上對打

在談了那麼多的規則後，我得補充一點：有時候，我們也應該把一切學來的規則拋諸腦後。我的公司曾接待過一個把規則看得比安全還重的客戶。這個客戶是一個中型城市的市政府官員。話說該市政府有一名雇員，因為心智能力衰退而提前退休，按規定他可以領到一萬一千美元的退休金，但他卻拒領，原因是市府拒絕付他他自認為應該獲得的四百美元賠償金。市府之所以拒絕給付，是因為規則上禁止支出未經批准的賠償。有一天中午，那雇員未經預約就來到市政府的辦公大樓，要求見主事官員。他們兩人吵得面紅耳赤，但官員說什麼就是不肯破例。最後，雇員站了起來，憤憤的說：「好，那就看看我能不能用別的方法得到我要的東西。」他擺了兩顆點三八口徑的子彈在官員的桌面上，掉頭就走。

我的公司受委託評估這個恐嚇的危險性。經過調查，我們得知那雇員曾向他的心理醫生出示過一把手槍，另外，他對他跟市政府之間的爭論，還發表過以下的評論：「對就是對，錯就是錯。對的人最終都會取得勝利。」在給市政府的報告中，我們建議市政府滿足他的要求，因為他爭的不是錢的問題，而是榮譽與認同問題。一般來說，滿足要脅者要求的做法並不可取，因為他們總是得隴望蜀，不過這個案子的情形有點不同：對方的全部要求不過就是四百美元而已。

可是，主其事的官員在聽到我們的建議後，反應卻好像是我們要他把自己的親生兒子送給別人似的。他對我說：「我們有我們的做事規則，如果每個人都可以向我們予取予求，我們要那些規則何用？」我想，這位官員應該聽聽奧利佛．霍姆斯（oliver Wendell Holmes）的金玉良言：「年輕人懂得規則，老年人懂得例外。」

這位官員說起來和恐嚇他的人沒有兩樣：兩個都是死抓住原則不放的人。我們喜歡戲稱這類事情的兩造為「留在擂台上」，意思是說，他們都是不惜（甚至樂意）留在擂台上對打的人。我對這位官員解釋說：「我不是建議你誰問你要四百美元你就給誰四百美元，我只是建議你，給一個向心理醫生出示過槍枝、在你桌上放過子彈、情緒極不穩定的前雇員四百美元，我不敢奢望這會成為慣例。」但這位市府官員仍不肯點頭。他在乎的當然不是錢，因為單單為跟我辯該不該給錢的問題，他的花費已絕對超過四百美元。他在乎的是原則問題。在他向我滔滔不絕發表了一番有關堅守原則的重要性的談話之後，我把他拉回到現實來：「好罷，如果你認為規則那麼重要，那我們也來訂一條好了：雇員不可以槍擊主管。你覺得如何？」

我反問他：「你寧願哪個規則被打破？」那市政府的官員回去後考慮再三，終於同意支付四百美元。那雇員拿到了錢，就移居到亞利桑那去了。該怎樣處理這件事情，本來顯而易見，可是身在拳擊台上的人，卻因為被拳套遮住了視線，反而渾然不覺。

每個星期都有組織來找我的公司求助，而這些機構早已花了大量的精力想事先預防危險，事實上，選擇來我這學習二手課程確實遠比親身經歷來的好。

不過，無論管理階層多會管理，職場上還是會有無法及時發現暴力的時候。那是因為暴力源於員工的自家門內。這就是下一章要討論的重點。

第10章 危險之四：婚姻中的殺機

「你從未對他做過什麼。你只是跟他談完話後就離開。」

——O・J・辛普森的前妻，妮可・布朗・辛普森（Nicole Brown Simpson）對警察的供詞

我實在看不出來，在檢察官把案情流利地陳述了一遍以後，還有誰會懷疑被告是無辜的。這樣的故事我們全都耳熟能詳：被害人從結婚之後就一直生活在丈夫的暴力陰影底下；她生前幾度報警，有一次甚至還以傷害罪控告過丈夫（但他獲得不起訴處分）；在她被謀殺的當天，與她已分居的丈夫不請自來地出現在她參加的一個聚會上；而在當晚十點過後沒多久，她就被發現被人用刀子捅死了。被告曾經對一個朋友提過，自己做了個殺妻的夢；但稍後他的律師宣稱，凶案大概是毒販幹的。

這樣的情節我們在辛普森殺妻案喧騰之時聽了又聽，只不過，我上面提到的凶殺案，卻不是發生在布倫特伍德*，而是發生在離布倫特伍德幾千英里以外的地方；死者的名字也不是妮可，而是米莉迪絲（Meredith Coppola）。當時，妮可還有六個月好活。如果我把今年全美發生過的殺妻案和殺女伴案寫出來，

---

* Brentwood，辛普森前妻遇害的地點，即妮可的住處。

那各位面前的這本書，將會厚達四千頁；只不過你會發現，裡面所載的每一件謀殺，情節全都大同小異。每一個故事裡需要更動的，不過是人名和若干細節。

在辛普森殺妻案的審判過程中，我曾襄助檢察官辦案，稍後我又在羅恩．戈德曼*家人對辛普森所提的民事訴訟中出了一臂之力。但我提這件殺妻案的目的，並不是在爭取大眾站到我們這一邊。從某方面來說，辛普森殺妻案在美國只不過是一種尋常罪案的其中一件罷了；但另一方面，它的意義又遠不止於此——遠遠不止。對那些在一九九七年還未滿十歲的美國小孩來說，圍繞辛普森殺妻案的種種占據了他們全部生活最少三分之一的時間：有關這方面的新聞和評論充斥日間的電視節目；超級市場報架上的報紙（它們的位置在小孩看得見的高度），頭版一律是有關辛普森案的報導；大人們在晚餐時也離不開這個話題。辛普森案的審判結果再一次向小孩子印證了一個美國迷思：爸爸殺媽媽無罪。辛普森案另外還製造了不少新的迷思，而這一切，當然都得歸功於辛普森的辯護律師團。

辛普森的辯護律師團宣稱：「一個人會打太太，不代表他就會殺太太。」話是沒錯，問題是辛普森不是只有打太太，他還闖入過她的寓所，恐嚇過她（有一次還拿著槍），不斷的跟蹤她。所有這些行為加起來讓他非常貼近殺妻者的典型。

辛普森辯護律師團的邏輯有點類似這樣：「一個人會買麵粉，不代表他就是要做披薩。」話是沒錯，但如果一個人不但買了麵粉，而且他還把麵粉攤平在一個錫碟子上，還在上面加了番茄醬、起司，然後又把錫碟子放進了烤箱裡，那我就不知道，他除了是在做披薩以外還有什麼別的可能。

我把辛普森的律師團稱為詭辯團隊，為什麼呢？因為他們提醒了我，許多為殺妻案辯護的律師團，常常將本該無可辯駁的罪刑講成無可厚非。本章提及的每一個殺妻者（那些殺人後自殺的不算），在受審的時候，身邊都不缺一個有原創性的律師，為他們向陪審團列舉一些不成理由的理由。

辛普森殺妻案裡有一件再明白不過的事情，那就是：儘管羅恩·戈德曼可能是在不恰當的時間到了不恰當的地點**，但妮可卻身處不恰當的地點已經有很長很長一段時間了。正如檢察官之一的史考特·高登（他現在是高瞻遠矚的洛杉磯家庭暴力委員會主席）所說的：「辛普森殺妮可已經殺了很多年，她只是在六月十二日那天才死掉罷了。」這種把犯罪行為視為一個長遠而緩慢的過程的觀念，正是任何想預測和防範殺妻這一類悲劇的人要銘記於心的。

儘管有些人單單為了讓一個人脫罪，會不惜散播一些不實的觀念，但我要明明白白地告訴各位，一個男人會不會謀殺他的伴侶，是一件完全有跡可循的事。以下，我將會為各位列舉三十項這樣的徵兆。雖然它們不見得會同時出現在單一個案中，但如果各位見到好些以下的徵兆同時出現，那就該格外留神了：

1. 女人直覺地感到自己身處險境。

2. 才認識沒多久，男人就開始提一些言之過早的事情，如誓約、同居、結婚等等。

3. 他習慣以威脅、欺壓、暴力的方式來解決問題。

4. 他習慣用語言來作踐別人。

---

* Ron Goldman，妮可的朋友，與妮可同時被殺。

** 指他剛好在妮可被殺的時候在場，所以才會被牽連。

5. 他慣用恐嚇或威脅做為控制對方的工具。他提的可能恐嚇包括：身體傷害、散播謠言、拘禁、揭發隱私、切斷資助、遺棄、自殺等等。
6. 他在動怒時會摔東西或扔東西。他會表現出象徵性的暴力行為（如把結婚照撕成兩半，或把一張照片裡的人頭刮花掉等）。
7. 他有打前一任伴侶的前科。
8. 他流露出酗酒或嗑藥過度的症狀（記憶力減退、暴躁、殘忍）。
9. 他喜歡把自己的粗暴行為歸咎於酒精或藥物（「那是酒精在說話，不是我；我喝太醉了，才會幹出那種糊塗事」）。
10. 他曾經因為某些侵犯行為（恐嚇、跟監、強暴、毆打）而被警察警告過或逮捕過。
11. 粗暴的行為有過不只一種（破壞公物、弄壞物品、扔東西）。
12. 他用金錢做為控制太太／同居人的活動、購買或行為的手段。
13. 他討厭任何把他太太／同居人暫時帶離他身邊的人或事；他會要求太太／同居人向他報告不在他身邊時做過的每件事。
14. 他不能忍受別人的拒絕。
15. 他期望雙方的親密關係能夠持續到永遠，喜歡說諸如「不管天塌下來我們都不會分開」之類的話。
16. 他很容易會把自己的主觀情緒投射到別人身上；對別人的愛惡特別強烈，雖然對方不見得就做過會讓他愛或恨得那麼強烈的事情。
17. 他低估了自己施虐的次數。

18. 他談論太太或同居人的次數多得不成比例，而且極端把自己的自我認同定位在與對方的關係上。
19. 為了保持或恢復一段關係，他會拉攏女方的家人或朋友站在自己這一邊。
20. 他有跟蹤或監視太太／同居人的行為。
21. 他相信大家都串通好對付他。他認定他太太／同居人身邊的人都不喜歡他，都在唆使她離開他。
22. 他拒絕做任何改變。人家對他的印象是固執、不願妥協。
23. 他認同於那些電影、電視新聞、小說或歷史上的暴力人物，或喜歡拿他們來跟自己比較。他把他們的行為視為是合情合理的。
24. 他受到情緒波動之苦，要不然就是悶悶不樂、憤怒或沮喪。
25. 他把自己製造出來的問題歸咎於別人；他拒絕為自己行為的結果負責。
26. 他曾在聊天時提過，武器是一件展示權力、控制別人或報仇的好工具。
27. 他有一把槍，或喜歡談槍，或喜歡看槍械雜誌，或有收集武器的嗜好。
28. 他認為男性有天生的特權（如把太太或同居人當成奴僕對待、像「我是這間屋子的主人」般下達所有重大決定）。
29. 他在小時候受過暴力虐待，或目睹過暴力行為。
30. 他的太太／同居人害怕會被他殺害或傷害。她跟其他人提起過這個憂慮，而且做了一些特殊的安排（例如拜託別人如果自己遇害要照顧她的孩子）。

拿著這張表，再加上各位的直覺，各位就可以幫助預防美國最能預防的一類謀殺案了。如果有人真遇到了以上狀況，不為別的，請跟這位婦女和知道她遭遇的人談談，看看能否將她送到受虐婦女庇護中心。也請把男士也一併送去，中心的人可以為他推薦一些課程。不過一旦發生暴力，就請通知警方來處理。

從現在到我們下一次吃早餐的這段時間，會有十二名婦女被殺——她們有可能是各位的母親，各位的姊妹，甚至是各位的女兒。幾乎所有的案件中，在最後一次致命的暴行之前，許多人對長期受暴都不發一語。上面的表可以讓有危險的婦女了解自己身處險境，從而下定離開的決心；它可以讓警察知道，有哪些人是他們絕不能錯過而必須加以逮捕的；它可以讓醫師知道，哪些病例應該通報相關單位處理而未通報的；它可以讓檢察官知道，有哪些人是他們必須刻不容緩加以起訴的；它也可以讓暴力家庭的鄰居注意到他們本來可能忽略掉的事情。

上面的表甚至可以教那些有殺妻傾向的人認識自己。在辛普森案結辯那一天，我和史考特·高登檢察官齊聚在克里士多夫·丹頓檢察官的辦公室，讀著從全國各地傳真過來的支持信函。這些信函，大部分都是受過婚姻暴力之害的婦女傳來的，不過令人驚訝的是，其中也有一些是虐妻者傳過來的。其中一個虐妻者在傳真上這樣說：「你們有可能剛剛救了我太太一命，因為從你們對辛普森有哪些行為與殺妻者相符的描述中，我認出了自己原來和他是同一類人。」殺妻和其他種類的謀殺的一個不同處是：殺妻的準凶手是一個有可能會被良心打動的人。

施虐者才能讓受虐者領略幸福

在談一個不堪凌虐的婦女要怎樣才能脫身以前，我想先談談為什麼很多婦女寧願選擇留下而非離開。就在各位閱讀我這本書這行字的同時，至少有一位婦女正被丈夫或同居人毆打——等等，現在又有另一位了。這沒什麼好奇怪，因為這類事在美國每隔幾秒鐘就要發生一次。雖然丈夫打太太的事這麼普遍，但令人納悶的是，全美國最少有一半挨揍的女性不願意離開她們的伴侶。為什麼會這樣呢？

我可以用我的童年經驗來為這個問題提供部分解答。我到現在還清楚記得那個晚上的情形。當時是午夜兩點，我和妹妹在受了幾小時的虐待毒打以後，衝出了家門。我們不敢回家，但又不知道要到那裡去，最後，我決定打公共電話給警察，說有兩個小孩在遊蕩，那樣我們就最少有拘留所可待了。我的童年經驗讓我明白到為什麼很多婦女會離不開虐待她們的人：她們就像我和我妹妹一樣，根本無處可去；除了留在家裡以外，我們根本想不出別的可能。在那個晚上以前，你若想說服我離開我的家，就跟現在我想說服你離開你溫暖的家一樣難。

每當一頓毒打過後，受虐婦女都有一種說不出的釋放感；久而久之，她會陷溺於這種感覺之中。所以說起來令人難以置信：到後來，施虐者竟然成為唯一能讓受虐婦女領略什麼叫幸福的人。施虐者打她們打得越兇，她們就越覺得施虐者——在不打她們的時候——的美好。另外，由於驚嚇過度，受虐婦女在每挨一次揍以後，都會幻想那是最後的一次。

了解人們如何評估自身所遇到的危險程度，能幫助我更加了解為何身處險境的婦女仍不願逃跑。童年時代被毒打的經驗讓我明白到，很多婦女，由於被打得太多，以致天賦的恐懼本能會變得麻木，結果有很多在一般人看來非常巨大的危險，她們都不當一回事。對這一類婦女來說，暴力與死亡之間的緊密關係不再那麼顯而易見。我可以舉一個例子：有一晚深夜，一名婦女打電話給婦女庇護中心，問她是不是可以再回去。諮詢人員照慣例問了她一個問題：「妳現在有危險嗎？」那女的說沒有。之後他們又談了一些別的事情，然後這個女的才提到（幾乎是順帶提到的），她丈夫正拿著一支槍站在她的房門外。但她不是剛剛才說自己沒有危險的嗎？這要怎樣解釋呢？一個解釋就是：除非丈夫拿槍指著她的頭，否則她不叫那是一種危險。

為何會有婦女認為被毒打還不足以構成她離開丈夫的理由呢？挨揍又不能反抗，是一種很具摧殘性的虐待形式，這等同是在訓練自保本能不要起作用。要訓練自己無視於這種最自然最核心的自保本能，那人就必須相信他自己是一個不值得被保護的人。被自己所愛的人毆打，會讓人的兩種本能陷於矛盾衝突——這兩種本能就是留在一個安全環境（家）的本能和逃離凶險環境的本能。就像蹺蹺板一樣，在一邊沒有具體選項的狀況下，選擇留下的那頭自然會往下沉。要將下沉的那端再抬離地面，所要施加的力量遠遠超過受害者所擁有的。

想說服一位受虐婦女離開施虐者，再多的邏輯論證和統計數字都無濟於事。你只能動之以情。每次當我試著說服受虐婦女離開施虐者時，她們的第一個反應一定是害怕和抗拒。珍妮就是一個例子。珍妮今年三十三歲，是兩個孩子的母親。她給我看一些在她被毒打後、警察拍下她傷處的存證照片。她熱切地向我述說丈夫對她的虐待，但她也同樣熱切地為丈夫的每一次暴行提出辯解。雖然在最近挨的一頓打中，珍妮被打斷了三根肋骨，但她還是選擇了回到丈夫身邊。我問她，如果她女兒遭男朋友毒打的話，她會有什麼樣的反應。她回答說：「我可能會殺了那傢伙。不管我會不會殺他，有一點是確定的：我絕不會讓女兒再見他。」

我再問她：「那妳覺得妳的情形跟妳女兒的情形有什麼差別呢？」為丈夫辯解時口若懸河的珍妮這時竟無言以對，於是只好由我來告訴她答案：「差別就在於，妳女兒有妳保護，而妳沒有妳自己保護。如果妳不趕快離開妳丈夫，我只怕連妳女兒也不會再有人保護了。」珍妮對這個事實起了共鳴。珍妮的確是一個沒有「自己」保護的人：她那個有著自保本能的「我」早就不存在了。從小開始，珍妮的自保本能就備受蹂躪，而在她結婚生子後，更是連殘餘的自保本能也被丈夫摧毀殆盡。幸而，她仍然留有保護子女的本能。她為了子女著想，終於接受了我的建議，離丈夫而去。

依我之見，在婦女第一次被丈夫毒打的時候，我們可以稱她為一個受害者，但在她第二次被毒打的時候，我們就只能稱她為自願者了。每當我在電視訪談上或演講中提到這種觀點的時候，幾乎無一例外都會有觀眾或聽眾提出異議。她們說我不懂得被虐婦女的「無奈」。事實上，我個人經驗過的事情讓我比誰都更懂這種「無奈」，但這並不能改變一個事實：留在施虐者身邊，是婦女自願的選擇。每當碰到不以為然的觀眾或聽眾時，我都會反問她們：那妳認為，那些決定要離開丈夫或同居人的受虐婦女，她們的決定是不是一種選擇呢？如果離開是一種選擇，那留下來自然也是一種選擇。受虐者本人有沒有看出她留在丈夫身邊是一種自願選擇，這一點至關重要；因為只有這樣她才會明白，離開也是一種可能的選擇。

如果我們把女性留在施虐者身邊視為身不由己的話，那我們又要怎樣看待她丈夫的行為呢？我們是不是也可以說他的行為是由幽暗的童年、由不安全感、由控制欲造成，因而也是身不由己？雖然所有的人類行為都可以用因果關係來加以解釋，但這並不表示，人對自己的行為就沒有任何責任可言。

無論我們責怪誰，雙方都有責任，這是不爭的事實，特別是當小孩也牽涉進來的話。父母雙方的這種互動，對小孩有著惡劣的影響（雙方都不能卸責，但父親要多負一點）。小孩的行為模式是從大人那裡學來的，所以，一個心甘情願挨揍的母親，她的女兒在長大後也會心甘情願的挨揍，而一個動不動就對妻子施暴的父親，他兒子長大以後也會動不動就對妻子施暴。

雖然這個社會上有很多用心良苦的人士，勸合不勸離，但我卻寧願勸離不勸合。海倫．凱勒（Helen Keller）說過：「雖然這個世界充滿苦難，但也充滿克服苦難之道。」

施虐者認為控制是唯一可以留住愛的方法

很多施虐者都把金錢置於自己的控制底下，他們的太太或同居人休想動到銀行戶頭裡的半毛錢。有些施虐者甚至把汽車鑰匙、購買大件物品的決定權、衣服的選擇權、朋友的選擇權，完全控制在自己手中。

這一類男人在親密關係剛開始時，有可能是一個很仁慈的控制者，但久而久之，他們就會變成一個暴虐的控制者。另外還有一個難題：施虐者的賞罰是不可預期的，所以之後的每一分每一刻都變成了他的豐功偉業，也化為讓女人無法脫逃的重要養分：希望。那些汲汲營營於控制伴侶的人，是出於邪惡的動機嗎？不是。那只是因為在他們的認知裡，控制是唯一可以留住愛的方法。沒有以自然的方式學會期待與接受愛的小孩，長大之後就會用另一種方式得到它。

一種控制手段會管用一陣子，但不可能永遠管用。每當一種控制手段失效以後，有控制欲的男人就會將他的控制手段升級。他不惜用一切方法去繼續保有他的控制權；問題是，他的伴侶不可能永遠逆來順受。隨著伴侶態度的慢慢轉變，一個有控制欲的男人會開始產生挫折感。讓他感到挫折的理由，跟佛教解釋眾生為什麼會感受到「苦」的理由如出一轍：「執著於無常的事物。」如果一個有控制欲的男人不明白自己內裡發生了什麼問題，又不願意請教專家或心理醫師的話，他就很可能會訴諸暴力手段來維繫自己的控制權。這種男人冒著將暴力轉成殺人的風險，就如心理學大師卡爾．榮格（Carl Jung）所說的：「當一個人對自己的內在缺乏自覺的認知時，它就會轉化為命運。」

由於與家庭暴力委員會有密切合作關係，我明白到，要能讓每一個受虐婦女下定決心離開虐待她們的人，我們的社會就需要負起責任，提供一個她們可去之處。雖然洛杉磯郡的人口有一千一百萬，但所有的婦女庇護中心加起來的床位，卻只有四百二十張！而其中又有百分之七十五，是每天晚上都要挪出來給小孩子使用的。

在洛杉磯地區有一條由地方法院檢察官吉爾・加撒提（Gil Garcetti）所創立的電話熱線。這個電話會把來電自動轉接到離來電者最近的一所婦女庇護中心。有心離家出逃的婦女，可以透過它學到各種出逃的要訣：事先打一把汽車鑰匙、把各種身分證明文件影印一份、怎樣藏起這些東西才不會被丈夫發現、怎樣選擇出逃的時間、要怎樣才不致走到半路就被丈夫逮到等等。我覺得這條熱線的重要性非同小可，所以樂於充當它的資助人。我提這條熱線，是因為我認為美國每座城市都應該有一條這樣的熱線；不管是電話亭、加油站、學校還是醫院的急診室，都應該張貼它的電話號碼。

洛杉磯受虐婦女的專線號碼是八〇〇，它隨時都能接通，人員都也能了解受害者的難處。這個號碼比九一一（報案專線）的使用率還要高。受虐婦女為什麼寧願打八〇〇多於打九一一呢？我想辛普森前妻妮可的遭遇很能說明一切。

有一次，在一個停車場內，辛普森把妮可從行進中的汽車上推下車（這件事在審判期間並沒有被披露）。當時，剛好有一個警察經過，目睹了這件事情。但你知道他對辛普森說了些什麼嗎？他說的是：「我命令你把太太帶回家去！」又有一次（發生在他們離婚後），辛普森闖入妮可的住處。聞訊到場的警員這樣向妮可表明自己的看法：「他沒有打妳，也沒有向妳扔東西；你們有的只是一場口角。」妮可回答說：「你們可以告他非法闖入。」（完全正確）但那警員卻不以為然：「說得是沒錯，但你們的情形有點不同，你們曾經是夫妻。我們很難把他當劫匪論罪。」（警察先生，你大錯特錯了：你確實可以把辛普森當劫匪論罪，因為他非法闖入是**事實**。）最後，那警員請辛普森放心，說警方會在「法律許可的範圍內」

盡可能不讓這件事情曝光。說完這話之後，他就揚長而去（順帶一提，現在在用新方法管理國內家暴案件的就是洛杉磯警局和洛杉磯警長部）。

我稍早提過，美國雖然有數以萬計的自殺防治中心，卻沒有一家謀殺防治中心。婦女庇護中心說起來算是跟謀殺防治中心性質最接近的一種機構。我們的社會有數不勝數的婦女和小孩生活在水深火熱中，她們不知道要怎樣脫困，也沒有可以落腳的地方，我們一定要伸出援手幫助她們。洛杉磯雖然是全美最多虐妻案件的城市，但我也敢很榮幸的說，洛杉磯幫助受虐家庭成員逃跑的規畫，也堪稱是其他城市的模範。

引起殺機的不是爭吵，而是分手

由於許多的施暴者會將他們的伴侶一個個受害化，所以才會出現一群受害女性之後再次選擇有暴力傾向的人為伴侶。若考慮到先前提到導致暴力的原因（一來沒辦法以任何方式影響事情的發展，二來無法或不願有效溝通），那為什麼他們還對強壯沉默型（亦即前述兩點）的男人情有獨鍾，這就是個有趣的問題了。據她們自己表示，她們之所以會喜歡強壯沉默型的男人，是因為沉默讓她們覺得有神祕感；至於強壯這點，以演化論來說能讓她們有安全感，但相對地在現代也是種危險。問題是，男人沉默的話妳就很難知道他想些什麼，也很難跟他溝通；而強壯的話，很可能就意味著潛在的高受虐風險。

我曾問一個喜歡強壯沉默型男人的女性朋友，問她受得了她的男伴沉默多久。她回答說：「兩三個星期吧。就是能引起我興趣的程度。我喜歡的是被激起興趣，而不是被耍。我要的是一個有神祕感的人而不是一個內向的人，是一個強壯的人而不是一個讓人害怕的人。」

一般女性在選擇男友或丈夫的時候，最常犯的錯誤就是以可能性做為評估對方的根據，實際上就是預測在不同背景下，這些元素加起來會變成什麼樣：**「他現在是沒有在工作，但看得出來以後他會是個成功的人」；「他會成為一個大畫家的；以目前的情況，他當然會無心畫畫」；「他現在是有點暴躁和具攻擊性，但等生活安頓下來以後，他會變好的」**。

請留意這些事實：他現在沒有在工作；他現在無心畫畫；他現在脾氣暴躁具有攻擊性。一個人現在做的事，正是預測他將來會不會有出息的最好依據，然後單憑潛力與這個男人結婚，或單憑潛力雇用員工，這都是在干擾直覺運作。那是因為，把目光放在未發生的事情上面，妳就會忽略掉正在發生的事情。最常被受虐婦女拿來形容他們伴侶的字眼莫過於「甜蜜」、「溫柔」、「慈祥」和「體貼」。在展開追求的時候，他們確實是這樣；在把對方追到手以後，他們也還是這樣——唯獨在施暴的時候例外。

另一方面，不管一個有暴力傾向的男性在追求一個女性的時候有多溫柔體貼，仍不免會洩漏出警訊。而受害者卻總是選擇不去發現這些警訊。最近，我在一個電視訪談節目提到這一點時，一個婦女叩應進來向我表示異議。她說：「你錯了。根本就沒有辦法分辨一個男人何時會變成施暴者，那完全是突如其來的。」接著，她敘述了她前夫（一個武器迷）是怎樣在婚後突如其來的變得有極強的占有欲：他要她報告每天做過的每一件事，不允許她擁有自己的車子，常常醋勁大發。

難道**這些**都不算是警訊嗎？

接下去，她又提到：「他前一任太太的死和被他打有關。」

這又算不算是一個警訊呢？人們之所以老是對意中人身上流露出來的警訊視而不見，是因為我們的文化鼓勵我們，擇偶的時候不要去看對方的缺點。我們的文化歌頌的是一見鍾情，鼓勵的是一對男女早早墜入情網，而不去管他們可能有多不適合在一起。這也是為什麼，我們這個社會有那麼多五十好幾的老頭子，會為了年輕貌美的女祕書而拋妻棄子。說實在的，這一類過度浪漫的愛情觀所造就的失敗婚姻，要比成功婚姻多得多。

我們文化對愛情與婚姻的態度，和世界很多其他地方都迥然不同。不要說太遠，就以印第安人為例好了。在過去，印第安人的婚姻，完全由部落的長老決定。一對男女，只要長老下了決定，就不管彼此有沒有被對方吸引，都得生活在一起。這一類婚姻要能維繫下去，夫妻雙方就得努力從對方的身上發掘優點。但我們現在美國人採取的方法卻適得其反，我們的擇偶方法是：不去看對方的缺點。

這種選擇在我們心裡起了很大的作用。心理學家奈賽尼爾・勃蘭頓（Nathaniel Branden）在《榮耀自我》（*Honoring the Self*）中引述了一個婦女的這番話：「我的男人運很差。一次又一次，我碰上的都是會虐待我的男人。我的運氣怎麼會這麼差！」會碰上什麼樣的男人跟運氣無關，因為在她的每段關係中都有個明顯而易見的特徵，就是都有她。我會這麼說，出發點不是責備，而是教育。我完全不認為一個選錯對象的婦女挨揍是活該，但卻確信，會不會挨揍，是一個婦女她自己的選擇。

雖然選擇離開是對婚姻暴力一種最好的回應方式，不過，大部分遭伴侶毒手的婦女，都是選擇離開施虐者的婦女，這難免會引起一種爭議：該不該建議受虐的婦女離開施虐者？這一類擔心，其實是源於一個毫無根據的迷思：謀殺是夫妻雙方吵得火熱的當下發生的。事實並非如此。大部分殺妻案的凶手，都是先跟蹤一段離家的妻子之後才下毒手的。殺妻是一個深思熟慮的決定，不是出於「一時衝動」的行為。最暴力的人都不是會被憤怒衝昏頭的人。你可能不知道，這一類人在行凶的時候，心跳是會減慢的，這時他們生理上變得更加冷靜，行為也更加暴力。

用「一時衝動」這個詞語去解釋殺妻事件，是一種誤導。這個詞語與其說是一種對事實的描述，不如說是一種遁辭——**受審時用來為自己開脫**的遁辭。由於百分之七十五的殺妻案都是發生在女方離家以後，可見令男方起殺機的不是爭吵，而是分手這件事。最後，跟蹤不只是一起「致命的吸引力」*的案例，它更常是「致命的毫無作為」，亦即那些女性讓自己留在危險裡太久了。

禁制令不是萬靈丹

在本書所討論的各種暴力罪行中，殺妻是最有可預測性的一種。可惜的是，人們卻不願意去做這方面的預測。最近，在洛杉磯，有個男的殺了他的妻子、三個子女和另外三個他太太的親屬。當新聞記者問及他的鄰居，在他們的印象中，凶手是個怎麼樣的人時，一個鄰居回答說：「他一向看起來都很正常。」另一個說：「他一定是瘋了。」還有另一個則說：「我想像不出來竟有父親會謀殺自己的子女。」而各位都知道一點：一個人是不可能預測得到一件他所無法想像出來的事情的。我們還得看多少次這種故事才能了解到，如果有好幾個家人被殺，那兇手很有可能就是家人之一？他的鄰居們想到的是，那男的在行凶前就有過三次預謀殺害妻小，還有過兩次因家暴被捕的紀錄。在我看來，這件凶案是夠有可預測性的了。

我們的社會是用什麼方法來應付這一類最有可預測性的凶案呢？就是建議受威脅的婦女到民事法庭提出控告，禁止她們的前夫或前同居人接近她們。在有些州，這叫臨時禁制令，因為它被認為具有限制侵犯者的作用。另外也有些州稱之為保護令（protection order），為的是保護受害者。但不管它叫什麼名字，事實

---

*《致命的吸引力》（*Fatal Attraction*）是一部電影，講述著一對男女發生一夜情後，女方對男方展開窮追不捨的追求。

是：它既禁制不了什麼，也保護不了什麼。

在美國，鼓勵受虐婦女申請禁制令的律師、警察、新聞從業員、諮詢顧問和心理學家，甚至受害者本人的人數，多到就像一個成長中的產業，簡直可以在紐約證交所掛牌上市了。不過我仍然認為，我們**不應該**繼續告訴婦女，單單一張薄紙就會自動發揮保護她們的功效，因為在某些情況下，這張薄紙會收到適得其反的效果。我們不應該在對個案進行深入的觀察之前，就草率地勸當事人申請。

很明顯地，禁制令不是萬靈丹，可能無法真正限制住兇手的行為，其作用在這方面還存在相當大的爭議。我警告他們不該普遍地推薦受害人提出申請，因為不是每個個案或每個個案的每一階段都一體適用；不過你會發現，絕大部分的警察機關，只要碰到報案的受虐婦女，都喜歡不分青紅皂白地鼓勵她們申請一張。禁制令（有時被稱作臨時禁制令〔TRO's〕）長久以來都是一張讓警察要糾纏者遠離的一張證明。申請這道命令，可以讓那些有困難的女性離開警局前往法院。雖然問題也許持續，也許不會，不過警察可據此命令，讓他們更容易逮捕糾纏者。檢察官也喜歡臨時禁制令，因為它可以讓他們更容易起訴糾纏者。所以，臨時禁制令對警察和對檢察官來說都是一種方便；不過，它對當事人來說卻不見得是一種方便：以加州為例，一張臨時禁制令的有效期只有十四天，過了這時間，當事人就要再赴法院審理，決定是否延長禁制令的期限。

即使禁制令是一種問題重重的工具，但敢挺身為之辯護的仍大有人在。像有個知名精神科醫師就曾在一個大型治安會議上大吹法螺地說：「臨時禁制令是一種有效的工具；這一點，我們已經予以證明了。」不過，他用來支持自己武斷論點的證據，只是為數很有限的跟蹤案例，而且在他的取樣裡，甚至沒有包括殺妻的案例。

其實，假如我們從那些已經發生的殺妻案往回看的話，就會發現，很多被害人都已經申請過禁制令。在被害人身上，常常可以找到那張被那位精神醫師稱為「有效的」禁制令。對於這一點，他又怎樣解釋呢？

他是這樣解釋的：「你應該這樣看事情：有人會死於化療，但這並不代表我們不應該接受化療；同理，有人會死於申請禁制令，但這並不代表我們不應該申請禁制令。」把受丈夫威脅的風險比擬於癌症，不但不倫不類（癌症患者是不可能離開他身上的癌的，但一個受虐婦女卻有可能擺脫她的丈夫），而且隱藏著極大的危險性。

由於很多婦女都是被這一類不經大腦的言論所害死的，而又由於她們的死大部分都是可以防範於未然的，所以，我認為對禁制令這個問題，我有必要討論得更深入一點。我希望各位不會用得著這方面的知識，不過我知道，在各位人生中的某個時期，一定會碰到有需要這方面知識的人。

施虐者受不了自己反過來受制於被虐者的事實

很多被丈夫或前同居人謀殺的婦女，都是死於申請保護令的當天（地點是法院之內）或上法院審訊的前一天。為什麼會有這種現象呢？那是因為，凶手是一個對別人的拒絕極度反感的人；當拒絕是發生在私底下的時候，他就已經很受不了了，他又怎麼可能容忍這種拒絕被公開化呢？在這樣一類的人眼中，拒絕是對他的人格、他的自我的一大威脅。就此而論，他們所幹下的謀殺，甚至可以被稱為一種為保護自我而做出的謀殺。林登．葛羅斯（Linden Gross）在《擁有還是傷害》（*To Have or To Harm*）（第一本專論跟蹤的書）一書中收錄的殺妻／女伴案例多得令人目不暇給，當中顯示了這道命令根本無法防止謀殺，以下所舉只是其中一二：

雪麗．羅威里申請臨時禁制令的當天，在法院的候傳室裡被丈夫刺了十九刀，不治身亡。

譚米．瑪麗．戴維斯和她二十一個月大的小孩因被丈夫毒打而送醫院。譚米為此申請了一張禁制令，不過，她丈夫一知道這件事以後就把她槍殺了。她死的時候才十九歲。

唐娜．蒙哥馬利的丈夫曾經用槍指著她和跟蹤她，為此她向法庭申請了一張禁制令。接下來發生的事情是：她丈夫找到她上班的銀行，先殺了她後再自殺。

泰瑞莎．班度申請了一張禁制令，但她丈夫立刻就加以觸犯，並因此而遭到逮捕。丈夫入獄後，泰瑞莎對自己的安危仍不敢掉以輕心，請了兩位男同事護送她上下班。但沒有用，她丈夫一出獄就把她連同兩名護送者一起送到了黃泉，隨後自殺。

瑪利亞．洛瓦魯向九一一報案，說已分居的丈夫剛剛打電話恐嚇她，而且馬上就要來她家殺她。雖然她丈夫不只一次因毆妻而被捕，但這一次警局方面卻表示不會派員過來，理由是她的禁制令已經過期。瑪利亞的丈夫沒有食言，他不出十五分鐘就到達了瑪利亞的寓所，把她和另外三個人置於死地。

茜爾達．利維拉的丈夫當著她的面把他們七歲大的兒子槍殺。在這之前，他已經觸犯過兩次禁制令和接到過六次的拘捕令。

貝茜．默里的丈夫觸犯了臨時禁制令十三次。當她向他提出離婚要求時，他十分激動，還說「婚約是一輩子的事，只有死才可以解除」。在用盡一切辦法都擺脫不了丈夫的糾纏之後，貝茜躲了起來。即使後來警方告訴她，她丈夫已經因為害怕被捕而逃出國了，她仍繼續躲著。有一天，貝茜回舊家去找一個鄰居（她託這個鄰居代收信件），沒想到她丈夫竟然出現了——原來他埋伏在附近已經超過六個月。她丈夫在殺了她以後自殺。

從很多這一類凶手在殺人以後都會自殺這一點可以看出，拒絕被排斥，對他們來說比自己的生命更重要。連命都可以不要的人，還會在乎區區一道命令嗎？

我最後要引述的是康妮．錢尼的案例。康妮的丈夫曾經拿著槍強暴過她和企圖謀殺過她。在警方的建議下，她前後申請了四張禁制令，但卻沒有因此而逃過一劫。她丈夫在殺她前曾在日記裡如此寫道：「我不能眼看著她贏了我，還有臉活下去，不可能！這是一場戰爭。」寥寥數語就說明了一切：在他看來，康妮申請禁制令，等於是向他宣戰，而戰爭只有一種結果——不是生，就是死。

由聖地牙哥地方檢察官辦公室所推動的一項研究顯示，在一百七十九個跟蹤個案中，有一半的當事人覺得她們在申請禁制令以後，事情變得更糟。在另一項由司法部委託進行的研究中，研究者得出如下結論：禁制令「在制止身體暴力方面效果不彰」。不過他們發現，禁制令對沒有暴力前科的人，倒是有一定的作用。報告裡頭有段話說得很有見地：「禁制令對暴力行為的防治效果不彰，因此若婦女申請禁制令，她們的小孩目睹謀殺或被謀殺的風險將大為增加。」

一項更近期由美國司法部委託的研究則指出，有超過三分之一的婦女，在申請禁制令以後，麻煩繼續存在。這乍看是個對禁制令有利的數據，因為那意味著有另外三分之二的婦女在申請禁制令以後解決了問題。不過且慢。雖然在所有受訪者中，表示自己在申請禁制令以後旋即遭到身體傷害的只有百分之二．六，不過，在六個月後研究者重訪她們的時候，卻發現這個數字增加了超過三倍。另外，婦女在申請了禁制令半年後重新被跟蹤或心理虐待的人數也大幅增加。這個現象說明了，禁制令的長期效果不如短期效果。

我想說清楚，我並不是在說臨時禁制令從來都不會起作用，因為事實上，它確有起作用的時候。而它之所以會起作用，也跟大部分人所想的理由一樣：受禁制令威懾的那個男人害怕被逮捕和坐牢。還有一些時候，臨時禁制令之所以會起作用，是因為它可以向糾纏者充分反映當事人和他們斷絕關係的決心，讓他們明白再糾纏下去也不會有什麼結果。不管理由是哪一個，它會在某些個案中起作用，是不爭的事實。問題是，它會在哪一類個案中起作用，又在哪一類個案中不起作用？

禁制令會起作用的個案，都是那些感情投入度比較有限的男子，換言之，就是那些使用暴力的可能性本來就比較低的男子。另外，禁制令的約束力，對一個只與女方約會過幾次的男子也比對一個有虐妻行為的男子來得大。這種分別，是由投入情感的多寡暨權利感大小的不同所導致。對一個癡心妄想的約會者來說（下一章會更詳細討論這一類人），一張臨時禁制令根本不會讓他失去些什麼，但對一個丈夫來說，禁制令讓他失去的東西就太多了：法官輕輕一個簽名，就讓他失去一段親密關係、失去對另一個人的控制、失去他做為一個丈夫的身分認同、失去他做為一個權力者的身分認同。所以，要做到臨時禁制令的要求，對某些人來說輕而易舉，對另一些人來說卻難上加難。但我們的司法系統卻無視箇中分別。

我知道一定會有人迅速對我提出反駁：假如一個丈夫本來就十分暴力和危險，而且不管怎樣都一定會對自己的太太下毒手，那多申請一張臨時禁制令又有什麼損失呢？有損失：臨時禁制令有可能會讓婦女誤以為自己已經安全，因而疏於防範。一個知名的家事法庭法官曾說過以下的名言：「女性必須明白的一點是，這一張紙（指禁制令）既不能制止下一頓拳頭，也不能制止下一顆子彈。」但需要明白這一點的不只是我們的女性同胞，還包括我們整個執法司法系統。我們可以期待女性從她們的自身經驗中學習，但司法系統就得從所有經驗中學習了。

幾年前，卡露・阿內特（Carol Arnett）還是一個需要婦女庇護中心予以庇護的人；不過，她現在已經是一家婦女庇護中心的主管，而且還兼任洛杉磯郡家庭暴力委員會的執行主席。她說：

> 多年以來，我們婦女庇護中心的工作者一直心痛的目睹，我們的執法司法系統不但未盡保護女性之責，有時候甚至反而會把她們推向險境。所以，在建議一名婦女申請禁制令以前，我們都會十二萬分的小心。我們鼓勵婦女依賴自己的直覺制定行動方案。任何一個人，不管是司法系統之內或之外的人，如果他們建議一名婦女採取違反她自身判斷與直覺的行動，則不僅浪費了她天賦的力量，而且還可能置該婦女於危險之中。

我建議考慮申請禁制令的婦女問自己一個問題：依妳對自身處境的了解，妳認為一道禁制令會對妳帶來幫助還是危害？在問過自己這樣的問題以後，則不管妳的最後決定如何，妳的選擇都將不是一個盲目的選擇。切記，不要把禁制令視為唯一的選擇，而應該把它視為是眾多可能選擇的**其中一個**。

在眾多的可能選擇中，我鼓勵的一個是在施虐者做出毆打、攻擊或非法闖入之類的行為時，立刻報警把他逮捕。各位可能會感到不解：依上述罪名逮捕一個人，跟依違反臨時禁制令的罪名逮捕他有什麼差別？依上述罪名逮捕他，他疾恨的對象會是司法當局；但依違反禁制令的罪名逮捕他，他疾恨的對象則會是他的太太或女伴。一個施虐者絕對受不了自己反過來受制於被害者的事實，而且有了法院的命令，受害女性開始尋求控制丈夫的行為，這等同於反轉了他們的關係。相反地，假如司法當局是依毆打罪逮捕一個男人，那引起他被逮捕的是他自己的違法行為，而不是他的太太或女伴。司法當局不應該放過任何一次可以起訴一個施虐者的機會，而我相信，每一次起訴都可以減少他進一步行動的動力。儘管如此，婦女仍需嚴防對方有把行動升級的可能。

只有在一種情形下，一名婦女申請禁制令的做法才可以算是恰當的：她有合理的理由相信對方會尊重禁制令，並因此停止騷擾自己。但如果一個受虐者或一名專家以為單憑一道禁制令就可以防範一個已經起了殺意的人，那她們就大錯特錯了。

安全永遠比公道來得重要

那麼，對一個判斷自己有可能會遭丈夫或同居人殺害的婦女，我們應該給她什麼樣的建議呢？那就是**想方設法，讓他找不到你或無法接近你。如果你認為自己真的身處險境，婦女庇護中心可以帶給你安全。**婦女庇護中心的地點一律保密，而且庇護中心的專家明白一件我們的執法機關所不明白的事情：安全永遠比公道來得重要。人們常常把公道與安全兩者混淆不清，但它們其實不是同一回事。要明白這一點，不妨想像你現在正走在一條擁擠的人行道上，而突然有一個壯碩的年輕男子從你身上搶走你掛在肩上的皮包。他得手後就踏出大馬路，往對面狂奔而去，很顯然，他是想利用車陣的掩護逃逸。不過馬路上的車實在太多太快了，好幾次，搶匪都差點被車子撞上，險象環生。你要追上去嗎？如果你想討回公道的話，就應該追上去；但如果你不想冒被汽車撞倒的風險的話，就應該留在原地。公道和安全孰輕孰重，應該一清二楚（為了提醒客戶，我的任務是為他們帶來安全，我在辦公桌前面擺了一個朝外放的小牌子，上面寫著：「**這裡不幫人討回公道**」）。

一個婦女在婦女庇護中心可以找到的東西包括了安全、指導與智慧。我承認，要到婦女庇護中心去求助，是一件比申請一張禁制令麻煩不少的事情，但在這裡可以輕易地了解到，為何有這麼多受害者被禁制令會解決所有問題所蠱惑。不過，要是現在有一個醫生告訴你，你不立刻接受外科手術就命在且夕，你想你會向他提出以下的要求嗎：「你可不可以給我一紙文件代替開刀？」

洛杉磯市的檢察官約翰．文生是一位思考縝密又富有經驗的男士，他是全美第一個起訴跟蹤案的人，同時他也了解在許多案件中，在施暴者被逮捕和釋放後，許多受害者仍持續地讓自己受害者化。有一次文森出席了我幫警政高層辦的一場座談，隨後他來信給我。我很樂意在此跟大家分享令人感嘆的內容：

你的話真是切中要害。可惜的是，在四月中旬的時候，我沒能把你的忠告向一位年輕的女士轉述。我把她丈夫依毆打罪送進了監牢，但他甫一出獄，就把她置於死地。這樣的死亡事件，已經是我加入撿察官行列以來所碰到的第六宗了，而每一次，情節都跟你所描述的一模一樣。

讀到這裡你或許會想，不管怎樣就草率地使用禁制令和其他對抗措施，會沒有爭議嗎？就是有。各式各樣的情形我都聽過，而我必須告訴各位，我也無法認同。可能是因為美國每天發出的臨時禁制令都超過一千張，而受害婦女的數字還不及於此的關係吧，所以統計上看起來就好像禁制令很有效。我不知道、也不懂這邏輯，但對於所有的案件，我衷心期望警察機關在建議了婦女申請禁制令之後，一定要對緊接而來的一段時間抱持高度警戒心，因為那正是施虐者情緒波動得最激烈的階段；我也衷心期望當一個婦女在申請了禁制令以後，警察機關一定要竭盡所能去確定，該婦女已經做好了預防施虐者找到自己的各種必要措施。

創造「受虐婦女症候群」（battered wife syndrome）一詞的心理學家妮奧娜・沃加（Lenore Walker）曾經說：「配偶謀殺事件是完全無法預測的。」她錯了（她加入為辛普森辯護行列的決定也讓很多人跌破眼鏡）。在美國，要挑單一一種最有可預測性的嚴重暴力罪行，當屬配偶謀殺。然而沃加的錯誤清楚地告訴我們，有必要幫助警察、檢察官及受害者系統性地評估案件，以辨識哪些人具有危險因子。為了達成這個目標，我的公司設計了「MOSAIC-20」人為直覺系統，用來評估受害婦女的詳細狀況，這可以當作報案時的評估工具。這個電腦程式會將最有凶殺風險的案件標示出來。本書的部分收益會用來持續開發這套系統，還有我很榮幸與洛杉磯地方檢察官辦公室、洛杉磯警長部及洛杉磯警局共同合作，它們是全國第一個啟用這個系統的單位（**詳細資訊見附錄五**）。這套普羅大眾也能使用的系統，跟用在保護政府高層的科技策略都是同一套。畢竟考慮到受虐婦女被殺害的風險高於大部分的公眾人物，讓一般民眾也能使用這套系統，才稱得上公平。

截至目前為止，建議受虐婦女申請禁制令，仍是執法機關的慣性動作（用林登・葛羅斯的話來說就是一種「膝蓋反射動作」）。我在這裡無法像呼籲其他事情那樣呼籲：「難道要死了人，問題才會獲得改善嗎？」因為，死過的人已經不可數計了。

數以千計的婚姻暴力個案都在在說明了一件事情：安全地離開一個施虐的丈夫，比試著改變他或跟他鬥來得明智——即使警察和法院都站在你這一邊。政府和警察對解決夫妻間的暴力行為是束手無策的。很多在執法機關服務的人士，雖然有心幫忙，但都礙於職權而愛莫能助，這一點我們必須體諒。幸而就我所知，還是有部分的執法人員拜他們的豐富經驗之賜，及時挽救了一些在懸崖邊緣徘徊的婦女。提到這一點，我就想起了麗莎的故事。

當麗莎來到警察局的報案櫃台前面的時候，她並不曉得，她眼前的警佐，已經不知道見過多少像她一樣、帶著瘀傷的臉龐來報案的婦女了。她原先還以為自己的遭遇是絕無僅有的，而且也相信警察會馬上行動；特別是當她告訴警察，她丈夫用槍指著她的頭之後。

一小時前，麗莎從家裡的窗戶爬下，奔過了幾條黑暗的街道之後，她看了看四周，發現自己迷路了。突然間有股強烈的感覺襲來，她再次發現了她自己：這十五年間被丈夫掌摑，被掐住喉嚨甚至被拿槍威脅，而孩子們也都目睹了這一切；但現在他們會看見，他們的媽媽將變得更加堅強。來到警察局，她認為有警察做後盾，她的丈夫會向她道歉。她相信，警察會對她丈夫說些管用的話，要她丈夫好好對她，之後就會風平浪靜了。

她很自負地對警佐說：「除非他保證以後不打我，否則我說什麼都不會回到他身邊。」那警佐點點頭，把一些表格遞給她，請她填寫。「妳把這些給填了──填完整──然後我就會把它們放在那裡。」他指了指旁邊一個堆滿了表格的櫃子。

警佐看著麗莎，他知道她打算回到丈夫身邊，回到那個曾經用槍指著過她的頭的人身邊，回到那個宣稱買槍是為了自衛、其實是為了他自己的男人身邊。

警佐接下來說了一句話──一句改變了麗莎一生的話，一句即使麗莎在十年後回想起來仍然會滿懷感激的話，就是這句話讓她離開了那個暴力丈夫──他說：「你如果把表格填一填，然後回家，我想下一次去看妳填的這些表格，應該是在妳被殺之後。」

第11章——危險之五：女人口是心非，男人痴心絕對？——

好萊塢電影裡，苦苦癡情糾纏的男人，最後都會如願以償，苦苦癡情糾纏的女人，都會死於非命。於是，我們不但在鼓勵雙重標準，也在鼓勵危險標準。

「我一直試著讓他不要太難受。」以這句話為起頭的故事，我和我的同仁每個月都要聽好幾遍。通常，在來找我以前，我的當事人（一位年輕小姐）都已經把她的故事跟朋友、心理學家、私家偵探、律師、警察，甚至法官講述過一遍（只可惜都沒什麼幫助）。那是一個開始得很單純、但發展下去卻很嚇人的故事；那是一個關於一名求愛者如何搖身一變而成為一名癡心客*的故事。

癡心客可分為兩大類型：一類是受害者素不相識的人，一類是受害者認識的人。由於尋常百姓被完全陌生的癡心客糾纏的情況少之又少，加上這類個案絕少會演變成為暴力或凶殺事件，因此以下我只打算把焦點對準更常見的這類癡心客：跟女方接觸或約會過一兩次，就滿腦子癡心妄想的人。

雖然大眾媒體喜歡把癡心客渲染成異形，或是來自火星的外星人，但他們並不住在火星，而是住在邋

---

* stalker，指一個為得到女性的芳心而不惜採取跟蹤、監視等行動的追求者。該詞原意為跟蹤者。

阿密、波士頓、聖地牙哥或布倫特伍德，住在你我的左鄰右舍。他們有可能是約會我們姊妹的人，有可能是我們公司的雇員，有可能是我們已婚的好友。

想進一步了解這種人，我們男性就應該試著從自己的心態去揣摩他們的心態。在巡迴演講時，我有時候會問聽眾一個問題：「在座有多少男士，曾經用直接詢問對方以外的方法，打聽過自己心儀女性的住址或工作地址的？有多少男士曾開車前往自己心儀女性的門外，就只是為了看看有什麼車子停在那裡的？有多少男士曾打電話到自己心儀女性家裡，就只是為了聽聽是誰接電話，等電話一接通就馬上掛斷的？」

舉手人數的眾多告訴了我，這類行為在美國有多麼稀鬆平常。有一次，在我演講完畢後，一名聽眾要求與我私下談談。他是一名警務人員，他告訴我，剛剛聽了我演講他才知道，自己原來有過一段時間也算得上是癡心客。他說，他還在警察學校當教官時曾鍾情一位女學員，並對她窮追不捨了整整十八個月，但對方一直都沒有接受。「她從沒表示過對我有意思，但我一直沒有放棄，連一刻鐘都沒有放棄過。」他說：「但我獲得了回報——最後她嫁給了我。」

偏差的好萊塢電影

我想各位應該會把這件事視為是美談，不過，各位的態度正好凸顯了這種浪漫追求的複雜性。近幾十年來，女性遇上癡心客的機率大肆增加。到底，「執著的追求」和「不當的糾纏」之間有沒有界線可言？我相信，沒有人會認為沒有。問題是，這條界線該定在哪裡卻言人人殊：不但男性和女性的認知各有不同，就連被糾纏的婦女和警察之間的認知也有出入。

當然，當一個追求者把暴力納為他的追求手段時，我們就可以很有把握地說，他逾越了「執著的追求」和「不當的糾纏」之間的界線。但為何得等到那麼晚才說呢？又為何，要找到一個有共識的標準會那麼難呢？為了回答這個問題，我就不能不提到達斯汀・霍夫曼（Dustin Hoffman）衝進教堂和黛咪・摩爾（Demi Moore）不請自來出現在商務會議的那兩場戲。接下來我也必須談談日常的、普通人的，以及字典上的問題。這些看似與跟蹤和死纏爛打的追求無關，但我向你保證，直覺絕對會告訴你它們大有相關。

在六〇年代，有部風靡一時且對美國人的愛情觀影響深遠的電影，那就是《畢業生》（*The Graduate*）。在電影裡，達斯汀・霍夫曼約會一個凱薩琳・羅斯（Katharine Ross）飾演的女孩子，並要求對方嫁給他。對方拒絕了，但他卻不死心。他跑到女孩子大學的教室外守候，一次又一次問對方願不願意嫁給他。最後，女孩子寫了一封信給他，說自己已經考慮得很清楚，絕不會嫁給他。寫完這封信，女孩子就離城而去，準備下嫁給另一個男孩。女主角給男主角的訊息應該夠清楚的了——但電影卻沒有照這個邏輯繼續演下去。

達斯汀・霍夫曼運用了各種癡心客的伎倆去打聽女主角的下落。為了從別人口中套出婚禮舉行的地點，他先是冒充新郎的朋友，繼而又冒充新郎的家人，最後甚至還冒充主禮的牧師。終於，他找到了舉行婚禮的教堂。就在牧師宣布新郎新娘結為夫妻之後不到幾秒鐘，男主角就一陣風似的衝進了教堂。他打了新娘的父親，又打了好一些其他人，還拿起一根大木樑四面橫掃，阻擋任何想上前來制止他的賓客。

你猜接下來發生了什麼事情？女主角竟然被打動了。她與男主角攜手奔出教堂，揚長而去，把父母和新郎一概拋諸腦後。同樣被拋諸腦後的還有：女人該被傾聽的觀念、說不就是不的觀念，以及女人有權選擇誰可以出現在她生命中的觀念。

跟我同齡的那一代人從《畢業生》中得到的「教益」是：沒有任何追求女孩子的策略要勝過「堅持不

懈」四個字。每一位癡心客秉持的都是如此信念。我們的文化、我們的電影，一律在散播一個訊息：追求女孩子的時候，越不擇手段，就越能打動對方。不信的話，請各位回憶一下《窈窕淑男》（*Tootsie*）、《閃舞》（*Flashdance*）、《花花大少》（*The Heartbreak Kid*）、《十全十美》（*10*）、《半熟米飯》（*Blame It on Rio*）、《今夜你寂寞嗎？》（*Honeymoon in Vegas*）和《桃色交易》（*Indecent Proposal*）這些電影的情節。

我們可以把這些好萊塢電影的劇情歸結為一條公式：男孩喜歡女孩；女孩不喜歡男孩；男孩死纏爛打；男孩終於擄獲了女孩的芳心。許多電影傳達的都是：你就堅持待在她身邊、儘管冒犯了對方、儘管對方說不想有任何瓜葛、儘管你待她如廢物（而有時就是因為你把她當成廢物），最後還是能抱得美人歸。儘管她還在跟別人戀愛、儘管你長得像達斯汀．霍夫曼，最後還是能把凱薩琳．羅斯和潔西卡．蘭芝（Jessica Lange）追到手。努力不懈終將戰勝所有凶多吉少*的逆境。即使像《乾杯！》（*Cheers*）這樣健康的電視劇也未能免俗：山姆性騷擾兩名女同事足足有八年，但他最後得到的既不是解雇，也不是控告，而是二女的芳心。

年輕女性應當學習從現實的糾纏案例中認識一件事情：堅持不懈的追求，只能證明對方是個堅持不懈的人，而不能證明他是個愛你的人。遇上一個窮追不捨的追求者，也並不意味你多有魅力，而只意味對方是個麻煩人物。

男人和女人說著不同的語言，這點早已不是什麼新聞，不過面臨高風險時，記住以下這點就很重要了：男人的體貼表現在追求時，女人的體貼則表現在拒絕時。由於男女使用語言的差異，會自然而然地引起混淆，因此女方一下子就把男方搞得難受的狀況，實在屢見不鮮。

男人對這條教導堅信不疑：拒絕中的女人，想講的一定沒完全說出來。女人對這條教導堅信不疑：不管說什麼，男人往往沒完全聽進去。這問題令人震驚的是，從小，我們的父母兄弟姊妹、電影和電視就一再教導我們：當女性在說「不」的時候，她根本口是心非。即使那不是她們真正的感受，女性也被教導要「欲擒故縱」。漸漸地，在我們男性的心目中，女性的「不」字變成了一個可以有很多不同意義的字眼，以下是其中幾個可能：

也許　還不到時候

唔……　再給我點時間

不一定　你再努力點吧

我終於找到我的理想對象了！

在美國，唯一一處把「不」字解釋得一清二楚的地方，就只有字典。可惜的是，好萊塢的編劇都不是愛用字典的人。好萊塢的編劇可以不管字典裡說些什麼，我們卻不可以不管。我們必須對年輕人耳提面命：「不」字是一個明確的否定句。我知道這不是一件容易的事，因為在我們的文化裡，把「不」跟「也許」混著用，有著源遠流長的歷史。這也成為了男女之間的部分立約方式，而且這種態度甚至可以回溯至古典契約理論的兩大旗手：盧梭（Jean-Jacques Rousseau）與洛克（John Locke）。盧梭曾問過：「為什麼要去

---

* Against all odds 原意為凶多吉少，同時也是電影《再看我一眼》的片名。

考慮沒從口中說出的話呢？」洛克則說過男人贏在儘管女人嘴裡說不，但還是能從他們的眼神看出那是「默許」。他甚至堅稱一個男性無視女性的拒絕，反而更能保護對方的名譽：「如果他可以因此為她帶來幸福的話，那他非但不是無禮的，反而是高尚的。」因此可以想見，洛克一定不會認為約會強暴是一種犯罪，而會認為那是一種紳士禮節。

就算美國的男男女女都說著同樣的語言，但彼此之間還是會用截然不同的標準過生活。如果在一部電影中，男主角調查女主角的行蹤、千方百計打聽她的住址或未經邀約就突然出現在她的工作地點，那他給觀眾的感覺，就是他對女主角真的用情很深。所以，當勞勃·瑞福在《桃色交易》中向黛咪·摩爾做出上述舉動時，觀眾不但不覺得厭惡，反而把它看成是一往情深的表現。可是，換成是黛咪·摩爾怒氣沖沖出現在勞勃·瑞福的生意飯局、大興問罪之師那一場戲，觀眾的感覺卻是女主角反應過度，以及不解男主角的用心良苦。

在電影裡，如果一個男的想盡辦法跟一個女的上床，或持之以恆地展開追求，那他在演的，通常都不會是一個不正常的角色。但如果換成一個女的想盡辦法跟一個男的上床，那她的角色不是瘋子就是女殺人魔——《致命的吸引力》、《喜劇之王》（*King of Comedy*）、《雙面女郎》（*Single White Female*）、《迷霧追魂》（*Play Misty for Me*）、《推動搖籃的手》（*The Hand That Rocks the Cradle*）、《第六感追緝令》（*Basic Instinct*）等等都是。在好萊塢電影裡，苦苦糾纏的男性最後都會如願以償，而苦苦糾纏的女性最後都會死於非命。

熱門電影相當程度反映了整個社會，或為這個社會設計規則的人（要看是誰）的態度，不過不管是哪一個，他們都為我們做了行為示範。早期在電影裡的追求情景（日常生活也是一樣），就是女性觀察並等待著讓痴心絕對的男子如願以償抱得美人歸。但當中女性卻沒有被傾聽、沒有被認同，她只是男性將自己的需求以及對女性的刻板印象投射到螢幕上的媒介而已。

有前提的拒絕都不是拒絕——那只是商量

一旦女性不順從，跟蹤就是男子提高賭注的方法之一。這是一種力量、控制和威脅的犯罪方式，近似於約會強暴。事實上，許多約會跟蹤的案例都被描述成延伸性強暴。它們同樣都剝奪掉女性的自由，同樣都只考慮男性的欲望而罔顧女性的意願。無論這個對象是分居的丈夫、前男友、約會過一次的對象，或是個不請自來的追求者，癡心客的舉動都強化了我們文化中最劣質的觀念：女性無權選擇跟誰生活在一起。跟蹤行為日益惡化的其中一個原因是，過去的女性都遵從上述的觀念。她們別無選擇，只能滿足這些癡心客的願望。這狀況直到近幾十年前，那些纏人的追求者最後仍都還能糾纏成功，求得一段婚姻。

過去，我曾成功遊說過幾個州的州議會，通過一些專就癡心客而立的法。如果可能，我也很樂意在一所高中裡開設課程，把我的觀念教授給我們的高中生。我要教導男生，男性應該尊重女性的「不」字；我要教導女生，女性應該勇敢而清楚的把「不」字說出來。當然，課程當中也會教導如何逃離糾纏。不過用不著說，我們的課程名稱決不會叫「一秒搞得他難受」。如果我們的文化能鼓勵女性高聲說「不」，又如果女性能明白「不」是一個說得越早就會越有力的字眼的話，那麼我敢肯定，糾纏女性的事件必然會銳減。

找到對的人遠比甩掉錯的人重要，肇因於這個觀念，所以女性沒有學習過如何脫離錯誤的一段關係。因此我還要教高中女生一條鐵律：**不要用打商量的口氣跟癡心客說話**。一個女的一旦確定不想跟一個男的交往下去，她就應該用最明確無誤的方式告訴對方。如果在做出任何明確的拒絕之後，你又勉為其難答應見對方，那你的拒絕就會淪為一種打商量。你一再跟一個男的說不想再跟他講話，你就是一直在跟他講話。你跟對方說了十次不想再跟他講話，你就是自打九次嘴巴。

如果你在癡心客留了三十通留言以後回他一通，那不管你有多疾言厲色，你都是在教懂他一件事情：每打三十通電話就會有一次回報。對癡心客來說，每多一次接觸，都代表兩人的關係向前推進了一步。當然，有些受害者會擔心如果不回覆的話會就會刺激到他們，所以這是為了要緩和他們的情緒。可是結果常常是這讓癡心客誤會成她不知道自己喜歡上他了，所以才這麼不知所措又猶豫不決。

如果你對一個癡心客說：「我現在不想交男朋友。」他會聽進去的只有「現在」二字；他會認為，你只是「現在」不想跟他交往，不代表以後也不想跟他交往。所以，在拒絕一個癡心客的時候，你得說：「我不打算**跟你**成為男女朋友。」對癡心客，除非把話說得一清二楚，否則他們是聽不懂的（但我承認，有時說清楚他們也未必聽得懂）。

如果你對一個癡心客說：「你是個很棒的人，你給了我很多美好的東西，只不過，我並不是你的理想對象；我的心思還沒能定下來。」那他就會想成：「她是喜歡我的，只是她現在內心感到很混亂罷了。我會向她證明她是我的理想對象。」

你向癡心客解釋不能接受他的理由，只會招來他的逐一反駁。我建議女性不要向癡心客解釋任何事情，只要告訴對方自己心意已決，而且是經過反覆考慮的結果，希望對方能予以尊重。試想，一個女性，有什麼必要跟一個她不打算交往的男人談自己的生涯規畫或理想的伴侶人選呢？如果你用某些理由（例如說你打算搬到別的城市去居住）做為拒絕對方的理由，那麼你等於提供了對方反駁的機會。有前提的拒絕都不是拒絕——那只是商量。

影片《窈窕淑男》中有一幕戲，很挖苦地道出了有前提的拒絕是一種多麼不管用的語言工具。這幕戲描寫的是達斯汀．霍夫曼前往一家劇院應徵一個舞台劇角色；在他試念完一段台詞以後，舞台的布幕後傳來一個聲音，告訴他他沒有被錄取。

聲音：你的台詞念得很好，可惜你的身高不符我們的理想。

霍夫曼：噢，我有辦法讓自己看起來高一些。

聲音：不，你誤會了。我們希望找個矮一點的人。

霍夫曼：我穿了高跟鞋。其實我沒那麼高。

聲音：我相信，不過我們想找的實際是……是一個看起來和你長得不太一樣的人。

霍夫曼：我有辦法讓自己的樣子看起來不一樣。

聲音：好吧，**我們不想用你**，行了嗎？

最後一句話既不包含任何解釋，也不留任何商量的餘地。只可惜，我們的文化禁止女性說這樣的話。她們自小就被告誡，不要把話說得清清楚楚，否則就有可能會引起對方的不快或憤怒，甚至為自己招來危險。

如果一個女性已經給過一個追求者不少拒絕的暗示，而對方仍然不知難而退的話，那她就應該下定決心，給對方一個明確而無前提的拒絕。然而，幾乎沒有幾個美國男性聽得進去這些暗示，也沒有幾個美國女性肯明確地說出口；因此，怎樣才算是明確而無前提的拒絕，我可以提供各位一個範本：

我不管你迄今為止是怎樣認為的，也不管你憑什麼那樣認為，我現在可以很清楚告訴你，我對你一點興趣都沒有。我確定我永遠不會對你有興趣。我希望，在你明白了這一點以後，會把你的注意力改放在別人身上。而我自己也會那樣做。

一個男性在聽到這樣的拒絕以後，只有一個反應可以被稱為是恰當：接受。他應有的回答是：「我聽到了，而且也明白了你說的話。雖然我感到很失望，但我還是尊重你的決定。」

恰當的反應只有一個，不恰當的反應卻可以有數百個。不過，可能的不恰當反應就算再多，它們要傳達的基本訊息都是一樣的：「我不接受妳的決定。」如果一個男的在聽到你明確而無前提的拒絕以後，仍然表現出爭辯、懷疑或哀求之類的態度，那麼，有幾件事情就清楚不過了：

1. 你做了一個正確的決定；所以你不但不應該心軟，反而應該更強硬。
2. 你不會願意跟一個沒聽你在說什麼，也不認同你的感受的男人在一起。
3. 如果對方連這麼清楚的訊息都不能夠了解的話，那你就更不可能期望他會理解那些可以「讓他不會太難堪」的模糊訊息了。

在聽到你的斷然拒絕以後，一個癡心客會有很多可能的後續動作：不斷打電話和留言；出現在你的上班地點、學校或家門前；跟蹤你；把你的家人或朋友拉向他的陣營。要是真有這類事情發生，而你又十分確定你給他的拒絕訊息是明白無誤的，那你就絕對不要對他所做的一切有任何回應。如果你在明確拒絕過他一次以後，又再對他有所回應，那你的言行就不一了。癡心客會自己選擇他認為最能反映你思想感情的表徵（言行），來做為判斷你真正意向的根據。至於他會認為是你的語言（拒絕）還是你的行為（再見他或再打給他）更能反映出你對他的真實感情，就不言可喻了。通常，這類人在電話留言中會表現出一副願意結束關係的樣子，但事實上，那只是一種引你回電給他的把戲罷了。

留言：嗨，我是拜仁，聽好，我要搬家到休士頓去了，但我不願意在沒有見著妳最後一面的情況下就此離去。我要求的只是個說再見的機會，僅此而已。時間不會長，我說完再見立刻就走。

最佳的回應方式：別回電。

留言：嗨，我是拜仁，這是我打給妳的最後一通電話了（這絕少會是事實）。我有很重要的事要跟妳說。

最佳的回應方式：別回電。

一位被癡心客糾纏的女性難免要忍受一些閒言閒語，像「妳一定做了什麼或說了什麼，讓那傢伙想入非非」，或「妳一定是那類喜歡被人追的人」之類。這些好事之徒搞不好還會給她出些什麼餿主意，例如把電話號碼改掉。我的公司絕不會建議客戶更改電話號碼，因為任何一個曾嘗過糾纏滋味的女性都知道，癡心客總有辦法拿到你的新號碼。一個更好的對策是加裝一線電話，新的電話號碼只給那些你願意接他電話的人；至於那線舊的電話，則留給癡心客專用。那樣，他就不會察覺到你裝了一線新的電話了。可以不時收聽答錄機的留言，看看有沒有其他人打進來，有的話你可以回電，再把新的電話號碼給他們。最後，會打舊電話號碼的，就只剩下癡心客一個人了。這樣，你不但能把他的留言全部錄下（也許有用得著的時候），還可以向他**傳達**一個訊息：我有辦法不讓你操縱我、誘惑我回應你。

我還建議你請一位女性朋友為你在答錄機內留下主人友善的留言，因為有時候，癡心客單聽你留在答錄機裡面的聲音也會感到過癮。有人認為，主人留言應請一位男性代為錄音，他們以為這樣可以讓癡心客誤以為你有了新的男友，從而死心。不過依我的經驗，這樣反而會讓癡心客滿腹狐疑，進而產生一查究竟的念頭。

顧名思義，癡心客就是不願輕易罷手的人。不過，他們的堅持度其實不像一般想像的那麼高；只要被糾纏的婦女能保持不理不睬的態度，他們過一段時間就會自動消失。通常，這類人在願意把纏在目前獵物身上的所有觸鬚鬆開以前，會先把其中的一根觸鬚搭向另一個新的獵物。

不能當朋友就當敵人，敵對也不失為一種關係

以下是一條關於癡心客的鐵律：**癡心客不會放過那些不能把「不」字說出口的女性**。

大部分來找我的被糾纏婦女都表示，雖然她們在一開始就想給對方一個斷然的拒絕，但就是開不了口。女性體貼委婉的拒絕，通常會被認為是一種愛的表達方式。有關這一點，不妨聽聽鮑伯．克魯格（Bob Krueger）參議員的夫人是怎樣說的（她想盡辦法，就是擺脫不了一個曾在她丈夫競選陣營中幫忙操盤的人）：「我們對他很親切，但也沒有親切到不尋常的地步。不過，他卻顯然覺得那是什麼了不得的大事。

他把我們的親切當成是一種愛的表示。我猜，**就算是只有一小口的美食，看在一個餓壞了的人眼裡，都會像是一場大餐。**」

一個癡心客被拒絕之後，為求能繼續保持與對方的關係，他會退而求其次。如果他明知自己無法成為對方的男朋友，他就會要求對方讓他做普通朋友；到最後，假如連普通朋友都不可能的話，他就會選擇當對方的敵人，因為敵對也不失為一種關係。我一個女客戶的前男友在寫給她的信中這樣說：「我會做一些讓妳忘不了我的事。即使妳不是因為什麼好事想起我，妳仍然是想起我。」

想遠離癡心客的騷擾，另一條要謹記的法則是：**想停止接觸的唯一辦法，就是停止接觸**。就像我在上面提過的，在斷然拒絕過一個癡心客之後，就決不要再跟他有任何瓜葛。不管是回他電話、答應見面、寄他短柬還是找人去警告他，你換回的只會是再多六個星期的騷擾。有些受害人以為，找個男性朋友、新男友或家族中的男性成員出面，會對事情有所幫助。不過，試過這個辦法的婦女都會告訴你：此路不通。因為你這樣做，癡心客會視為是你內心充滿矛盾掙扎的一種表現；他會想，要不是那樣，你幹嘛不自己出面。

找警察出面乍看之下可行，事實卻絕少會收到預期的效果。由於癡心客的言行雖然嚇人，但他們卻很少觸法，所以即使是警察也愛莫能助。當警察找上門，告訴他們：「不要再搞下去了，否則你就會吃上官司。」你認為會對癡心客有用嗎？再笨的癡心客也知道，如果警察能逮捕他們的話，早就逮捕了，根本用不著囉唆那麼多。如果癡心客看到他獵物手上最有力的武器——警察——都不過爾爾（反正他們也只是來了又走），以後就會更加肆無忌憚。所以誰處於有利地位呢？受害者？還是癡心客？

我得說清楚，我不是一律反對找警察，但找警察應該找對時機。如果癡心客做出什麼真的可以把他逮捕並加以起訴的行動，同時能讓受害者更安全或讓痴心客付出代價的話，我贊成找警察。總之，警察第一次敲癡心客的大門，就應該是有充分理由逮捕他的時候；要是警察是為了跟他「談話」而找他的話，那大可不必。

對痴心客來說，實際上他們是在戒掉關係成癮的毒。這就好似於國內普遍存在的家庭暴力一樣，夫妻彼此都沉迷於關係之中，誰也離不開誰。然而在約會糾纏的案例中，通常只有單邊成癮。被糾纏者之於癡心客，就像毒品之於癮君子。你在拒絕一個癡心客以後，如果卻不過他的要求又跟他見面的話，就等於你在要求一個癮君子戒毒以後，又因為抵不過他的要求而給他再吸一小口的毒品；這樣，不但不能讓癮君子斷癮，反而會讓他陷得更深。要讓一個癮君子斷癮，就不能給他毒品；要一個癡心客死心，就不要跟他再有任何接觸。

與家庭暴力的情況相同，常常有人建議受糾纏者得做點什麼（求助警察、申請禁制令、警告）來反擊痴心客。以較大的社會觀點來說，這種建議是對的。如果認為痴心客對社會有害的話（就像一頭埋伏在角落的老虎準備狩獵），那就真的該拿出對策來；但特別是在事情仍可避免的狀況下，就不該有人承擔起志願士兵的職責去戰鬥。倘若有人能夠警告受糾纏者一旦轉過那個街角，就會遭受攻擊，那麼隨後的選擇將更有意義：你要轉過那個街角，還是繞路？如果戰鬥可以避免，潛在受害對象又是妻小、友人或顧客，那我會優先建議能免則免。因為缺的不是戰鬥，而是一旦開啟戰端，後面的麻煩就免不了了。

被糾纏的婦女，也常會聽到受虐婦女常聽到的慣例建議：申請一張禁制令。不過，正如一個受虐婦女在決定申請禁制令之前應考慮自己的狀況，一個受糾纏的婦女也應該首先考慮在法院的干涉下，對自己利多還是弊多。最重要的因素就是對方感情投入的多寡。如果對方已經糾纏了好幾年，而且對一切警告和干涉都置若罔聞，那禁制令不太可能會對他起作用。一般來說，禁制令申請得越早，效果就越好，可能帶來的危害也越少，假若對方已經投入了大量情感，或者開始威脅恐嚇，那就緩不濟急了。

如果遇到的是天真型的癡心客，那禁制令就很有效（至少不會有負面效果）。這類型的癡心客只是單純沒意識到自己行為不當。他心中的想法是：「我愛上這個人了，所以這就是一段愛情關係，我做的事就是情人在做的事。」

儘管這種類型的癡心客既遲鈍又單純，但他們通常都很理性。也並不是所有天真的癡心客都在追求一段浪漫情緣。有些追求的是能被錄用，或者想了解自己為什麼沒被錄取，又為何他們的想法沒被採納、為什麼他寫的腳本會被拒絕等等。這類型的癡心客跟傳統癡心客的差異，通常在於他們缺乏所謂的男子氣概，而且被拒絕也不會惱羞成怒。這種天真型的癡心客只是希望關係有所進展，單純相信自己只是在追求某人而已。一旦有人明確表達他們這麼做不恰當、難以接受或者會適得其反，那麼他們就會適可而止。要講明白不容易，但對這類人通常很安全值得一試。

因為受害者沮喪憤怒，所以他們會想尋求法院來幫他們解決一些事：

破壞對方的意圖（Destroy）

揭露對方的事蹟（Expose）

威脅對方（Threaten）

報復對方（Avenge）

改變對方的行為（Change）

羞辱對方（Humiliate）

這六件事的英文字首合起來的字就是掙脫（DETACH）的意思，以安全觀點來講，這正是我們唯一追尋的目標：將某人掃出我們的生活。如同受虐婦女一樣，禁制令可以帶你走向安全之路，也可能把你推入深淵。所以尋求法律途徑只是一種對策，並不是唯一選擇。

一杯小飲料開啟一段大麻煩

除了使用暴力的機率要低得多以外，一個癡心客會採取的手段，跟一個有控制欲的丈夫相差無幾：裝出一副可憐兮兮的樣子，以博取對方的同情或讓對方覺得內疚；用一些他自認為對方做過的承諾要求對方；不斷進行騷擾，務使對方答應再見自己一面；而在一切辦法都不管用之後，癡心客就會祭出最後一招——恐嚇。

還記得那位叫凱薩琳的小姐嗎？就是那個問我能不能為她列張問題約會者的特徵一覽表的那位小姐。以下我會再把她的故事覆述一遍，不過這一次，我會特別指出警訊隱藏在什麼地方。

最近我跟一個男的交往了一陣子，他名叫拜仁。他對我很著迷，當我不想繼續跟他交往下去時，他仍死纏著我不放。我跟他是在一個朋友的派對上認識的。我沒有留電話給他，但他卻從派對上某個人那裡問到我的電話〔**找尋受害者**〕。在我回到家以前，他已經在答錄機裡留了三通留言〔**過分熱情**〕。我用各種理由跟他說我不能跟他出去，但他太堅持，讓我無法拒絕〔**癡心客喜歡挑不敢說不的女性**〕。跟他在一起時，我覺得他對我一舉手一投足都無比注意〔**過分殷勤**〕，每次還沒開口就知道我

> 想要些什麼。我受寵若驚，但也有一點不自在〔**當事人的直覺會發出不自在的訊號**〕。有一次，我向他提到我家裡放書的空間不太夠，結果隔幾天，他就拿了一大堆板子和工具來我家為我釘書架〔**不請自來的幫忙；放債**〕。我無法對他說不。另外，他總是能從我口中聽到我沒說過的東西。例如，有一次他問我能不能陪他去看籃球賽，我說我考慮看看。哪知他後來卻一口咬定我答應過他〔**把自己的期望投射到對方身上**〕。我們才約會沒兩三次，他就提到同居、結婚、生子一類的事情〔**想事情想太遠；草率倉促地安排未來大事**〕。剛開始他說這些事情時還帶著半開玩笑的口吻，但到後來，他可是一點開玩笑的意思都沒有了。又有一次，他建議我應該在車上裝個電話。我不認為我的車有裝電話的必要，但有一天，他把我的車借去用，還回來的時候電話已經裝好了。那是一件禮物，我又能說些什麼呢〔**放債**〕？自此以後，當然，只要我在車上，就都會接到他打來的電話〔**監控女方的行蹤**〕。他不准我用車上的電話和我的前男友通話，到後來，他甚至完全不准我與我的前男友交談〔**忌妒**〕。他還不准我跟幾個他不喜歡的朋友碰面〔**讓女方陷於孤立**〕，而他自己也不再跟原來的好朋友聚會〔**在無形中逼使女方成為他世界裡唯一的人，逼使女方覺得自己對他有責任**〕。後來當我告訴他我不想當他女朋友的時候，他說他不要聽這樣的話〔**拒絕聽「不」字**〕。

所有這些方法，都是癡心客自然而然會使出來的伎倆。癡心客的原則是，即使不能得到對方的「心」，也要能控制住對方的「人」。由於能不能保持與女方的友誼，關係到一個癡心客的自我認同，所以他會不惜一切去修補出現在彼此之間的每一道裂隙。但他這麼做的同時，就扼殺了這段關係，也使得事情不會如他所願。

拜仁不會有興趣去糾纏一個說一不二的女性，但換成是一個說了「不」之後又點頭的女性，他肯定不會願意錯過。我敢拍胸脯保證，拜仁在派對上認識凱薩琳沒幾分鐘之後，就一定用類似以下的方法試探過她：

拜仁：我可以幫妳拿杯飲料嗎？

凱薩琳：不用，謝謝。

拜仁：來嘛，妳要喝什麼？

凱薩琳：唔，我想我可以來杯淡酒。

上述的交談雖然只有寥寥數語，但卻蘊含了重大的意義。拜仁提出一個小小的要求，凱薩琳拒絕了；但他只稍稍堅持一下，她就棄守了（有可能是想表現出體貼的一面）。拜仁這一次試著改變的只是凱薩琳一個很小的決定，但下一次，他會試著去改變一個大一點點的決定，再下一次又再大一點點，如此類推，直到凱薩琳完全納入他的控制。他們有關飲料的對話，將會在他們日後約會時再度上演，也會在他們關係瀕臨破裂時再度上演。在凱薩琳答應拜仁為她拿飲料的同時，她已經簽下了一紙心照不宣的協議；有朝一日，凱薩琳一定想修訂或撕毀這紙協議，只不過，屆時麻煩可就要跟著來了。

新聞媒體喜歡灌輸大眾一種印象：癡心客就像病毒一樣，在發動攻擊前是不會有任何警訊的，但凱薩琳的例子告訴我們，事情並非如此：她雖然一開始就感到不快，卻選擇忽略。幾乎每一個我接觸過的受糾纏女性都向我表示，她們早就覺得對方不對勁了，但就是下不了決心斬斷關係。這是不對的。女性應該一開始就聽從自己直覺的指示。

約會包含著若干風險：失望的風險，無聊的風險，被拒絕的風險，讓麻煩人物進入自己生活的風險。而整個約會過程除了風險有點高之外，就像在試鏡，也如同電影《窈窕淑男》男子試鏡那幕一般，為了獲得那個角色，他什麼都願意做。所以，我建議女孩子把約會當成一個觀察「前事件指標」的機會。要女孩子在約會時做風險評估，會不會有點煞風景？我想不會，因為，沒有哪個女孩子在約會時不去評估她的約會對象。我要求的並不多，我只要求約會中的女孩子在做評估的時候，要帶著自覺和方向感。

跟一個新對象約會時，你不妨把談話導向對方為什麼跟上一任女友分手的話題，聽聽他是怎樣說的。他有沒有認為自己應對分手負一部分的責任？他有沒有仍然耿耿於懷？他分手的時候是乾脆俐落，還是拖拖拉拉？他有聽聽女方的心聲嗎？他真的已經死心了嗎？**分手是誰先提出來的？**最後面這個問題特別重要，因為分手很少會是由一個癡心客發起的。他常一見鍾情嗎？有沒有沒見幾次面就不可自拔地愛上，如果這是他的作風的話，那這就是個重要的前事件指標了。你還不妨探探他對兩性角色，對承諾、執迷和自由這些觀念的看法。不妨觀察一下，他有沒有試著去改變你的一些決定（不管是不是重要的事）。我不是要你在對方面前拿出一張問題清單，一個一個去問他，我只是要你有意無意的把談話導向上述的方向。

有別於一般人的觀感，很少癡心客會真的動用到暴力。新聞報導有可能會告誡你，要是碰上癡心客的話，得十二萬分小心。不過，沒有一個癡心客會突然從非暴力的騷擾一下子跳到殺人的路上去。要是他們真的起了殺意的話，一定會流露出很多明顯（或最少是可觀測）的跡象。

想避免這類情形發生，你應該從一開始就傾聽自己內心的聲音。如果已經被糾纏上了，為了避免事態惡化，每一步都要用心傾聽自己。儘管真的遇上了約會癡心客，但直覺早已準備就緒，聽它的就對了。

在傷害人的癡心客和其他種類罪犯的家庭中，他們的父母都遇到了同樣一個難以啟齒的問題：為什麼我們的孩子會變得這麼暴力？如果有答案的話，那麼在他們用電話騷擾人和警察上門前，就能幫助他們還有普羅大眾察覺警訊及行為模式。

關於這點，我從年輕的殺人犯身上學到了許多，當中他們有些人還自殺了。而在下一章當中，還有人是先殺了人後再自殺。

第12章　危險之六：青少年弒徒之路

「我父親沒告訴我如何生活。他以身作則，讓我看他怎麼做。」

——克萊倫斯．布丁頓．凱蘭德（Clarence Budington Kelland），美國作家

這是聖誕節的前一天，聖奧古斯丁教堂的同仁正為一年裡最重要的節日忙個不停。凡是在這裡待過一會兒的人，都可以準確猜到這裡將擠滿做禮拜的人，但若以為這些是為了歡慶聖誕夜而聚集在此的會眾，那就大錯特錯了。這一年的聖誕夜禮拜反倒像是個葬禮，只是這個葬禮和一般的葬禮有點不同。一般的葬禮，到教堂悼祭的人通常距死者過世的地方有一段距離，但這個聖誕夜，聚集在聖奧古斯丁教堂的會眾離死者陳屍處卻只有咫尺之遙。當中一位已身亡，另一位則瀕死。

每一個來參加彌撒的人都聽說了這件事，但卻沒有人敢說他們了解，為什麼兩個才十八歲的小伙子會跑到教堂墓地，用鋸短了的獵槍塞進口中，飲彈自殺。

兩名少年的親人——正如每一件同類型悲劇死者的親人一樣——在事發後絞盡腦汁要從死者生活中的一點一滴去找尋死者尋短的真相。於是，一個注定不會有結果的責任歸屬遊戲遂告展開，而死者親人的反應都趨於兩極，不是歸咎別人就是歸咎自己。死者的玩伴也好，其他的家長也好，甩掉死者的女朋友也好，反正總得有個人要成為死者親人鄙視、洩恨、歸罪的對象。

死者家長會把責任歸咎於家庭以外的因素，例如販賣毒品給小孩的人，但詹姆斯．萬斯的母親扯得更遠：她認為一個叫「猶太祭司」（Judas Priest）的重金屬搖滾樂團該為她兒子的遭遇負責，而賣他《受玷污階級》（*Stained Class*）這張唱片的唱片行也難辭其咎。她堅稱唱片行應該可以預見《受玷污階級》會驅使她兒子及其朋友雷連袂走上自殺之途，卻未盡警告之責。

唱片行老闆請我在法庭上以專家身分為他作證。當時我以為正好可以藉此機會探討媒體對暴力行為的影響力，所以就欣然接受。我萬萬沒料到，這竟會是我執業生涯中唯一後悔接下的案子。過去我一直自告奮勇，接下許多並不會讓自己心情好過的調查工作，執業時也是表現出毫不猶豫的專業態度。但開始辦這個案子以後我才發現，我不願走進那個教堂墓地，不願看到雷的母親沉默而哀戚的面容，也不願反駁萬斯太太強烈的偏見。我不願研究驗屍報告，不願看現場照片，也不願知曉這場悲劇的細節。

儘管如此，最後我還是把這些我很不願做的事情一一做了，而詹姆斯．萬斯也在無意中引領我了解到許多美國青少年的生活真相。透過他，我知道了美國青少年如何看待毒品、酒、電視、抱負、親密關係和犯罪。他也幫助我回答了一個很多家長都會提出的問題：從什麼徵兆可以看出我的小孩有暴力傾向？藉著這次在這墓園的機會，我才了解到了青少年的另一面。而我從詹姆斯身上所學到的東西，也一樣適用於理解幫派分子的暴力行為，和一些中產階級年輕人更駭人聽聞的行徑。

讓自己成為一如唱片封面上那些畸形怪狀的人物

詹姆斯喜歡「猶太祭司」這個樂團喜歡到了癡狂的地步。他對他們的音樂和公眾形象所散發出來的邪惡暴力本質非常著迷。他喜歡他們唱片的封面設計——滿是妖魔和血，充滿邪氣。因此當雷當著他的面朝自己頭部開槍的時候，那恐怖場面並沒有讓他覺得害怕。就和許多其他美國年輕人一樣，詹姆斯對栩栩如生的暴力場面早已見怪不怪，血淋淋的頭顱是他生活中常見到的圖像。

自殺當晚，詹姆斯站在教堂墓地，看著倒在一旁雷的屍體，曾遲疑了一下子。但他一想到自己若是不死，就得因為雷的死而成為別人咎責的對象，於是把心一橫，就拿起了獵槍，塞入口中，扣下扳機。不過他沒有死成。

詹姆斯尋死的念頭沒有雷來得強烈，放進嘴巴裡的槍因此也就沒有對得太準。他沒有死成，卻完成了一個心願：成為一個人見人怕的人。子彈轟掉了他臉的下半部，他的下巴、顎、舌、牙齒全給炸飛，散在墓地的不同角落。他現在的模樣，嚇人的程度不輸「猶太祭司」樂團唱片封面上那些畸形怪狀的人物，那是一張難以言喻的臉孔，任何人看上一眼都會永難忘懷。過去我基於工作關係，看過一些慘不忍睹的屍體照片，有的人傷勢嚴重到唯有一死對他們而言才是種解脫，但像詹姆斯這樣，活在一副該死卻沒死成又殘破不堪的軀殼裡，真叫人不勝唏噓。

即使是對他的樣子已有心理準備的律師，見到他的脖子上裹了一圈毛巾，以承接從那被轟掉的下半邊臉不自主流下的口水，還是嚇了一跳。他現在的外貌呼應了他那過往的內在。他想過讓自己凶惡嚇人，他以為暴力可以讓自己變得很特別——如今，他終於得到了他渴望的這種特別。

審訊的那幾天，詹姆斯由於口齒不清，全憑母親從旁協助，傳達他的意思；他告訴律師整個案情，也從中透露了他的內心世界。我用心傾聽。他說的話讓我明白到，他和雷一直想做一番驚天動地的壞事，自殺只是眾多可能選擇的其中之一。他們的根本目的是製造暴力，而非結束生命。他們也考慮過持槍到附近的購物中心瘋狂濫射。自殺當晚，他們的心情其實很狂野，不像數以千計走上自殺之路的少年那樣沮喪。

他們在雷的房間內又是吸毒，又是喝酒，精神已近恍惚；他們把最喜歡的搖滾音樂放得震天價響，最後還將房間內的東西全部砸爛打碎。然後，他們帶著獵槍，跳出窗口，穿過街巷，直奔教堂。

他們兩人的行為並非獨一無二，這世上犯下同樣駭人暴力行為的年輕人所在多有；他們家人的反應也不是獨一無二，因為控告搖滾樂團的家長也不是只有萬斯太太一人。事實上，這類官司在美國已越來越常見。

就在萬斯太太控告搖滾樂團的訴訟案審理期間，全美各地又陸續發生了多起駭人的少年暴力事件。例如，在密蘇里州某小鎮，有三名男孩（其中一名是學生會長）邀朋友史蒂芬到林子裡去，說是要「宰個東西」給他看；史蒂芬沒問「東西」是什麼，三個男孩也沒告訴他。直到他們三人拿出球棒來打他，史蒂芬才知道，原來他們要宰的「東西」就是他本人。奄奄一息的史蒂芬問他們為什麼，他們的回答是：「因為好玩！」

幾個小時後，他們就被抓，並且坦承殺人。在答警察問話的時候，他們完全不把那當一回事。他們和詹姆斯一樣，也是重金屬樂迷，但他們不把自己的暴行歸罪於某樂團；他們跳過「猶太祭司」，直接歸罪於撒旦。過去，把一個三歲大小孩刺死的帕斯維茨，自稱說是受惡魔的指使所致；殺了人的蘇珊和卡森，則說是阿拉叫他們這麼做，所以罪不在他們，而在阿拉。受害者家屬無法控告撒旦或阿拉，結果唱片行和樂團就成了代罪羔羊。

詹姆斯把「猶太祭司」樂團的成員稱作「金屬之神」，說他們是他的聖經，說他自己是「猶太祭司信仰的衛道者」。問到他與這群素未謀面的人關係為何時，詹姆斯回答說：「我們的關係就像婚姻——一種經由長久培養而形成、至死方能分開的親密關係。」

某些特定的媒體產品是否會驅使人邁向暴力？問這樣的問題還算有道理。然而，賣《受玷污階級》這張唱片的唱片行能否事先看出它的危險性？問這樣的問題就不怎麼有道理了。不過，巨大的爭議卻往往在議題的灰色地帶遭受考驗。

我公司的研究人員在研究音樂唱片可能造成的危害時，找到的只有以下幾個事例：有個人因為吃下一張唱片而病倒；有個人在就著輕快的波卡舞曲婆娑起舞時突然心臟病發；有個人摔破一張唱片，把碎片拿來當武器（人們所能製造產品的種類之廣，使得預測所有危機變得近乎不可能）。研究人員還找到一篇題為「一男子死於重金屬音樂」的報導，乍看之下還以為跟我們要探討的問題有關，哪知細看才知道，死者原來是因為邊走路邊戴著耳機聽奧斯本（Ozzy Osbourne）的錄音帶，一不留神而被火車撞死的。在這則新聞剪報的下方，我一名同仁以黑色幽默的筆調寫下了一句話：「名副其實是死於重金屬。」被裹著厚重金屬的火車撞死的人，肯定要比被重金屬搖滾樂團害死的人多得多。

與其說是「猶太祭司」創造了詹姆斯，不如說是詹姆斯創造了「猶太祭司」。在訴訟期間，我們向他提及以下歌詞：「他們幫他沐浴、更衣，然後親手餵他（fed him by hand）。」結果，在覆述的時候，他卻把歌詞念成「他們幫他沐浴、更衣，然後餵了他一隻手（fed him a hand）」。可見他對這些歌曲的理解，已超過歌詞的本意，事實上等於改寫歌詞，把描寫照顧人的歌詞，曲解為描繪吃人肉的歌詞。他以極暴烈的言詞來表達對樂團的崇拜，他說他迷死了這支樂團，願意為他們做任何事情，包括「殺很多人，射穿總統的腦袋」。他還告訴律師，如果這樂團宣布「讓我們來比賽殺人」，他會毫不猶豫地衝上街頭做些駭人的事。雖然「猶太祭司」樂團並沒有說出這樣的話，但詹姆斯照樣做出了駭人的事。

為了多認識詹姆斯的案子，我又研究了五十六樁涉及歌手的青少年案例，案中的主角有的有暴力行為，有的自殺成功、有的自殺未遂、有的僅止於揚言自殺。以下是其中的幾件：

‧某少年要求一名歌星送他一把槍，讓他可以拿來自殺。

‧某青年揚言，除非某女歌星前來看他，否則就要自殺。他寫信給她說：「我甚至努力讓自己陷入昏迷，希望我媽因為心疼兒子，會把妳抓來看我。」

‧某人為了能「穿越時空」與某歌手見面而嗑了一堆藥。

‧某人寫信給一女歌手說：「妳如果不嫁給我，我就吸食過量毒品給妳看！」信中附有一首他為這位女歌手所寫的歌，歌名就叫「我心裡想著自殺」。

‧有一個青年因為堅信某女歌手是他的妻子，但女歌手卻一直躲著他，所以割腕自殺，但沒死成。

‧一名青年用跟詹姆斯很像的語氣寫信給某媒體名人：「我抽大麻，聽搖滾樂；基本上，這些音樂就道盡了我的感受。像我的生活，根本不值一提。我告訴你，當我說要自殺時，絕不會只是說說而已！」

上面這些青少年——以及數千個像他們一樣的青少年——的家長，有權把他們子女所面臨的困境諉過於某個遠在他方的媒體名人嗎？還是說，責任應該從家庭這邊來尋找呢？

不想讓小孩看到的行為，電視全曝光了

為了探討這個問題，我假設性地擬出了一百個疑似會導致青少年暴力行為的原因（青少年暴力的前事件指標）。迷戀媒體產品是其中一項，但我發現，就出現的機率來看，還不如酗酒、吸毒這兩項來得高

（酗酒和吸毒對人的知覺和行為影響業經科學證實，媒體產品則不然）。詹姆斯也支持這個論點，因為他提到有個不是很熟的朋友曾自殺未遂多次，被問到那個朋友是否吸毒時，詹姆斯回答說：「沒錯！這一向脫不了關係。」他還說：「酗酒的人就是粗暴的人，酒一喝過量，性情自然變得粗暴，這方面我的經驗非常豐富。」（我倒想知道他這位朋友是誰）

在我假定的一百個「前事件指標」中，還包括迷戀槍枝與酷愛暴力，而這兩項正是詹姆斯的重要性格之一，因為詹姆斯甚至考慮過要當槍砲匠。過去，他和雷會定期去射靶和玩一些用槍的遊戲。他經常玩「戰爭遊戲」，假設自己置身槍戰中，他認為這是「成為傭兵的訓練」之一。遊戲中「會有兩名警察一個賊。賊躲在房裡某處，警察要把他揪出來。而幾乎百分之百，扮賊的我總會捉住這兩個警察」。至於他那位較不酷愛暴力的朋友雷，詹姆斯說：「我總是逮到他，因為，你知道的，這看電視就會了。電視是很棒的老師。」還說他看的新聞「充斥著暴力、謀殺還有打鬥」。他以一句簡潔的話做總結：「**暴力令我興奮**。」

最後，他無意間提到了另一項可供作「前事件指標」的重要徵兆：尋求別人注意。他說他「二十年來都沒有受人重視」，覺得很不是滋味，而「猶太祭司」樂團的「英雄末路」（Hero' s End）這首歌讓他明白到，人必須一死才會受矚目。

當詹姆斯被問及，除了「英雄末路」這首歌，還有沒有什麼因素驅使他自殺時，他回答：「你認為呢？是感情問題？星象異位？還是海水退潮？哈，都不是。」話雖如此，但如果一開始就排除掉家庭因素的話，那我不知道把他的自尋短見歸咎於某首歌跟歸咎於星象異位有什麼分別。藉著將責任推給一個搖滾樂團，詹姆斯讓自己、家人、乃至他所處的社會，都得以脫罪。

追根究底，將大量時間投注在消費媒體產品而非其他現實生活上的青年，不只詹姆斯一個。詹姆斯是娛樂業暴力生產部門的狂熱贊助者。大衛・華爾什（David Walsh）在《出賣美國兒童》（*Selling Out America's Children*）一書中，將此比喻為「客人來到家裡宣揚暴力，而我們卻沒把它攆出去」。他還提到，兒童是藉著效法和模仿來學習，而小孩長至十八歲前，在媒體上目睹的暴力行為高達二十萬樁，這問題非常嚴重。派克・迪亞茲也說：「一小時暴力電視節目中所充斥的影像暴力，經由幾百萬人觀看，其所造成的傷害比一樁真實的謀殺案還要大。」已為人母的作家卡莉・費雪（Carrie Fisher）則慨嘆：「人類數百年來極力防範、不讓小孩看到的行為，全讓電視給曝光了。」

媒體產品的內容的確很重要，但媒體產品的數量或許更重要，例如電視是不是看太多，電動是不是打太多，搖滾音樂是不是聽太多，乃至於古典音樂是不是聽太多。我所關心的，並不是上述過分入迷所引發的行為，而是上述過分入迷所扼殺的行為，這其中尤以減少了人與人間的互動最值得注意。如果我的小孩聽的是蒂娜・透娜（Tina Turner）、艾爾頓・強（Elton John）或凱蒂蓮（k.d. lang）等歌手的歌，而非「猶太祭司」的歌，我承認我會比較高興；但如果把閒暇生活浪擲在媒體產品上，那問題就更大了。

不管喜歡的是什麼音樂，對無數少年來說，生活中受到肯定，比起有所成就還更有意義。而就詹姆斯來說，透過暴力行為可讓他受到肯定。一個在成長過程中未被教導自我價值的年輕人，扣下扳機讓他的存在變得更有意義，更變得「不容忽視」。

撇開詹姆斯對「猶太祭司」的癡迷不說，你會發現，他其實是個很普通的年輕人：他有很多目標和想法，但每天都在變；他對世界有不切實際的期待；他做任何事都欠缺毅力和自制力，因而什麼事也做不成。他打算過寫書、當槍砲匠、搞樂團，甚至想過當郵差，但他最終讓人留下印象的，不過是生命中的短短幾秒鐘——教堂墓地上粗暴的幾秒鐘。

法庭最後裁定，唱片行不可能預知它出售的唱片會帶來自殺。但詹姆斯並未就此不再歸咎別人。雖然他又出乎眾人預料之外多活了一段時間，但最後還是死於併發症。關於他的童年生活，我沒機會去問他；而他的童年生活，在這喧騰一時的官司案中，相形之下不受重視，因此我也無從得知。

「你只有兩個選擇：殺我或是被殺。」

有些家長，雖然子女殺了人，但他們卻無從怪罪別人；原因是，他們自己就是被殺的人。在美國，子女弑父母案要遠少於父母殺子女案，但由於弑親案是那麼駭人聽聞，以至於人們遂有一種它常常發生的印象。事實上，年輕人的謀殺行為（不管是哪一種謀殺）並不多見。以美國為例，十八歲以下人口占總人口將近百分之二十五，但他們所犯下的謀殺案，只占全國謀殺案不到百分之十。儘管如此，人們有時候還是會沒來由地懼怕青少年。

所以你得知道，那所謂的「有時候」究竟是何時，這部分由就我來提點一下，讓你的直覺有正確的認識：絕大部分命喪年輕人之手的被害者都與凶手認識；而大約只有五分之一係因遇搶而喪命於陌生年輕搶匪手中。這些搶匪之所以殺人，不是因為驚慌失措，就是因為同儕壓力。兩人或兩人以上的青少年共同做案時，最容易殺人。根據最近一項研究，犯下殺人案的年輕人，有高達百分之七十五係因吸毒而精神恍惚或酒醉的情形下所犯，所以碰上這種狀態的年輕人最是危險。

一般來講，青少年的危險性並不如大人來得大，不過也有例外，以威利．鮑思凱（Willie Bosket）為例，他在十五歲時已拿刀捅過二十五個人，還犯下約兩千樁案子，是少年感化院的常客。出獄時獄卒就預言：「鮑思凱總有一天會殺人。」他後來果然殺死了兩個人，還自稱是為了「獲得殺人經驗」而這樣做。由於未成年，他當時只被判監五年，不過如今又因其他案子身在獄中；即使在獄中，他也沒有比較收斂。據說，他在囚房裡縱火七次，攻擊獄警九次。他說：「我是現行體制造就的怪物。」如今，紐約州制定的一條法令，將少年犯視同成年犯一樣審判，就叫「威利．鮑思凱法」。

史蒂夫．菲爾這位少年犯，在暴戾的程度上也是不遑多讓。八歲時，他從橫跨高速公路的天橋上方丟磚塊到下方的車陣裡；九歲時，他用斧頭砍小男童。由於他時常會放話說要殺了其他小孩，因此校方特別為他一人設置了候車處。十四歲時，他已大量吸食毒品，而且據說一次可喝完一瓶威士忌之類的烈酒。十七歲時，他殺了一名女孩，是人們所知他所犯下的第一樁殺人案（此案法庭裁定，凶手父母可因怠忽職責而被起訴，因為該父母明知其過去前科累累，仍給了他殺了那女孩的刀子）。審判定讞前，他又殺了他哥哥。

高曼在其大作《ＥＱ》一書中，談到對個人發展最有益的七大能力，分別是激勵自己的能力，不畏挫折堅持下去的能力，延遲滿足的能力，調節情緒的能力，抱持希望的能力，同情的能力，克制衝動的能力。許多犯下暴行的人都未習得這些能力。如果年輕人完全欠缺這些能力，那就是出事的前兆，需要別人協助。暴行的另一個前兆，是童年時期就有易動怒的習性。如果有個小孩常常生氣或一生氣就怒不可遏，這個小孩也需要幫助。

少年犯罪通常可事先見到許多警訊，以十八歲的傑森．馬塞為例，他殺了同父異母的十三歲妹妹，以及一名十四歲的男孩。高曼所指出的七大能力，他全沒有，但要解釋他殺人時的一些恐怖手段，譬如砍下妹妹的雙手和頭，大概就得歸咎於他欠缺克制衝動的能力。事實上，這件暴行出現前早有警訊，例如他崇拜泰迪·邦迪（Ted Bundy）、亨利·盧卡斯（Henry Lee Lucas）等連續殺人魔，也詳細研究過查理·曼森*的各種事蹟，而且是「超級殺手」（Slayer）樂團的死忠歌迷。他犯下殺人罪行前曾殺過牛、貓、狗，並收藏牠們的頭骨。他常說要殺女孩，也搶過速食店。他還曾跟蹤一名少女長達五年，並寫信恐嚇她說要割她的喉，喝她的血。周遭的人都知道這件事，但都不相信他真的會這麼做。

與詹姆斯不同的是，馬塞毫不隱瞞他的目的。他說：「我想做的就是殺死不計其數的年輕女子，好讓家人難過。」像這樣對家庭懷恨在心，都是其來有自。

許多青少年會殺害自己的親人，尤以槍殺虐待成性的父親或繼父居多，這不足為奇；令人吃驚的是他們是在幾歲的時候犯下。有一個男孩，我叫他羅比，看著母親被酒醉的父親毆打之後，便拿起父親放在桌上的一把槍，開槍殺了父親。男孩對此罪行坦承不諱，但最初並沒有多少人相信，因為他才三歲大；然而經過彈藥測試，證實無誤。他向審訊當局表示：「我殺了他，他死了，如果他再打我媽，我會再開槍打他。」

律師保羅·蒙斯（Paul Mones）的《小孩殺人時》（*When A Child Kills*）是一本讓人很想看、看了又不安的書，因為他甘冒大不韙，探討了弒親這個主題。他觀察到弒親案與大部分凶殺案不同——弒親案發生前

---

* Charles Manson，六〇年代美國某祕密團體的教主，也是個殺人魔。一九六九年八月九日，他和三名女教徒進入電影導演波蘭斯基位在比華利山莊的住宅，殺了四個人，包括他有孕在身的太太，並用鮮血在牆上寫了「豬」、「戰爭」等字，轟動一時；兩天後，這四人又在別的地方犯下同樣的暴行。四人後來都被捕，判了死刑，後因最高法院判決禁止死刑，改判終身監禁。曼森現仍在獄中。

十二年的事，跟弒親案發生前十二小時的事，同樣值得探索。**弒親案發生前最明顯的一個徵兆，就是虐待小孩**。大家都知道，在美國，翹家的小孩大部分是為了躲避虐待，或是讓別人注意到他被虐待，但有些受虐兒仍留在家裡，就是為了「伺機用槍，將家中的祕密公諸於世」，蒙斯這麼說。

弒親的小孩通常長久生活在被打、被罵沒出息、被強暴、被捆綁，或遭各種折磨的環境中，蒙斯舉了弒父的十六歲少年麥克為例。在檢察官眼中，麥克「不過是另一個冷血的少年殺手，殘暴、叛逆、墮落」，但深加探究，麥克的過去並不是這麼幾句話就可斷定的。

從上幼稚園起，麥克就一直挨父親打。他手腳靈活，擅長多項運動，但卻一再受傷：不是「騎腳踏車摔下來」，就是「走路絆倒」、「自己砍自己」。審訊期間，他被要求脫到只剩泳褲，讓陪審團看看他父親幾年下來在他身上留下的疤痕。

受虐的生活在某個晚上突然終結。那一晚，麥克回家回得晚，父親拿著手槍等他。一見面，父親就對他說：「你只有兩個選擇：殺我或是被殺。」以前做父親的也下過這樣的最後通牒，但這次做父親的第一次拿槍出來對著他；於是他搶過槍，對著父親的頭，扣下扳機。

另外有個弒親的少年告訴蒙斯，住在監獄比住在會被虐待的家裡還好；他形容自己雖然被關，反而覺得很自由。

有些人認為，這些弒親的小孩在受虐時不該如此逆來順受，最起碼在事態還沒發展到唯有殺人才能擺脫困境的地步之前，他們就應該將受虐的情形告訴外人。持這種觀點的人或許忘了，遭強暴或被搶劫的成年人受害者，受害時也跟上述小孩一樣溫順，但我們並不會因為他們不加以反抗而怪罪他們。

弒親案等恐怖暴行發生前的一些警訊，是表現給家長、老師、鄰居、親屬看的；將這些警訊揭露出來，是上述這些人的責任，而非小孩的責任。

就本書探討的所有暴力行為來看，不被自己的兒女所殺，是最容易預防的事；萬全之策就是在小孩還沒大到可以傷人之前，努力做個慈愛的父母親。

孩童間的性侵犯

十二、三歲以前的兒童，與十二、三歲後的少年不同。他們若殺害家人，對象較可能是手足，而非父母；而與其他暴力行為相同的是，這類行為發生前，也都有警訊。這類案子的凶手，大部分是受虐或心理不正常的兒童，而且先前多次企圖殺死手足，但都未受到正視。因為許多人都認為，孩童間暴力相向，是成長過程中很自然的事。這話或許沒錯，但如果一個孩童做了某件事，讓另一孩童身陷極危險的處境，這時就不應該漠視。下一段敘述是我最近作證的一個案子，看完之後，恐怕沒有幾個家長把孩子送進學校後，還會盲目地覺得安心。

事件的主角名叫喬依，是個小學生，在學校浴室裡強暴了一名七歲大的男童。這件案子雖是他一人所為，學校部門令人吃驚的怠忽以及尤其不可饒恕的校長，卻是幫凶。校方聲稱無法預知喬依會犯下此案，但此案發生前一個月已有明顯的徵兆，那就是先前喬依曾在同一個浴室，以同樣方法傷害了另一個男童，並因此被捕。

因為這類令人不安的學校失職案件我早已經歷過許多次，也因為學校的方針和全體人員並不如大家想的那樣，所以我想花點時間描述一下背景。

首先，儘管宣稱料想不到，但校方仍應刻意用下列問題來做危險評估：

這位訪員是來綁架小孩的嗎？

這名老師會猥褻小孩嗎？

這名小孩在家有受虐嗎？

這名小孩有帶致命武器來學校嗎？

大部分的人都料想不到，小男孩也居然會強暴小男孩，但管理喬依案件的學區管理單位應該很明瞭才對。多年來他們都有個具體管理方針，名為「孩童間的性侵犯」。既然這項處理方針存在，就清楚表示了這種問題會發生，它也著實為學區內的每位校長羅列了預測事態用的問題。

再試想一下以下情景。校長在大禮堂向所有小學生調查一個問題：「學生之間有誰對誰性侵的嗎？」經校長這麼一問，喬依起立大喊道：「那個人大概就是我」，但校長無視了他的舉動。

若喬依的校長有心預防這樣的事情發生，其實一點都不難。喬依所就讀的前一所學校的行政人員，曾經把喬依的情形告訴了後來這位校長。他們以白紙黑字預言，喬依終有一天會出現不正當的性暴力，果然猜中；他們還把他的前科轉到他後來就讀的學校，而他果然在這裡犯下強暴案。他平常的言行裡，就已經有昭然若揭的警訊，例如身上帶刀、揚言自殺、自殺未遂、揚言殺人、放火燒屋、把汽油潑在媽媽身上企圖燒死她、表現出對性與性器官的著迷、對其他小孩有不當的性舉動、有暴露狂，具侵略性與暴力等等。當這位校長得知喬依對另一位學童施加性攻擊，上述警訊仍未獲得他的重視，也未採取任何有效措施。這種疏忽真的會發生嗎？這就是個活生生的例子，而且還不只一個。

喬依第一次強暴別人事發後，校長並未採取明顯措施，加強對他的監管。校長根本沒有告知喬依的每一個老師，而是當做沒發生過，結果事情變得更糟。後來，一名老師發現喬依無法管教，校方就把他轉到更低年級的班上；此舉無異提供他更多施暴的對象，讓他在其中挑肥揀瘦，找出自己最中意的，而他果然挑出了一個。

學校內駐有校警，或許會讓一些家長比較放心，但如果知道這個學校（隸屬全國最大的學區之一）的校警竟完全沒有受過兒童安全防護方面的訓練，或許你就不這麼想了。這些校警未收到任何書面指導、校警準則，以及有關兒童安全防護方面的任何政策指示。即使他們已明瞭自己的職責，上述的強暴案卻沒人告知他們；甚至連「格外小心」、「密切注意」這些再簡單不過的話，都沒人告訴他們。任何組織迫於需要必須加強防護時，通常的政策就是聘雇警衛，然後每個人都長吁一口氣，以為這問題已經解決。但如果這些警衛沒有受過訓練、沒有監控學生、沒有適當的裝備跟周詳的準則可遵循，可能反倒弊多於利。因為這麼大費周章一場後，每個人都覺得高枕無憂，以致失去戒心。

前面我曾提到，那位校長有哪些疏於防範之處，不過有一點他卻做了，那就是在第一次強暴事發後，他派了人跟蹤喬依：只要喬依進入浴室，就跟著他進去。乍聽之下，這是個不錯的預防措施；不過，如果你知道派去跟著喬依的人不是老師或校警，而是學童，那肯定就不會這麼想了！我想大概沒有一個家長會自告奮勇，派自己的小孩如影隨形地跟著一名暴力犯，尤其是個連老練的老師都管不來的暴力犯。

假如有個學校員工，例如工友，具有喬依那樣的背景，然後因強暴學生被捕，校長還會讓他回來上班嗎？就連這麼簡單的問題，我也不敢很篤定地回答你。我只知道，在校長的腦海中，喬依已經從學生座席跳上主席台，高喊：「就是我，我就是性侵兒童的人！」校長還是轉過頭去，不予正視。

喬依後來退學，被安置在療養院（在這裡，有天他又對兩個人做性攻擊）。喬依童年時所受到的虐待及疏於照顧，代價是為他人帶來苦難，有一天他也可能會殺人。這個預測不幸成真；而我做這預測時，喬依不過九歲。

在描述過眾多應注意而未注意的案件後，我想承認，喬依的校長當時可能也用盡手邊所有可能的手段，盡到最大的努力了。這可不是什麼免責聲明（只是我這麼相信而已），而是我也認為，這是牽涉到整體組織架構和個人怠忽職守的案件，以及有些人期盼若加以忽略事情會自己消失的案件。

學校不會像你那麼看重孩子

另外有樁案子，一名學童在學校裡遭到性攻擊（這次的攻擊者不是學生）；為了對此案提供意見，我把這個學區的教育政策書整個翻了一遍。家長若知道，書中探討安全防護的部分直到第十頁才出現，而且內容是敘述有打架發生時，員工如何保護自己，勢必會憂心不已。書中有整整三頁、二十一條談論如何保護鑰匙，敘述兒童安全的部分卻被擺到了第九十一頁。

小孩需要大人保護，才能遠離傷害，但傷害往往來自大人。兒童還不懂得人的可怕，經驗及知識都不夠，無法一眼就判斷出危險。看過上述案例後，做家長的應該謹記，只要與你的小孩安全有關，絕不要不當一回事。我建議家長向學校索取學童安全防護政策書，然後坐下來，以雞蛋裡挑骨頭的心態好好讀一遍；再到學校，把你心中的所有疑問好好問個清楚，看校方的答覆是否讓你滿意。正因為你發問，安全問題才受到重視，迫使校方全力防範。不妨問校方聘人之前如何審核其背景，如果校方有駐警，可要求與他們見面，問一些尖銳的問題，看他們有何反應。尤其不可漏問的是，這個學校過去發生過哪些犯罪行為。

美國聯邦法規定，大學裡的犯罪統計資料，校方必須妥善保存，並隨時供外人查詢；因此大學生及其家長在選校就讀時，可以評估其安全防護情形；相對地，目前還沒有法律規定小學或中學必須這麼做。

既然法律幫不上你的忙，那你只好自求多福，至少你要積極打聽清楚孩子就讀的學校，就像替小孩挑褓母那麼用心，假如以為校方會像你一樣那麼看重你孩子的安全問題，那你肯定會失望（建議的問題列表請見附錄七）。

喬依雖然才九歲，但已具備了一些導致他後來犯罪的危險因素，公認的危險因素，就是貧窮、受虐兒（受暴力傷害、目睹別人施暴、受輕視、被冷落，都是受虐）、父母吸毒成癮、兒童吸毒或酗酒、單親童年。喬依另外有一項影響深遠的危險因素，卻遭人漠視，那就是生命中缺少了父親。《失怙的美國》（*Fatherless America*）一書的作者大衛・布蘭肯霍恩（David Blankenhorn）指出，少年感化院的犯人，百分之八十在成長過程中沒有父親全程參與。父親為何重要？因為他們會教男孩子怎樣才可以成為男人。不幸的是，太多男孩子從媒體或同伴那裡，學到所謂的「叛逆性男子氣概」，言行粗野，逞強鬥狠。這不是成為男人的唯一方法，卻是他們眼中的唯一方法。

有些人開始認真思考，養育孩子的責任是否真的需要男性的參與，而反正我們的社會也不大倡導父親應該扮演這樣的角色。事實上，正如布蘭肯霍恩所指出的，監獄變成教化青少年的最重要機構。

最近，我和一群經過該機構洗禮的男受刑人會面。他們都是接受矯正治療的海洛因毒癮患者，法庭派我全程參與，因而有這次聚會，與他們討論個人成長過程中的暴力與吸毒經驗。

教室中另一些有前科的女性也加入這次的座談。某方面來說，他們每位都受益於十二步計畫（由《心靈地圖》（*The Road Less Traveled*）作者摩根・斯科特・派克（Morgan Scott Peck）所創，該計畫被譽為「二十世紀最正面的大事」）。理想上，這個計畫教導這群人接受他們的過去；唯有如此，他們才能為現在的生活負起責任。

他們陸續做了三分鐘自白，敘述自己的過去。每個人都提到暴力、恐懼、遺棄、冷落。男的童年都有遭受身體虐待的經驗，女的十人中有九人曾遭家人性侵。有幾個人提到，自己長大後竟對親生的小孩施暴，為此感到悔恨、恐懼。

當我聽到他們先前在獄中進步的情形，我感動得哭了出來，因為他們在這服刑將滿、即將釋放的日子，被禁錮在這間過渡講習所，距離被社會大眾所接受還有一段路要走，但他們已經遠離了先前所待、也讓其他人一起受苦的煉獄。我哭，因為他們的故事太感人，是活生生的血淚故事，於我心有戚戚焉；我哭，也因為我母親沒有他們幸運，找到戒除毒癮的方法。

接下來的四十五分鐘，由我上場，敘述了自己童年、少年時的一些經驗，類似的遭遇引起了與會者的共鳴。

我講完後，幾個人發問。第一個舉手的是個男人，與我年紀相當，但除此之外，我當時覺得他和我毫無共通點。他孔武有力，身上刺青、帶疤，而且飽經風霜。他是那種讓人在黑巷碰上會心生恐懼的人。而就他走過的大部分人生而言，人們的恐懼是有道理的。他最近這次在牢裡待了很久，是因為縱火。他潛進一處公寓，偷走了任何值錢的東西（他說：「我需要錢，不只是為了買毒品，還因為要付錢請律師，因為我還有另一項竊盜官司，就要出庭應訊。」）為了湮滅證據，他放火燒屋，結果燒掉數間公寓，並且造成一人嚴重燒傷，送醫救治。

他上下打量了我一番，問說：「為什麼你坐在那裡，我坐在這裡？」我不懂這話中的意思，他解釋說：「你我有同樣的童年，但今天你卻穿著漂亮西裝，很可能也開了一部好車。開完會你可以離開。你就是坐在那裡。怎麼會這樣？」

在工作上，在生命裡，這個問題也不時浮現在我腦海，起初只是基於好奇，後來發現不只如此。我本有可能成為暴力世界裡受歡迎的永久住民，但最後我只做了那個世界的過客，然後走向另一條人生道路。同樣是經歷可怕的童年，有的人長大後對社會有正面的貢獻，有人卻做出反社會、乃至殘暴的事，為什麼？

這就好像有兩兄弟，老大問老二：「怎麼你長大後成了醉鬼？」老二答：「因為老爸是醉鬼。」然後換老二問：「怎麼你長大後沒變成醉鬼？」老大就答：「因為老爸是醉鬼。」

擊退成長過程中潛藏的怪物

在羅伯．雷斯勒的經典之作《世紀大擒凶》一書中，可以找到更完滿的答案。他說青春期初期對男孩子非常重要。在青春期前，男孩子有不滿，可能隱而不發，而且讓外人搞不清楚怎麼回事；可能向內退縮，表現出意氣消沉；也可能遭到駁斥（大部分情形如此）；要過了一段時間，才會把不滿發洩出來。但進入青春期的男孩子，這種不滿再加上一股力量，也就是自然界最強大的力量之一——性欲，兩者相衝激，便會一下子爆發出來。即使如此，雷斯勒等學者都認為，經由某些人（往往是不經意的）介入，讓他們感到溫暖、肯定，甚至只是關心，就可以使他們免遭這許多怪物的毒手。

就我個人的體驗來看，像這樣改變一個小孩的命運，其實並不難。

雷斯勒研究美國一些殺人魔的童年，而推出上述的論點，想不到在別處也有與他觀點相同的人，那就是心理學家、同時也是大力提倡保護兒童的艾莉絲・米勒（Alice Miller）。她寫了好幾本激動人心的著作，用以闡明在小孩子成長過程中的某些關鍵時期，若能碰上某個貴人，生命的意義與價值若能獲得肯定，乃至成長過程中有人同行，都會對他造成深遠的影響。

我發現，老師、教練、警察、鄰居、朋友的父母親，只要和善對待小孩，絕不會白費。在付出的那一刻，小孩、大人可能都不覺得什麼，殊不知已對這小孩產生深遠的助益。在那一刻，沒有任何刻意的作為，但小孩子從大人鼓勵的眼神中，能看見自己活著的意義，從此人生觀可能全面改觀，不再把自己受冷落、受傷害看作是罪有應得，不再視自己為大人傷心時的一大累贅，不再視自己只是個無力解決家庭難題的小孩，無力幫家人從痛苦、發狂、毒癮、貧窮、不快中解脫的小孩。毋寧說，在這個和善待他的大人面前，他是個特別、可愛或受器重的小孩。

懂得欣賞小孩的特質，或許就可令他們感到受器重。小孩的特質很多，就呈現在我們的眼前，例如藝術天分、體能、幽默感、勇氣、耐心、好奇心、學習能力、創意、機靈、責任感、充滿活力等等。

國小五年級時，我有個老師姓康威，他幫我擊退了成長中潛藏的怪物。就在暴力不斷侵蝕我的家庭之際，康威老師出現，以親切和善待我，並幫助我找到自己的長處。他讓我對自己有另一番認識，避免產生一般受虐小孩必有的想法：「如果我受虐，那也是我應得的。」

小孩一生的轉變，可能就在這幾段時間，因為某個人的親切相待，喚起他記憶裡那個曾受珍愛、重視、鼓勵的自己。可嘆的是，有些小孩自襁褓時即未受到細心的呵護，心中沒有一個放置善良體貼與認可的地方，也才沒有成為那樣的人（這顯示良師指導和「大哥哥」、「大姊姊」計畫的重要性。詳見附錄二）。

小孩子在成長初期從照料者處得到的對待，如果是讚賞與施暴兼而有之，那這小孩未來的自我認同是正面還是負面，各有一半的機率。若家庭非常不健全，對小孩會造成許多傷害，其中最嚴重的，就是使小孩覺得自己活得沒有目標、沒有價值。當小孩覺得如此，就很難成材，就沒有勇氣冒險，甚至覺得冒險非常不智，因為這類人自認扛不起重責大任。

馬戲團大象的訓練方式，很能說明這種自我認同的形成。大象還小的時候，就被鐵鍊給拴在牢牢插入地下的大木樁，任憑牠們使勁拉扯、掙扎，鐵鍊沒有斷，木樁也不動，最後牠們知道白費力氣，不再掙扎。此後，只要栓上一根細繩就能「鍊」住它，即使力氣明明大得可以拉倒馬戲團帳篷，他們也不會造反。因為牠們一感到行動受阻，腦海中就會浮現制式的想法——反抗無用，於是打消反抗的念頭。

「你沒出息！」「你唱不來！」「你沒那麼聰明！」「沒錢，你就是癟三！」「誰會要你！」「你這輩子完蛋了！」「你的目標應該實際點！」「我們會離婚，全因為你！」「沒有你這小子，我不會變成今天這樣！」「你這個廢物！」此刻在全美各地家庭裡，正上演著這樣的劇情；這些咒罵就像是拴住小象的粗鐵鍊、牢牢插入地下的木樁，使小孩自認這一生就像那咒罵中所說的，從此自暴自棄。

除非後來發生某些事，改變了他的想法，除非他了解繫縛他的不過是條細線，粗鐵鍊只是幻想，除非他了解自己被耍了、被錯怪了，而且自己也看錯自己；否則，當這樣的小孩長大後，還是不會表現出正面的人格特質。

當然，會影響小孩子人格發展的，不只是父母的教養，還有一些小得無法察覺、但又重要得不容忽視的因素存在，那就是各種人類基因。其中一種基因叫 D4DR，可能會使人的行為傾向尋找驚險刺激，許多殘暴的罪犯都有這種基因。一個人如果擁有細長的 D4DR 基因，加上後天環境及教養影響，長大後就可能成為暗殺者、銀行搶匪或蠻勇之徒。行為遺傳學家艾文亭．高次曼（Irving Gottesman）就表示：「換個環境，這種人也可能成為波士尼亞內戰中的英雄。」

未來，遺傳學在人類行為預測上會更具分量，根據個人基因就可精確勾描出人格特質，一如測量身高、體重等身體特徵那麼精確。當然這會引起不小的爭議，但有一天做父母的或許可以利用產前檢查，在嬰兒身上找出不想要的人格基因，例如影響人暴力傾向的基因。但在那一天來到之前，欲減少暴力事件，還是得靠一個更簡單、更低科技的策略，那就是以愛心及人道方式對待小孩。

《天生反骨》（*Born to Rebel*）一書的作者法蘭克．薩洛威（Frank Sulloway）說：「人的一生中，孩童階段所遭遇的不幸特別多。」縱觀我們的歷史，有一半的小孩未能長大成人。從這一點以及我們所知道未成年人所受到的暴力傷害來看，他們怕我們大人比我們大人怕他們理由更為充分。即使如此，我們加諸小孩身上的虐待，還是會回報到我們身上，也犧牲了我們自身的安全與平靜。

過去曾根據一項聯邦研究計畫，挑選了一千六百名曾受虐、無人照管的小孩，並做了將近二十年的長期追蹤。到去年為止，其中已有整整一半的人因犯罪被捕。虐待小孩的代價如此高昂，但除非做大人的徹底改變觀念，不再認為這群孩子在長大成為社會公民之前不過是家中的過客，而在當下的每一刻就將他們視為是我們社會裡合格、有權利、且有貢獻的一分子。小孩常被視為是社會的負擔，是大環境下不幸的受害者，但事實說明一切，大家都知道，在美國照顧小孩的工作，最主要是落在小孩身上。兄姊照顧弟妹，或小孩自己照顧自己，是經濟發展裡重要的一環。小孩其他的貢獻還很多，如照顧老人、煮飯、從入睡的父母手中抽走香煙等，數不勝數。

若受虐小孩能了解，他們只是家中的一員，而非整個家庭的建構者，家中的不幸、自己的受虐都不該歸罪於自己身上，那他們或許就會相信，現在的處境並不會限制他們未來的發展。除非我們將不齒的眼神投射在施暴者、而非受害者身上，否則受虐的小孩仍會造就出受虐的小孩。對他們或對我們而言，這樣的戰爭將不會因他們的長大成人而結束。

當然，我們可以繼續忽視小孩，但其中有些小孩長大後，將會做出令我們無法忽視的暴行：暗殺（assassination）。或許你會覺得不大可能碰上這樣的事，但我基於一項非常實際的理由，在此提出這個問題。正如問題家庭的父母，其正值青春期的兒子多年來的言行均顯示總有一天會捅出大簍子，而當這一天真的來臨，做父母的才被迫自我反省；同樣地，當小孩幹下暗殺的行徑，我們才把自己同他人看成是休戚與共。暗殺者使我注意到媒體、為引人注目而犯的罪行、槍支氾濫、暴力行為和兒童教養等議題。暗殺者大概是你生活中離你最遠的施暴者，但如果你了解暗殺者，也就會有助於了解身邊最親近的施暴者，免遭他們的毒手。

第13章 危險之七：行刺名人的心理曲折

暗殺者對他的行刺對象，感受到的是一種親密關係。透過刺殺行為，暗殺與被暗殺者成了共同完成一件事業的合夥人。

這是個星期天的早上。蕾貝卡．謝佛家的對講機壞了，所以當對講機的電鈴響起時，她只得親自下樓一趟。來訪的人原來是個影迷，他是在看了電視劇《我的妹妹山姆》（*My Sister Sam*）之後迷上她的。短暫交談後，他就離開了。過沒多久，電鈴再度響起，蕾貝卡只好再下樓一趟。還是剛才那個男影迷。不過他這次來的目的不是為了說些什麼仰慕的話，而是為了殺她。他朝她胸脯開了一槍。蕾貝卡在倒地前不解地連喊了兩聲：「為什麼？為什麼？」他站在一旁，看著她慢慢死去。他本可以請人打電話叫救護車，或乾脆他自己打，但這樣就破壞原本的目的了。

在所有的個人犯罪當中，對美國人帶來最大衝擊的，當非暗殺莫屬。過去四十年來，子彈深刻地影響了大部分的總統選舉。自從少數人（通常是一位）用槍開啟了先例，用多數決來選出領導人的概念便被削弱了。不論暗殺的目標是印第安那州拉波特市（LaPorte, Indiana）市長（在床上遭憤怒的市民殺害）還是美國總統，我們所信奉的體制也跟著淪為受害者。我們的文化受到了如此大的衝擊，在這種情形下，辨識出誰會攻擊公眾人物成了國家最危險的行為預測工作，畢竟這是一人影響眾人之事。

就在不久前，成名的條件出現了改變。其中的改變為西方社會公眾人物的生活帶來了更加嚴峻的挑戰。當中各行各業的名人，舉凡在地政要、選美皇后、脫口秀主持人以及國際知名媒體人物等等，無不時刻細想這點。有些人說，麻煩總不可避免地伴隨著名聲而來，但說到底，究竟誰說過一旦成為優秀人物，就得冒著被殺害的風險？要回答這個問題，就得把時光倒回到媒體誕生的年代。

準備好看星期二的煙火吧

人們對影視歌星、政治人物或運動明星的崇拜和愛慕並非始自今日。但在過去，人們只會透過迂迴的方式來表達自己的崇拜或愛慕，例如寫信、投自己愛慕的政治人物的票，或捧自己崇拜的明星主演的電影的場等等。當時，一個死忠的歌迷可能會鼓掌鼓得比別人大聲一點和持久一點，但他絕不會試圖去接近他的偶像。

在一九四〇年代以前，如果一個女歌迷突然從座位上站起來，用全部的肺活量向台上尖叫，那她肯定會立刻被送入瘋人院。但情形到了四〇年代中葉有了一百八十度的轉變。一九四二年十二月三十日是一個具有指標性的日子，當天，法蘭克・辛納屈（Frank Sinatra）在紐約的派拉蒙戲院登台演唱。這一次，台下的觀眾表現出史無前例的舉動：大喊大叫、撕扯自己的頭髮衣服、離開座位向舞台擠去等等，不一而足。事後，精神病理學家和心理學家都絞盡腦汁想去解釋這種現象。眾學者隨後聯想到了中世紀的舞蹈狂熱現象，該現象體現出一種「群體失意的愛」和「群體催眠」。而正是媒體時代將這種群體催眠帶入美國人的生活之中，而大眾或多或少都被這種現象所影響。

在媒體時代正式登場之前的年代，女孩對藝人的愛只能遠觀、只能暗藏，但不可褻玩，社會絕不容許一個女孩子跑到她鍾情的藝人家裡去示愛；要是她敢那樣做，就會被警察逮捕。當時，社會也絕不容許一個女孩子蹺課到某歌星落腳的飯店外苦苦守候幾小時，然後在他坐車出現時伸手到車窗內撕扯他衣服這種事情發生。

可是，到了法蘭克・辛納屈的時代，上述的不健康行為全都成了「正常」行為。一九四四年，法蘭克・辛納屈再度在派拉蒙戲院登台，兩年前把所有人都嚇了一跳的現象已經變成了一個大家可預見的現象。這一次，戲院裡除了坐著三千名的聽眾以外，還擠滿了一大群記者。另外，為了防止騷動，警方在戲院內外也部署了四百五十名警力。看起來，我們的社會已學會怎樣處理這一類的事情了。其實不然。

在法蘭克・辛納屈的演唱進行到一半時，一個名叫亞歷山大・伊凡洛維奇・多羅戈卡帕茲的十八歲年輕人從座位上站了起來，朝台上的法蘭克・辛納屈扔去一只雞蛋，正中他的臉部。一時間，全場鴉雀無聲。有那麼一陣子，戲院的主角由法蘭克・辛納屈換成了多羅戈卡帕茲；他被其他觀眾追打，最後被警察帶走。至始至終，整個社會都沒有學習該怎麼處理這種事件。事後多羅戈卡帕茲告訴警方：「我對這種長達兩年的單調喧囂早已感到厭惡，我發誓要中止它。我現在的感覺很棒。」雖然多羅戈卡帕茲有著一個很不美國化的名字，但他卻做了一件最美國化的事情。

在過去的社會中，有一群人用某些方式開拓了操縱情感與行為的技巧，這個方式就是電子媒體。這些媒體使偶像崇拜變得制度化。一九四〇年代，有個少女踏入娛樂圈，她即將用自己輝煌的一生向世人展示何謂「偶像」。這個少女名叫伊莉莎白・泰勒（Elizabeth Taylor）。不過，在大約同一時間，另有一個名叫羅絲・史泰恩哈根（Ruth Steinhagen）的少女，做的事卻跟伊莉莎白・泰勒恰恰相反：她要向世人展示何謂「反偶像」。

羅絲很喜歡一個名叫艾迪．華庫斯（Eddie Waitkus）的棒球員。雖然羅絲甚至從未與華庫斯交談過，但她卻決心對她奉獻自己的忠誠。華庫斯是立陶宛裔，所以羅絲跑去學立陶宛語。華庫斯是芝加哥小熊隊的隊員，穿的是三十六號球衣，所以羅絲對三十六這個數字特別著迷，舉凡一九三六年出品的唱片，只要找得到的，她都買下來。她收集華庫斯的剪報；睡覺時把他的照片放在枕頭底下；盡可能看他的每一場球賽；一封接一封的寫信給他（他從沒回信過）。每天晚餐時刻，羅絲都會把餐桌正對她的位子空下來，並告訴她妹妹：「艾迪就在這裡。」

羅絲身邊也有不少朋友癡迷棒球員，所以她父母最初對這件事不以為意，反而為女兒也找到自己的偶像感到高興。但久而久之，他們就看出了羅絲的行為有點不對勁。他們先後帶她看了兩個精神科醫生，但兩個醫生都說羅絲一切正常——唯一該做的就是忘掉華庫斯。難啊！這就好像要約翰．辛克利＊忘了茱蒂．佛斯特那般。羅絲當然沒忘了他。沒多久，羅絲就聽說了華庫斯即將轉到費城人隊的消息。她告訴別人，如果華庫斯真的離開芝加哥，她也不想活了。

她跟其中一個朋友談到自己想自殺，還真的去買了一支槍。她本來打算買把手槍，但由於買手槍需要許可證明，她便改變主意，改去當鋪買了一支來福槍。

在一九四九年六月第一周，羅絲想出了一個比自殺更有意義的做法。她告訴她的朋友喬：「準備好看星期二的煙火吧。」就在她說的星期二當天，羅絲住進了芝加哥的艾德華德海濱大飯店——她事前調查過費城人隊的行事曆，知道華庫斯會在同一天住進這家飯店。羅絲隨身帶了一個行李箱，裡面裝滿了和華庫斯有關的紀念物，其中包括她看過他五十場比賽的票根；當然，裡面也少不了那支來福槍。

在飯店房間裡，她寫了封信給父母（「我希望你們能諒解，我愛你們。事情會朝好的方向發展的。」)，但隨後她就把信揉成一團，扔進了廢紙簍。接著，她又寫了張短柬給華庫斯：

華庫斯先生，我們並不認識，但我有很重要的事情要和你談一談。跟你解釋對你有好處。我將在後天離開這間飯店，如果你能盡快來找我的話，我將不勝感激。我的名字是羅絲．安妮．伯恩斯，我的房間號碼是 1297-A。我知道這有點不合常理，不過正如我前面所說的，我要跟你談的是相當重要的事情。我不會花你太多時間，**我承諾**。

羅絲給了門房三美元的小費，請他幫她把短柬轉交給華庫斯。華庫斯在讀信後以為羅絲不過是個一般的球迷，便決定去見她。羅絲在裙子口袋裡放了一把刀，她本來的計畫是在華庫斯進門的一剎那就往他心臟刺，不過她沒能把這個構想付諸實現；因為門一打開，華庫斯就一陣風似的越過了她身邊，走到房間內的一張椅子上坐下。他問她：「妳找我到底有何貴幹？」

「稍等一下，我會給你一個驚喜。」羅絲走向衣櫥，從裡面拿出了一把來福槍。「你困擾我困擾了整整兩年。你現在就得死。」話一說完，她就朝華庫斯的前胸開槍。子彈打在了華庫斯肺葉上，離心臟只差一點點(華庫斯送醫後挽回了一命。他後來繼續打球。現在我手上還有一張他的球迷卡，標題是「我棒球生涯中最戰慄的一天」，下面的文字是「一九四九年，一個心智失常的女球迷對我開槍」)。

---

* John Hinckley Jr.，以行刺美國前總統雷根和迷戀美國知名女演員茱蒂．佛斯特（Jodie Foster）而為人所知。

羅絲所做的事和她被捕後所說的話都很嚇人（不過聽在現今美國人的耳裡大概不怎樣新鮮）。她這樣向警察解釋她的動機：

我非常喜歡他，而我知道，我不可能得到他。但要是我不能得到他，那別人也休想得到他。過去**我常常希望能置身於舞台中央，成為萬人矚目的焦點。我的夢想終於實現了。**

羅絲流暢地道出了大部分現代美國人內心都懷有的一種嚮往。對於槍擊發生後的情形，羅絲有如下的描述：

其他房間的房客都沒有跑出來。我本來以為一聽到槍聲，他們就會一湧而出。我氣瘋了。我得自己跑去告訴飯店的人，我射殺了艾迪・華庫斯，但他們卻沒有人知道艾迪・華庫斯是誰。之後警察來了，但我很惱火，因為其他房客還是沒有出來。看來沒人有興趣看看我的樣子。就連我已經要被帶離這間飯店了，身後也還是一個人都沒有。

十九歲的羅絲覺得被警察通緝，還比完全不被通緝來的好。而有個名叫瓦勒莉・索蘭納斯（Valerie Solanas）的女性在二十年後顯然也跟羅絲有志一同。瓦勒莉・索蘭納斯是個充滿抱負的女演員兼作家，有一天她拿著一把槍，進入安迪・沃荷（Andy Warhol）的辦公室，朝他開槍。稍後，她在時代廣場上步向一個警察，驕傲地告訴他：「我是你們要找的那個人。」安迪・沃荷說過一句很能反映媒體時代特徵的名言：

「在未來，每個人都會有十五分鐘的機會聞名世界。」他沒料到的是，瓦勒莉．索蘭納斯分到的十五分鐘，就是從他那裡得來的（一年後，瓦勒莉．索蘭納斯又多分得了九十分鐘——有一部以她的故事為題材的電影開拍。）

瓦勒莉．索蘭納斯槍擊安迪．沃荷的事件發生在一九六八年，當時人們對這一類的事情已經厭倦了。不過，在羅絲槍擊華庫斯那個年代，這類事情仍相當駭人聽聞。當羅絲告訴母親自己打算買一把槍，置華庫斯於死地的時候，她母親的回答是：「妳不能那樣做，女孩子不能做這樣的事。」羅絲媽媽錯了。不但她女兒可以證明她是錯的，瓦勒莉．索蘭納斯、史凱雅琪．弗洛梅（Squeaky Fromme）和莎拉．珍．摩爾（Sara Jane Moore）全都可以證明她是錯的（後兩人意圖行刺福特總統）。

由於羅絲選了一個知名度不甚高的人當刺殺對象，所以她沒能家喻戶曉；不過，她仍不失為媒體時代行刺公眾人物風潮的先驅人物。

專家把羅絲的行為歸因於心智失常，所以她沒被判刑。她被送入了一家精神病院，三年後院方認定她心智已恢復正常，便放了她。羅絲至今還活在人世。她是美國獨有的一個少數族群的資深成員。我用「美國獨有」這幾個字，並不是說我無視於暗殺也發生於其他國家的事實，不過在別的國家，暗殺者絕大部分都是出於某種政治理念或政治利益驅使，而不會是為了「成為萬人矚目的焦點」而殺人。

美國人選擇暗殺對象的標準也獨樹一幟。在三〇、四〇年代，棒球員和政治人物是美國民眾的最愛，也是暗殺者的最愛；不過，自從迪馬喬*娶了瑪麗蓮．夢露之後，偶像崇拜的火炬就從運動界交棒進了娛樂

* Joe DiMaggio，著名棒球員，被稱為歷史上最偉大的外野手。他是瑪麗蓮．夢露的第二任丈夫，後離婚。

界。二十六年後，一個明星演員（雷根）當上了總統，而一個聲稱迷戀某女星（茱蒂．佛斯特）的暗殺者（約翰．辛克利）則向他開了一槍。經過了一段長時間的追求，暴力和娛樂界終於結為連理。

恐懼正是殺人狂最喜歡的美食

英雄崇拜與迷戀英雄的魅力在美國是稀鬆平常的事，然而這種崇拜對大部分人而言僅是一帖溫和的藥，但對某些人而言卻是毒，為了瞭解這種毒的真相，我決定一訪獄中的羅伯．巴度，也就是殺死蕾貝卡．謝佛的凶手。

想要見巴度，我得先通過兩道金屬偵測柵門，然後在一個獄警的帶領下，穿過一條又一條位於地下的綠色長廊。在每一條長廊的盡頭，都會有一個警衛和一道上了鎖的鋼閘門，警衛在詳細盤查過以後，才會放我們通過。我被帶到一間水泥密室，裡面只有兩張固定在地上的長凳。帶我進來的獄卒說他還要去把巴度帶過來，叫我在密室裡稍等一會兒。他出去的時候不忘把門鎖上。雖然我明知自己想什麼時候出去都可以，但被鎖在一間這樣的密室裡，仍讓我覺得非常不舒服。

在等待巴度的時候，我偶然想起了羅伯．雷斯勒——這位ＦＢＩ「行為科學小組」的專家把他的大部分時間用在研究和訪談美國最血腥的殺人犯上面。我想起了雷斯勒最後一次訪談愛德蒙．坎培爾（Edmund Kemper）的情形。坎培爾身高兩百零五公分，體重超過一百三十六公斤，道道地地稱得上是個巨人。他曾殺死過十個人，手法殘忍，其中好些受害人都身首異處。那一次，雷斯勒跟坎培爾一共談了四個小時。在訪談快結束時，雷斯勒按了一下電鈴，通知警衛進來把他帶出去。不過，過了好一陣子，仍然不見警衛出現。大約十五分鐘過後，雷斯勒再按了一次電鈴，但警衛依舊沒有來。他又按了一次，還是沒用。坎培爾一定是看出了雷斯勒內心的擔心，因為從當時的錄音，我可以聽見坎培爾對他說：「不用緊張，他們在換班，也許是在用餐。大概再過十五、二十分鐘就會有人來帶你出去。」

坎培爾若有所思了一下子以後又說道：「如果我現在抓起狂來，你就麻煩大了。我可以把你的頭扭下來，放在桌上，再去招呼警衛。」

坎培爾說得沒錯，以他的體型，加上豐富的殺人經驗，假如他動手，雷斯勒真是連一絲活命的希望也沒有。坎培爾殺人成癖，卻被壓抑了那麼久，現在有一個活生生的人擺在他面前，他會不動心嗎？而且還是個知名的美國聯邦調查局探員。雷斯勒對坎培爾恐嚇的回答是：要是他敢殺一個聯邦人員的話，那他就會吃不完兜著走。不過，已經被判了七個終身監禁的坎培爾，對雷斯勒的話嗤之以鼻：「他們能把我怎樣，取消我看電視的特權？」

接下來的三十分鐘是一場心理角力賽，雷斯勒運用他高超的行為洞察力，搞得坎培爾手足無措。在他們的辯論過程中，坎培爾一度承認，如果他把雷斯勒殺掉，就會被關在禁閉室裡，而被關在禁閉室的滋味實在很不好受；不過，他立刻又補充說，如果那可以換一條聯邦人員的命的話，還是滿划得來的。

一開頭雷斯勒唬他說：「你不會真的以為我敢不帶防身武器就坐在這裡吧？」

但坎培爾對這一點比誰都要了解得清楚，「他們不會讓任何人帶槍進來這裡的。」這是事實。但雷斯勒又向他暗示，ＦＢＩ探員有別人所沒有的特權，而且，他能帶的武器也不見得只有槍一種。

坎培爾不吃他這一套：「難道你身上藏了一支會噴毒液的鋼筆不成？」他們就這樣你來我往的互相過招。終於，警衛來了。在被帶出密室的時候，坎培爾用一隻大手搭在雷斯勒的肩上說：「你知道我剛剛是開玩笑的，不是嗎？」不過坎培爾並不是在開玩笑，因為人類的恐懼正是他最喜歡的美食。

稍後這位跟我在密室會談的殺人犯，他追求的是關注與名聲這兩種回報。從他臉上淡色的鬍渣，可以看出他已經好幾天沒刮鬍子，他那略嫌稀疏的頭髮也是亂糟糟的。他一點也沒有坎培爾給人的那種壓迫感。他的樣子看起來更像是個忸妮不安的年輕人。如果他過著另一種生活（或者說他入獄前的生活），他會是個穿著白圍裙、在餐廳得來速旁打掃的清潔員；然而巴度就像他自己說的，是個「怪胎」。

巴度受審期間，起訴他的檢察官曾經找過我幫忙，所以我對巴度做過很全面的研究。因此今日一見，我一點都不覺得他陌生。感覺上，我就像是跟一個我在某本小說裡讀過的角色會面。我可以預期得到他大部分會說的話。儘管如此，他的態度仍有一點讓我略感到意外：他太像個一般人，而不像是個令人髮指的罪犯。

他殺蕾貝卡．謝佛時所憑藉的那股力量，現在已經消失得無影無蹤。他現在既沒有膽量威脅任何人，也不具有一雙令人不寒而慄的眼睛。事實上，他甚至不願直視我。他從我在法庭上講過的話，就已經很清楚我對他幹過的事做何感想。

打從被捕以後，他被問過的問題就多得數不清，為了避免他用公式化的態度對待我，這一次我決定讓他先開口。不過，這還得要有點耐性。有大約十五分鐘之久，我們雙方都一語不發，就這樣枯坐著。

安靜的房裡，偶而會出現遠方傳來的關門鏗鏘聲。唯有聲音是監獄中少數能自由漫步的物件之一；水泥牆將許許多多的東西隔絕在外，再將聲音帶到每個角落。

最後，巴度終於抬起頭，意味深長地打量我的臉。他開口了：「亞瑟．賈克遜請我代他傳話：他沒有忘記你。」（亞瑟．賈克遜〔Arthur Jackson〕是襲擊女演員泰瑞莎．索爾達娜〔Theresa Saldana〕的凶手；由於我在法庭做了對他不利的證詞，他揚言要讓我嘗嘗「在地獄裡被火燒的滋味」。）

「他也建議你去訪談他。」

「不急。」我答道。

「那你為什麼想跟我談？」

「因為我認為我會從你這裡有所收穫。」

「我也很希望能幫助別人避免遇上蕾貝卡遇上的同樣事情。」

他的用詞讓自己彷彿置身於這場謀殺事件之外，但我並不打算附和他。

「所以蕾貝卡遇上了什麼事情呢。聽你這樣說，好像她是死於單純意外。」

「不、不，是我殺了她。我射殺了她。我希望我能幫助別人不要再被像我這樣的人殺害。」

「聽你這樣說，好像你認為外面還有像你這樣的人。」

他好像對我問他答案這麼顯而易見的問題感到震驚。「當然。外面有……很多像我這樣的人。」

他在沉默了許久以後才又再度開口：「我不是個怪物。電視常常把我形容得很嚇人的樣子，我才不是那個樣子。」

我看著他，點了點頭。我跟他面對面已經三十分鐘了，但還沒有問過他半個問題。

「我以前確是個很嚇人的人，但現在不是了，當然。那些有關我的報導說著我怎麼殺了蕾貝卡，讓我看起來像個最糟糕的殺人犯。我才不是最糟糕的一個。」他很在乎他的公眾形象，很在乎他在他的同儕之間怎樣被定位。

暗殺的親密關係

巴度就像所有當代的暗殺者一樣，在行動前都會先做功課。他曾寫信給牢裡的馬克．查普曼，問他為什麼想殺約翰．藍儂。巴度告訴我：「如果他有試圖勸止我的話，我想我的情緒就不會成為脫韁野馬了。情緒是關鍵，失去平衡的情緒。情緒健康的人是不會起意傷害別人的。」

巴度還研究了所有關於亞瑟．賈克遜案他找得到的材料。賈克遜雇了一個私家偵探去打聽他獵物的住址，巴度有樣學樣。賈克遜用的凶器是刀，巴度有一次也試著帶刀去殺蕾貝卡（但沒有下手）。賈克遜千里迢迢地去追逐他的獵物，巴度也一樣。兩個乍看之下是住在不同大陸的人，到頭來原來就住在隔壁。

在數月前辯方律師為他攝製的一卷錄影帶裡面，巴度提到，他在動手殺蕾貝卡以前，曾查探過她有沒有什麼保護自己安全的措施，結論是什麼也沒有。對這一點，他的措辭是：「她看來沒有類似蓋文．德．貝克之類的人在保護。」連我這號人物他也知道（當時我還沒有參與他的案子），可見他對攻擊公眾人物這個範疇的事情了解得有多透徹。

不過，在接受我訪談的時候，巴度卻努力要跟其他的暗殺者撇清關係。現在，在他自己眼中，他與其說是個暗殺者，不如說是個反暗殺者：一個樂意幫助名人預防攻擊的人。當然，理由之一可能是因為他自己現在也是個名人。也許就是這個原因，他才會說出以下一番聽在別人耳裡會覺得很諷刺的話：「我贏得的名聲為我帶來了死亡恐嚇與騷擾。媒體有關我的報導都不盡不實，我完全無法控制它們對我個人隱私權的侵犯。他們把我的案子炒了又炒，好大撈一筆。它們所描繪的那個我，連我自己也沒有見過。」

他告訴我，他不喜歡新聞記者稱他為孤獨者。不過，依我看，那倒是個十分貼切的稱呼。巴度沒有朋友，也從沒有浪漫地吻過女孩子（大抵上可以確定他以後也不會有這個機會）。缺少健康的親密關係是很多暗殺者的共同特徵。約翰．辛克利沒有女朋友，亞瑟．賈克遜沒有女朋友，亞瑟．布雷默爾（Arthur Bremer）也沒有（暗殺總統候選人喬治．華萊士〔George Wallace〕的刺客）。

在準備行刺華萊士的幾周前，布雷默爾自知此去不是一命嗚呼就是老死獄中，所以想用召妓的方法，打破自己的處男之身。但他與妓女的床第之事顯然不太順利，事後布雷默爾在日記中寫道：「雖然我仍是個處男，但我感謝奧嘉，她讓我看了一眼那回事究竟是怎麼回事。」

說起來有點不可思議，但這確是事實：最讓暗殺者感到親密的關係，是他與他行刺對象之間的關係。透過跟蹤，他們對行刺對象的了解，比他們認識過的其他任何人都要來得深入；透過刺殺行為，暗殺者與被暗殺者成了共同完成一件事業的「合夥人」。布雷默爾最初選定的刺殺對象不是華萊士，而是尼克森。從布雷默爾的日記可以看出，在暗中尾隨尼克森穿州過省的沿途，他對尼克森的感覺一日比一日親近；他日記在最初提到尼克森的時候，都會稱他為「總統」，繼而改稱為「他」和「尼克森」，繼而改暱稱為「尼克斯」（Nixy），最後甚至改稱為「尼克斯男孩（Nixy-boy）」。

那些用刀行凶的人所感受到的親密感就更強烈了。這一點，我們從滿手血腥的殺人王傑克．亨利．愛伯（Jack Henry Abbott）的自傳《胸腹裡的野獸》（*In the Belly of the Beast*）裡可以略窺一二：對於其中一個謀殺對象，他寫道：「透過你插在對方身上的刀子，你感受得到對方生命的戰慄。那種感覺會把你整個人征服。謀殺行為雖然粗糙，但在它的中心部分，包含著最細膩的感受。」

一件說起來有點悲哀的事情是，唯一對巴度表示過好感的女性，就是死於他槍下的蕾貝卡，她還曾寄過一封措辭友善的信回覆巴度的來信：

巴度：在一張明信片的背後，她這樣寫：「羅伯，你的信是我收到過最美好、最真心實意的信。」她還在「真心實意」幾個字下面畫上線。在「請保重」三個字後面，她畫了一個心形圖案，然後簽上自己的名字「蕾貝卡」。由於她這樣寫，所以我很想找她問個清楚。

我：你對其他名人有什麼忠告呢？

巴度：寫信的時候下筆要謹慎。如果你是回一個影迷或歌迷的信，用語不要太熱烈。這不是對待一個影迷或歌迷的適當方法，那會讓他誤以為你把他當成是你的唯一，而那正是蕾貝卡的回信給我的感覺。它讓我覺得我是她的唯一。

就像其他有名的暗殺者一樣，巴度在選定蕾貝卡做下手對象以前，曾跟蹤過很多名人，其中還包括一個我的客戶，不過後來他嫌她太難接近而作罷。在放棄了我的客戶以後，他就把注意力鎖定了蕾貝卡。對一名暗殺者來說，重點是刺殺而不是對象，是目的而不是過程。

由於行刺的目標是可變換的，我便問巴度，名人採取什麼樣的安全預防措施會影響他的選擇？他說：「如果我從一篇文章中得知，我盯上的對象有保全人員或保鏢之類的話，我對她的觀感就會大為改變。我會站得遠遠的。我會覺得，在我對她的浪漫嚮往之前，存在著巨大障礙。」

雖然巴度想給我一種他渴望與蕾貝卡發生羅曼史的印象，但這不會是事實。他渴望的東西恰好相反：他渴望蕾貝卡拒絕他。因為只有這樣，他才有藉口做他想做了很久的事情：把自己對女性、對家人和對你我的巨大憤怒釋放出來。

當然，會在乎被一個完全陌生的陌生人拒絕，前提是得先在乎這位陌生人。巴度會這麼在乎，就是因為他迷戀著他每個不同的獵物。他現在雖然已經坐牢，不過他還是始終如一。他如今把目標對準兩個女性，一個是歌星，一個是他剛認識時仍未成名、但現在卻已大名鼎鼎的瑪西亞·克拉克：也就是那位把他送去坐牢的女檢察官。巴度在寫給我的一封信中說：「《每日新聞》專題介紹了瑪西亞·克拉克兩次……我從中獲益良多。我想知道我知道了些什麼，打開報紙的第二頁就一目了然。」報紙的第二頁是一張瑪西亞·克拉克和她家人背景資料的一覽表。

瑪西亞·克拉克起訴過一個跟蹤和殺害名人的老百姓（巴度），起訴過一個跟蹤和殺害老百姓的名人（辛普森）。在這媒體時代，她大概怎樣也料不到自己在成名之後，會反過來成為被跟蹤的對象。

媒體時代的暗殺者跟美國特有的偶像（崇拜）沒什麼不同：他們都是一群不怕死的（人）。如果你認識傳奇飛車特技車手艾維爾·尼福（Evel Kneivel），那肯定也能了解巴度。就像這群不怕死的人一樣，所有暗殺者的價值成就都來自於那一剎那間的舉動。對所有的英雄來說也是如此，只是暗殺者和這群不怕死的，他們並沒有像英雄一樣鼓起勇氣、面對緊急狀況的特質。相反地，他們還給他們自己製造了緊急狀況。

對這群不怕死的特技表演者來說，在峽谷另一頭等著的是他們迷戀的榮耀成就與名聲。媒體把這群人描繪成勇敢的英雄，但如果有人騎著漆得帥氣的特技摩托車、身穿閃亮的皮褲皮夾克、上了斜坡並召集媒體來採訪，而峽谷那頭一切都準備就緒時，卻宣布不幹了，瞬間他就不帥不特別了，還很沒用。從此他的名字就等同愚蠢，蠢到會跟怪咖聯想在一起，而不是英雄。如果他真的不飛越峽谷了，那是多麼不光彩的事啊。

布雷默爾還寫道：「我要的目標是個大人物，而不是個名不見經傳的人。我真的受夠寫這些東西了、受夠我以前要做的、受夠我辦不到、受夠一而再再而三的失敗。這實在太困擾我了，監獄裡現在有三十個威脅過總統的人，而我們卻連他們一丁點的事都不知道。」

看吧，這些暗殺者一點都不怕被關；**他們只怕失敗**，而巴度也沒什麼不同。他具備所有暗殺者所擁有的元素：研究其他暗殺者、研究下手目標、制定計畫、取得槍枝、寫封信好讓襲擊後能被找到。但就像所有不怕死的人一樣，他就像個在玩盒子裡的傑克*的人一樣，直到裡頭的玩偶跳起、直到裡面的齒輪彈飛、直到他殺了名人為止。所有的事情都伴隨著名聲，在峽谷另一頭等著他。以他自己的話來說就是：他終於跟這些名人「齊名」了。

當他找到蕾貝卡跟她見上面時，他就等於得到暗殺者證明書了，可在射殺她前還不能領獎。那時他才十四歲，他一直知道自己長大後要成為怎麼樣的人，所以之後就踏上了雷貝卡的公寓。巴度就是個職業暗殺者，受害者相對他的刺殺行為而言，反而不那麼重要。

暗殺者享有總統才有的待遇

有些人花了不少歲月追求英雄成就，但暗殺者則不。布雷默爾跟監尼克森期間在日記裡寫道：「我像引爆第一次世界大戰的導火線一樣重要**，我只要一個小小的開始再加一秒鐘。」這種自戀是每一個暗殺者身上的核心特徵，而且就像他們身上其他的特徵一樣，我們每個人或多或少也都有點自戀。在普立茲　得獎之作《拒絕死亡》（*The Denial of Death*）裡，恩斯特·貝克（Ernest Becker）告訴我們，自戀普遍存在於這世上。他還說，小孩這個有機體都在大聲宣誓他那自戀的天性。他們這份精采絕倫的自戀不能稱之為精神錯亂，而是在表達生物的核心想法：想站出來成為創造者。他也指出，每個人都在找尋生命中的英雄事蹟，再將它們加諸在他人身上，只不過，有些人表現得「像隻不會自我批評的狂犬，成天咆哮著要榮耀」。

然而，咆嘯著要榮耀的暗殺者，在他們發出攻擊前的單調日子裡，卻得不到任何回應。一個暗殺者有可能是個瘋子，有可能不是個正常人，但我們不能因此就宣稱無法理解他們的動機和目標。他們要的，其實是每一個美國人都想得到的東西：被重視和被肯定。小時候得不到別人肯定的人，長大以後就會循別的途徑把它們找出來。他們就像是已經餓了整整一輩子，卻希望透過一頓大餐就把所有的饑餓給補回來。

為什麼一些參加幫派的年輕人會樂意殺人，其實也可以由此獲得解釋。暴力是獲得肯定最迅捷的途徑。聽聽殺人王愛伯在他的自傳裡是怎樣說的：「每一個罪犯，當他們被人如同對待危險野獸一樣用鎖鏈綑起手腳時，都會不由自主地感到驕傲和興奮。在那一剎那，整個世界的目光都會落在我們身上。我們成了一個可以讓整個世界為之戰慄的人。」

恩斯特．貝克說過：「渴望成為英雄是很自然的，把這種渴望說出來是種誠實。如果一個人都能把他內心的這種渴望說出來，讓壓抑著的東西釋放出來，那它就有可能不會轉化成蹂躪社會的力量了。」

瞧，布雷默爾、辛克利和巴度不全都把他們的渴望說出來了嗎？但社會仍免不了遭到蹂躪。當初他們

---

* Jack in the Box，一種方盒玩具，側邊有個柄可以轉動，轉動的同時會像音樂盒般響起音樂，途中會有個玩偶突然從盒裡跳出來嚇人。盒子裡的傑克同時也是一間美國知名連鎖速食店名稱。

** 第一次世界大戰起因於奧地利王儲的遇刺事件。

每一個都希望能在好萊塢成就自己的嚮往，但最後都因為等不及而選擇了一條更快、更便捷的途徑。他們知道，只要一個自欺欺人的英勇行為、只要扣一下扳機，他們的名字就可以永遠跟一個名人相連在一起。

暗殺者共通的十項特徵

就像所有的努力一樣，暗殺會透過一定的規則和一個可供跳過的鐵環來達成，所以這些跡象都偵測得到；只要觀察留下路徑的鐵環，我們就能循線窺知一二。每一個暗殺者都會向他們的前輩學習。當我在研究巴度案的時候，他模仿辛克利的程度大得讓我吃驚。雖然巴度和辛克利都有著相似的童年經驗，但這一點仍不足以完全解釋他倆行動上的高度相似性。查普曼在前往行刺約翰．藍儂的旅途上，隨身帶著一本《麥田捕手》（*The Catcher in the Rye*）；辛克利前往行刺雷根總統的時候，依樣帶了一本；而巴度前往行刺蕾貝卡的時候，也依樣帶了一本。巴度告訴我，他在旅途上讀這本書，是為了「弄明白是什麼驅使查普曼去殺約翰．藍儂」。

請各位看看辛克利在行刺雷根總統以前做了些什麼事：

- 寫信給一位女明星。
- 寫歌。
- 在一家餐廳裡找了份工作。
- 讀《麥田捕手》。
- 做穿州過省的旅行。

・跟蹤最終目標以外的名人。
・旅行到好萊塢。
・寫日記。
・研究其他暗殺者的行徑。
・走訪位於紐約市的達科塔大廈（約翰・藍儂的遇害處）。
・研擬一次引人注目的暗殺行動。
・變賣所有財產。
・寫一封信好讓案發後被發現。
・坐巴士到發動攻擊的地點。
・攻擊前四處跟蹤最終目標。
・帶《麥田捕手》隨行。
・沒有在第一次機會來的時候就下手。
・在與行刺對象碰了一面後就離開現場。
・等半小時後再回頭行刺。

令人驚訝的是，巴度做了上面辛克利做過的每一件事。在他們兩人的行徑中，最少有三十項高度相似之處。暗殺的可預測性也從派克・迪亞茲的研究中獲得印證（第一位得到國家關注的心理社會學家，在辛克利案件中主要起訴的專家）。我在一九八二年出任司法部總統顧問委員會的委員時，提議進行一項研究恐嚇和跟蹤名人者的計畫，當時，選擇這個研究項目的專家就是迪亞茲博士。從這一次的研究，加上他的其他開拓性研究，迪亞茲博士歸納出現代暗殺者共通的十項特徵：

1. 顯示出若干程度的心智失常。
2. 曾對他的獵物進行種種研究。
3. 寫日記、札記或會留下其他文字記錄。
4. 買了武器。
5. 曾寫不妥的信件給一些公眾人物（不見得一定是他的行刺目標）。
6. 對自己的認知誇大不實及自戀。
7. 會從事漫無目的的旅遊。
8. 認同於某個暗殺者或跟蹤客。
9. 有能力躲過一般警衛的耳目。
10. 反覆嘗試接近某些公眾人物。

保護公眾人物時，我公司會著重在那些試圖殺害我客戶的人身上。當然，他們也有可能以其他方式傷害我的客戶，比如騷擾或跟蹤。我的同仁在評估一個個案時，考慮的「前事件指標」當然遠遠不只十個（多達一百五十個）。不過，如果你問我，要是只准我挑單一一項指標做為評估根據，我會挑哪一項的話，那我告訴你，我會挑「能力自信」這一項。所謂「能力自信」，是指一個人相信自己有能力將暗殺行動付諸實現。沒有這種自信的人，絕對不可能會起意暗殺別人。事實上，做任何事時，我們每個人在一開始就得相信自己多少有能力辦到。因此社會上最危險的問題莫過於，「你認為你能成功射殺總統嗎？」當然，一個起意暗殺總統的人絕不會老實回答這個問題，而且我們也很難有機會去問他這個問題；但在行刺這點，「能力自信」仍然是個顯著的前事件指標，所以這還是有辦法預測的。

如果一個人回答：「不，有那麼多的特勤局人員，又有那麼多的特殊安排，我想我連走近總統一英里的範圍內都做不到。」又如果他的回答是真心的話，這個人絕不可能會產生暗殺總統的念頭。當然，我們不能把「能力自信」視為一個永恆不變的標準，因為一個人有沒有「能力自信」，會受外在因素的影響而改變。

舉例來說，如果我不認為自己有能力從六十公尺高的懸崖跳水，我就不會去幹這樣的事。不過，教練卻有可能會改變我的想法。別人的鼓勵、鍛鍊、和難度慢慢提高的練習，都可以改變我對跳水的「能力自信」。不過，在影響一個人「能力自信」的各項變數中，最決定性的一項卻是：有沒有別人成功做過同樣的事。如果我看到人從阿卡普爾科（Acapulco）斷崖縱身跳入太平洋，而又安然無事，那我對自己做同樣事情的「能力自信」也必然會大增。

同樣地，那些攻擊名人的犯人沐浴在大量的媒體關注下，這就強化了有同樣念頭的人的「能力信心」。媒體的報導有如在告訴這些人：「瞧，那是可能辦到的。」難怪，每當出現了一件被廣為報導的名人遇襲事件之後，在接下來的一段時間裡，同類型事件的發生頻率總會大幅提高，這很合理，因為會一個鼓勵一個下去（福特總統遇刺後，名人遇襲事件在接下來兩星期發生了兩起；柯林頓總統遇刺後，名人遇襲事件在接下來六星期也發生了兩起）。

我們的社會，似乎在向人們傳送兩種自相矛盾的訊息：

1. 要成功攻擊一個公眾人物，幾乎是一件不可能的事。如果你幹了，即使你僥倖不死，你還是會被社會斥責、唾棄、鄙視。

2. 要成功攻擊一個公眾人物，是一件很容易的事。幹這種事送命的機率不但很低，它還會讓你成為國際注目的焦點。

名氣與榮耀是行刺名人的最大動力

我們討論的東西近似於一種廣告形式，有鑑於此，我認為在把名人遇襲事件呈現在公眾眼前時，應該用一種有別於現在的方式。執法人員喜歡在記者面前強調——也許是為了凸顯自己的功勞吧——他們逮到的罪犯有多麼危險、狡猾和火力強大：「調查人員在飯店房間內找到三把點四五口徑的手槍和兩百發子彈。由於歹徒是個訓練有素的神射手，所以我們在搜捕他的過程中險象環生。」

這樣形容一個罪犯，對考慮犯同樣罪案的人肯定是一大吸引。我建議，在向社會大眾介紹一個罪犯時，不要把他介紹得太光彩。試想一下，聯邦探員逮捕密謀行刺的犯人後所開的新聞記者會場景：

記者：你會把凶犯稱為一個孤獨者嗎？

聯邦探員：我認為更精確的形容是失敗者。

記者：你們在逮捕他的時候，他有試圖反抗嗎？

聯邦探員：沒有，我們發現他的時候，他躲在廁所裡——廁所的衣物籃子裡。

記者：如果你們今天沒逮到他的話，你認為他的暗殺計畫會有成功的可能嗎？

聯邦探員：我很懷疑。這個人從未成功做過任何事情。

在記者會上，聯邦探員應該盡可能把大眾的焦點從暗殺者本人轉移到逮到暗殺者的人員和特殊方法上面：

聯邦探員：我想向各位讚揚我們一個由八人組成的特別行動小組，拜他們積極的調查工作和應用新的科技之賜，才得以這麼迅速地逮捕犯人。

我建議不要讓攝影機拍攝打在飯店房間衣櫥上的彈孔，應該拍攝的是浴室地板上的髒內衣褲；不要讓攝影機拍攝十個聯邦探員押解暗殺者上直升機或汽車的場面，應該拍攝的是犯人穿著髒T恤、被手銬銬在一條灰暗的廊道裡，身邊只有一個警員看守的樣子。肯定不會有哪個認同暗殺者的人在看到這樣的畫面後會說：「對，那就是我追求的生活。」

可是我們現在的做法卻剛好相反。媒體喜歡向觀眾展示暗殺者在聯邦探員的戒護下，送上直升機的畫面，喜歡拍攝暗殺者小時候的老家，喜歡找武器專家在電視機前展示暗殺者所用武器的威力，喜歡把暗殺者的計畫形容為「周密」——所有這些做法，都增加了暗殺行為的榮耀性，以及其他追求媒體關注的犯罪（有聯邦探員戒護，有直升機等候，童年老家被拍攝——這些可全都是總統才有的待遇啊！）一個犯下驚人罪行的人被捕的那一天，應該是他被世人遺忘的開始，不應該是他成為大人物的開始。

但我們今天看到的卻剛好相反。奧克拉荷馬市大爆炸元凶提摩太・麥克維（Timothy McVeigh）被捕那一天，正是他成為大人物的開始。在他被捕的現場，媒體記者列隊等著他；在聯邦探員的簇擁下，他被送上一列車隊；到達某地點以後，又被轉送上由兩部直升機組成的機隊。大學炸彈客的風光程度也不輸麥克維，他的特寫照片登上了《時代》、《美國新聞及世界報導》和《新聞週刊》這些雜誌的面（《新聞週刊》還登了兩次）。這三本雜誌在內文裡都用了「天才」二字來形容他。

記者在提到暗殺者的姓名時，總喜歡稱他們的三字全名，像：馬克・大衛・查普曼；李・哈威・奧斯維德*；亞瑟・李察・賈克遜。這一來，電視機前面的觀眾還以為，在行凶前，別人大都是稱呼他們全名的呢。** 才不是，平常人們都只叫他們馬克、李和亞瑟。

我建議，就連提到他們的姓名時，都不要讓他們覺得自己特別受尊重。不要全稱一個囚犯為狄奧多・布賴恩特・史密斯（Theodore Bryant Smith），而是稱他為泰迪・史密斯（Ted Smith）。更理想的做法是看看他有沒有什麼綽號：

聯邦探員：他的名字是狄奧多・史密斯，不過大家都叫他胖哥泰迪（Chubby Ted）。

我們的文化塑造了很多理想形象，但沒有一個像暗殺者那麼聳動和光榮。一個暗殺者，只要他行刺成功（有時候失敗也可以），就可以躋身美國最顯赫的名人之列。與約翰・布思*** 同時代的美國人，能像他一樣在今天仍家喻戶曉的，寥寥可數。

電視台與暗殺者之間的悲劇共生關係，是可以理解的。暗殺者可以提供電視台一場很有看頭、具戲劇性的大秀。電視台愛怎麼講一個暗殺者都不用擔心被控毀謗。暗殺者的故事還有著每一個製作人都愛死了的特質：有延伸性。你訪問完暗殺者的鄰居以後，還可以訪問專家；訪問完專家以後，還可以去照暗殺者高中時代的畢業　念冊；接下來還有審判的戲碼，控辯雙方你來我往的過招固然劇力萬鈞、高潮迭起，等待判決結果的揭曉也同樣緊張刺激、扣人心弦。

問題是，如同黑人牙膏的廣告可以促銷黑人牙膏一樣，電視新聞對暗殺也可能會起著推波助瀾的效果。

犯罪學家亞瑟．麥克唐納（Arthur MacDonald）早在一九一一年就已經寫了以下的話：「危害最大的犯罪莫過於行刺統治者。」所以他建議：「報紙、雜誌、書刊，應該一律停止刊登暗殺者的名字（如果這些媒體不自動自發這麼做，就給他們定點輕罪）。這樣，暗殺者就不用指望可以透過行刺，得到名氣與榮耀。這些東西正是行刺背後的最大動力。」

如果麥克唐納知道我們的媒體是怎樣處理暗殺這一類新聞的話，他可能會覺得失望，但不會覺得驚訝。畢竟，即便在他的年代，媒體鋪天蓋地式的報導也早已蔚為風潮。一九一二年，有一個名叫約翰．史

---

* Lee Harvey Oswald，暗殺甘迺迪總統的人。

** 對美國人來說，稱呼全名是一種客氣而尊重的表示。

*** John Wilkes Booth，刺死林肯總統的凶手。

朗克的人在企圖暗殺羅斯福總統的時候被捕。審判期間，有電影公司的製作人表示願意為史朗克付保釋金，讓他拍一則關於他事跡的新聞短片，好在電影正片開始前播放。不過檢察官反對讓史朗克保釋出外拍電影，他向法官表示，他擔心「這樣一部影片可能會帶來反道德的效果。那會讓這個人變成英雄，而我不認為應該讓年輕人把他當成英雄來崇拜。」結果法官把保釋金大幅提高，讓製片商知難而退。雖然製片商沒能找得成史朗克自己來當主角，但他們還是找了別的人來扮演他。他們不知道，一種新的電影類型已經從他們的手上誕生了。

不討論預防暗殺的措施，任何對暗殺的討論都不能算是周延的。當然，要能預防暗殺，就得先知道有人有這樣的打算。不過這並不難。以巴度為例，在他行凶以前，就透露出非常多的警訊：在兩年間，他寄給蕾貝卡的信件多得不像話。巴度到攝影棚找過蕾貝卡好幾次，他第一次去找她的時候，還是警衛告訴他，蕾貝卡在哪一個錄影棚錄影的。誠如巴度自己所說：「（要接近蕾貝卡）真是簡單得不能再簡單。」

在巴度前往攝影棚的最後那一次，保安組長不讓他進去。巴度告訴對方，自己愛上了蕾貝卡，而且是從亞利桑那州遠道而來看她的。但保安組長說蕾貝卡不想見他；說完這個，保安組長還親自開車，把巴度載回汽車旅館。儘管一切都已昭然若揭，但保安組長還是沒看出，這位兩年來單相思的男性千里迢迢搭巴士來見蕾貝卡的舉動，已經干擾到了蕾貝卡。

在蕾貝卡遇害後，保安組長向記者解釋說：「我以為他只不過又是另一個單相思的影迷。像這一類要硬闖的影迷，我們一年會碰到上百個。」在保安組長看來，他對待巴度的方式，不過是一種對待癡心影迷的「標準程序」，但對巴度來說，事情卻沒有那麼簡單。

巴度：我在攝影棚的入口和警衛發生了爭執。我把我對他們的不滿移轉到了蕾貝卡身上。

我：你是什麼感覺？

巴度：憤怒，極度憤怒，因為他們說：「不，你不能進去。出去，離開這地方。」他們說：「她對你沒興趣，她不想被騷擾。」我覺得，這種話她應該和我單獨相處時再跟我說。

我：可是話不是她說的，不是嗎？

巴度：我知道，但我卻覺得話是她說的。我感覺得出來，那是她心裡要說的話。

保安組長還對記者表示：「他堅持要進攝影棚堅持得可怕。他反覆喊『蕾貝卡．謝佛』，又反覆說『我一定要見她，我愛她』，這傢伙的腦子肯定有問題。我看得出他有點不正常，但看不出他是個危險人物。」

這位保安組長最後還不忘補充一句：「我還能做些什麼呢？」當然，在場不會有哪個記者會認為這是個可以回答的問題。

不過這個問題是可以回答的，而且就在蕾貝卡遇害的兩星期後有了答案。這件事情我得從頭說起。話說有位女演員，因為常常被一個陌生男子（我姑且叫他史蒂芬．詹諾夫）騷擾，便來向我們求教。在經過評估後，我們認為詹諾夫不太可能會對我們這位客戶做出什麼危害的舉動，不過，我們倒是認為他對跟她同一個電視節目演出的另一位女演員是個威脅。我們把這個情形知會了那位女演員，而警察和攝影棚的警衛也先後警告詹諾夫，叫他別亂來。他們以為，這樣就可以讓詹諾夫罷手。事情當然不會那麼簡單。

大約一年後，那位女演員參加了一齣舞台劇的彩排。有一次，她在劇院門外看到了一個人，不知道為什麼，她總覺得對方就是當初我們要她小心的那個人。她立刻打電話給我們。問了一些問題以後，我們證實對方就是詹諾夫。

女演員和她的經紀人向我們詢問對策。我們派了一個貼身保鏢給她；除了教她以後到劇院排戲不要再從正門出入以外，我們還教了她其他一些不會被詹諾夫找著、碰上的方法。我們也把詹諾夫的照片給了售票處的職員，而女演員也用了好幾個我們教她的對策來降低碰見詹諾夫的機會。

詹諾夫為了接近女演員，一共埋伏了五天，但由於她的防範措施做得十分周密，他一直找不到接近的機會。他買了一張舞台劇首演當晚的入場券，不過他沒耐性等到那個時間。一天下午，他直接向劇院的售票處走去。售票處的職員認出了他是誰，立刻打了電話報警。詹諾夫拿出一把槍來，要求見女演員。售票處的職員猜想他槍裡沒有子彈，於是拔腿就跑。詹諾夫轉而把槍口對著自己，宣稱假如女演員不出來，他就要扣扳機自殺。在與警察經過四小時的僵持後，他終於被制伏。

事後才知道，詹諾夫手上的槍是裝滿子彈的。後來警方還在他的飯店房間內搜出了大批新買的武器。

主辦單位不會漏了門票，卻讓凶器安然入場

詹諾夫的個案顯示出，娛樂界對旗下藝人安全問題的重視已遠勝從前。如今，很多經紀人公司、製片廠和管理公司都會請專家為他們旗下藝人所收到的不妥信件或受到的不當造訪做例行性的危險評估。有別於蕾貝卡遇害那時的情形。現在，演藝圈的人士對行為過當的追逐者的警戒心已大為加強。由於各種防範措施改進得宜，近幾年狂徒成功行刺藝人的事例已大為減少。

相較之下，職業運動員就沒有演藝圈的人物那樣好的福氣了——令我產生這種感慨的人是網球球后莫

妮卡・莎莉絲（Monica Seles）。儘管這肯定不會是最後一件運動明星攻擊案，但只要多努力一點，這就會是最後一個因疏忽才引起的案件。

在談莎莉絲以前，我想先提一個不只會危害名人、而且也會危害你我的謬見。這個謬見就是：暴力是無法預防的。甘迺迪總統在一次講話中談到，暗殺總統是一件完全無法預防的事情，還說：「任何人，只要他願意，都可以用自己一命來換總統一命。」這是一句漂亮的名言，只可惜是錯的。事實上，暗殺不只可以預防，而且預防成功的次數還遠高於行刺成功的次數。暗殺者所處的位置雖然比他的目標物要來得有利一點點，但他所面對的不利因素也不在少數。讓他出紕漏的可能有千百個，但讓他成功的可能只有一個。暗殺不是一種可以反覆演練的犯罪，行凶者只有一次機會。

就像甘迺迪總統一樣，許多平民百姓對自身的安全問題也是採取一種要命的態度（例如「入屋行劫是一件完全無法防範的事情，如果歹徒下定決心，他就總有辦法進得了你家」），也常常有各種不採取合理防範的託辭。沒有錯，任何防範措施都制止不了一個有決心的歹徒，但沒有防範措施卻連一個沒決心的歹徒也可以向我們予取予求。沒錯，犯罪確實很難阻止，但毫無作為卻讓我們連在未遂犯面前都顯得脆弱。

現在讓我們回到莎莉絲的事情來。每個人都知道，當莎莉絲在歐洲公開亮相的時候，身邊都絕對少不了保鏢，因為，她雖然只是個單純的運動員，卻無辜地被捲入了當時歐洲最嚴重的政治紛爭中：塞爾維亞人與克羅埃西亞人的衝突。她在歐洲出賽的時候，碰到反對她的示威活動是家常便飯的事。＊

＊莎莉絲是塞爾維亞裔美國人，在遇襲之前，她是世界排名第一的女網球員。遇襲後，她受到極度驚嚇，不願再參加任何比賽，直到兩年後才再度復出。

當莎莉絲一九九三年參加在德國舉行的ＰＧＡ錦標賽時，她像往常一樣，有兩個保鏢環伺保護。她一抵達球場，這位史上最璀璨的運動員就被捅了一刀，傷勢嚴重地躺在血泊中。這件駭人聽聞的攻擊事件讓人百思不解的一點是：明明有兩個保鏢在場，而凶徒均特．帕爾沙（Günter Parche）用的又是再容易防範不過的行刺方法，為什麼他仍然可以得手？

從曼弗雷德——莎莉絲的保鏢之一——回答警方問話的開場白中，我們就可以意識到上述問題的答案所在：「我是一個電信工作人員。我在一家私人保鏢公司兼職，負責在網球場當保鏢。」

一個網球明星當然有理由會認為，主辦單位派來保護她的，一定是最專業和訓練有素的保鏢；她也當然有理由會認為，她保鏢一定會考慮過各種的可能狀況，而且都事先想好了對策。試問，她又怎麼能想得到，主辦單位派來保護她的，竟是兩個不及格的臨時工？我想，莎莉絲明白到這一點的時候，大概是凶徒把刀子從她背上拔出，準備再度刺下的那一剎那吧？

莎莉絲的另一名保鏢亨利在答警方問話時，用的也是跟曼弗雷德類似的、令人失望的開場白：「我是一個漢堡碼頭的裝貨工人，在網球場從事保安工作是我的副業。在這次比賽中，我的任務是伴在莫妮卡．莎莉絲身邊保護她。」

不過令人驚異的是，曼弗雷德和亨利兩人都異口同聲表示，在事發以前，他們都有留意過均特．帕爾沙。亨利表示：「不知道應該稱那為第六感還是什麼，我事前真的有注意到他。有什麼東西告訴我，那傢伙哪裡不對勁。與其說他是在走路，不如說他是在搖晃。我無法解釋得更詳細。那傢伙讓我有一種不自在的感覺，至於為什麼，我說過，我實在解釋不出來。」

雖然他的直覺已經把暗殺者給鎖定了，但「無法解釋」四個字卻讓他與暗殺者失之交臂。

亨利沒有把他的擔心告訴任何人，相反地，他放下了手上的咖啡杯（瞧，他在執勤時還拿著咖啡），打算去做些什麼別的事情。不過，在他還沒有走出兩三步，攻擊事件就已經發生——並隨之結束了。

責怪曼弗雷德和亨利也許有欠公允，因為保護別人本來就不是他們的專長——不過這正是我要說的重點。

莎莉絲有幸從受傷中復原，不過，主辦單位並沒有從這次經驗中吸取教訓；相反地，他們開始散布一個不實的觀念：這一類攻擊是無法防範的。在被CNN的記者問到為什麼不在球場入口裝設金屬偵測器的時候，主辦人哲里．戴蒙德表示：「如果是一個封閉性的場所，例如有牆壁、上蓋或天花板的地方，對，金屬偵測器可以發揮作用。不過，金屬偵測器阻止不了一個下定決心大幹一票的人。莎莉絲在德國遇刺的事，讓我們主辦單位蒙受了巨額損失，所以我們得自私地試著把我們的安全擺在第一位。」

戴蒙德說，因為有些場館是開放式空間，沒有牆面也沒有天花板，所以安檢在網球場起不了什麼作用，也沒什麼意義。聽到有人會用這麼自信的口吻對攸關生死的問題信口胡謅，讓我火冒三丈。戴蒙德先生稍後還把在網球場裝設金屬偵測器之舉稱為是「可笑的」，而我肯定，戴蒙德先生的整個職涯中都在不遺餘力地去搞清楚觀眾有沒有帶另一樣比武器更小的東西進場：門票。

我猜想，他大概不知道，現在很多電視節目的錄影現場，都已經採用了金屬偵測器的檢查措施。為什麼？因為他們不願看到一個身懷武器的狂徒有接近一個電視明星的機會，不願看到類似莎莉絲的遇襲事件重演。有了金屬偵測器，你就不用擔心觀眾腦子裡想些什麼，因為你已經知道了他們口袋或包包裡帶的是什麼。

金屬偵測器既然適用於法院、飛機場、電視錄影棚、市政廳、音樂會、高中，甚至舉行超級盃美式足球的場地（這也沒天花板啊），我就不明白它為什麼不適用於網球場。當然，我可以體諒戴蒙德先生為什麼要堅稱網球場的攻擊事件是無法防範的；因為那樣子的話，他和其他的球賽主辦人就沒有責任去採取任何的防範措施了。

網球單位的另一個發言人在回答記者問題時表示，要把網球賽的保安措施規範化，是一件窒礙難行的事，因為網球錦標賽的舉行地點遍及全世界。這就奇了，網球比賽中所使用的球，不管在任何地方，不是一律規定：從二點五公尺高往下扔的話，一定要能反彈至一三五至一四七公分高嗎？不管是哪個國家，比賽用的球場，不是一律規定為二十三點八公尺長、八點二公尺寬嗎？發球落點區的距離，不是一律規定在離網到發球線的距離在六點四公尺之內嗎？這些事情可以規範化，為什麼安全措施就不能規範化呢？哦，我知道為什麼了：因為那樣一來，網球單位就又多一件麻煩事要做了！

在莎莉絲遇襲事件發生後，女子網協對外宣稱，他們已經加強了球場的安全措施，問題是，他們並沒有要求球賽主辦單位做兩件顯而易見的必要之事：一是用金屬偵測器檢查每一位入場的觀眾，二是（像冰上曲棍球賽那樣）在觀眾席與球場之間設置透明的塑膠圍籬。在有關安全措施的問題上，只做輕微的改善比不做任何改善還來得糟糕（這一點同樣適用於一般人），因為它會讓人誤以為安全已經有所保障，從而放鬆了警戒心。半吊子的改善對誰都不會有好處——除了行凶者例外。

暗殺是暗殺者和電視媒體共同經營的事業

在一般人的印象中，會糾纏名人的狂徒少之又少，但事實剛好相反。迄今為止，單是我辦公室處理過的這一類個案，就超過兩萬件（其中只有百分之〇．二五後來會向社會大眾披露）。好幾位客戶每周都會收到高達一萬封以上的信件，有些已符合我們公司「威脅評估管理」（TAM，Threat Assessment and Management）部處理的標準了。死亡恐嚇、跟蹤、稀奇古怪的要求、無休止的追逐——那全是我們美國生活的一部分。我的工作讓我接觸到隱藏在美國文化底層的一個世界，這個世界，雖然大部分民眾都知覺不到它的存在，但它的存在卻是一個鐵一般的事實。以下的事例，取樣自我在某兩年中經辦過的個案：

- 一個女的寫了超過六千封死亡恐嚇信給我一個客戶，原因是他「娶了一個不恰當的女人當太太」。
- 一個男的寄了一頭死的小狼給我的一名客戶，他說，他殺牠是因為「牠跟她一樣漂亮」。
- 一個男的每天都會寄幾封信給一個女演員，妄想能跟她發生羅曼史。他一星期七天中會有六天步行至離家一英里外的郵局，看看對方有沒有回他的信。在八年內，他寄出的信一共超過一萬兩千封，其中一封還附有一張照片，上面寫著：「妳找得出來藏在照片裡的一把槍嗎？」當那男的出現在女演員家門前的時候，我們已經在那裡恭候他多時了。
- 一個妄想著成名的男人在剃掉自己一道眉毛、半邊頭髮和半邊鬍鬚之後，就穿州過省，想去找一個著名男演員的麻煩。到達該男演員居住的城市之後，他做的第一件事情就是到運動用品店買了一把來福槍和一個瞄準器。我們在男演員出席一個重大公眾場合的前一個晚上逮捕了那傢伙。當我跟他面談的時候，他告訴我：「誰殺了凱撒，都會成為大人物。」
- 一個男的寄了一張圖片給一位紅歌星，上面畫了顆被一把刀子穿過的心。六個月後，那男的出現在女歌星的家門前，說是要「為她唱一首小夜曲，把她接去即將來臨的王國」。

還有一些罪犯受到妄想症（妄想對象是名人）的影響，而犯下駭人聽聞的案件：

・一個男的用刀子攻擊一個少女：他把對方當成是自己魂縈夢牽的一個名模。
・一個少女殺了自己雙親，她說是某個大明星指示她那樣做的。
・一個名叫雷爾夫・諾的傢伙曾先後對四個有名的女性（剛好全是我們的客戶）心懷不軌。他認為當中有一位不是本人而是別人惡意冒名頂替，所以特別專注她。他殺了一條狗，把牠的牙齒寄給了她們四位的其中之一（她是個女歌手）。之後他就移動了超過三千公里去找她（他知道那名「冒名者」住哪卻沒去那）。有一次，這位女歌手舉辦演唱會，他也買了入場券入場；當時他所不知道的是，坐在他前後左右的，全是我公司的威脅評估管理人員。我和同仁一直研究，要怎樣才能把他給關起來或送進醫院。但他後來又回到了原來的工作崗位，再也沒觸法。雖然他殺過一條狗，但因為他工作的地點是一家獸醫院，所以，單憑這一點仍然不足以入他的罪。他回老家之後，我們每天嚴密監控他長達三年。我知會他父親，在他所寫的六百封信裡面，有跡象顯示他有可能會危害家人。沒幾個月，他就用斧頭劈死了同父異母的弟弟，原因是他弟弟妨礙他看電視：當時出現在電視上的，正是我們那位女歌手客戶；他認為，她正在電視上向他傳達訊息（雖然他承認了謀殺，但卻技巧地卸除了刑責。他被關進一家精神病院。每隔幾個月，他都會向法庭申請釋放一次，所以每隔幾個月，我們都得到法庭去對他做不利的證供一次）。

威脅評估管理部所處理的案件數量，多到就像一條工廠的流水線一樣，得按程序處理眾多即瘋狂又危險的事。因此，為了確保預測的準確性，一直以來我都很留心要在保護者與糾纏者之間維持著人性的關聯。負責評估的員工會將每個案件的紀錄放在一起。當我們開始談論受評估者後，就將這些紀錄整理為「簡介」。本書中出現的某些專業術語，就是從這些處理過程當中建立起來的。例如，那些相信自己就是彌賽亞（Messiah）、《星艦迷航記》中的寇克艦長（Captain Kirk）或瑪麗蓮・夢露（Marilyn Monroe）的人，我們會把他歸類為「認同妄想」（DEL-ID, delusions of identity）。相信自己或娶或嫁給我們客戶的人，我們稱之為「配偶妄想」（SPOUSE-DEL, pousal delusion）。認為自己的行為受到神或某種聲音還是腦內某種設備指引的人，我們叫「外部控制缺乏」（OUTCON, short for Outside Control）。

以前總擔心這類術語會為我們的評估帶來去人性化和去個人化的效果，但隨著遇到越多的糾纏者，就越能了解他們精神上的痛苦以及他們的家庭悲劇，所以這種擔憂就漸漸消失了。他們的生活像被鐵鍊鍊住般不斷地受到影響，諸如警察上門、入院治療，以及被幻想中的敵人無止盡地追逐、覺得被所愛之人背叛，焦躁使得他們不斷地搬到一個又一個新的地方，僅留下孤獨與之相伴。

我的辦公室絕不會讓我們的評估工作偏離人性太遠。我們無法忘記那位逃離精神病院、寄訣別信給所愛的名人之後自殺的青年。也無法忘記那些殺了人之後，又被媒體推波助瀾的罪犯。最重要的是，我們無法也不會忘記那些試圖傷害我顧客的人。

為了尋求關注與自我肯定，暗殺者必須去找「有多餘自我肯定可以出讓的人：名人」（派克・迪亞茲語）。暗殺者明白，在美國，只要有名人被殺或差點被殺，對媒體來說都是件了不得的大事。搶在出事現場報導的記者和攝影師多得擠破頭，而他們也一律會告訴你，他們正在為你報導的暗殺事件是件「無法理解」的事情。

不過，如果我們能改從暗殺者本身的眼光去看事情，就會發現，暗殺並不是一件無法理解的事情。新聞記者本身就是暗殺事件意義的一部分。電視媒體花數百萬美元去拍攝總統出入汽車或直升機的每一個鏡頭，這些做法也是暗殺事件意義的一部分。有些人把這稱為「暗殺觀察」。電子媒體顯然認為，花再多的人力、器材、金錢去報導總統的一言一行都是值得的，因為，一旦什麼時候有一聲冷槍響起，那一切的投資都將會獲得回收。說起來，暗殺是暗殺者和電視媒體共同經營的事業，每隔若干年，他們總要從中回收利潤一次。

各位知道亞瑟．布雷默爾為什麼原擬刺殺尼克森總統，後來卻改變主意，把行刺的目標改為總統候選人華萊士嗎？說起來，他權衡問題的方式可以媲美一名統帥大軍的將領。布雷默爾在他的札記中（他打算在成名後出版這本札記）如此寫道：「如果有什麼大事影響了越戰的現狀，只怕我出現在電視新聞網的時間不會超過三分鐘。」＊

這些看似無意義的行為，都有其箇中道理。

＊這句話的意思是，布雷默爾擔心刺死尼克森會對越戰的前景構成影響，屆時媒體的焦點有可能會落在越戰的問題上。

第14章——窮凶惡極的裴里

「安全必須反求諸己，靠自己的雙手來實現。」

——威廉．華茲渥斯（William Wordsworth），詩人

我們每個人一生之中多少都會碰過恐嚇或意圖傷害我們的人，但公眾人物所碰到的威脅者——正如各位剛才已經看到——卻千百倍於一般人。在公眾人物的威脅者當中（我講的不包含他們的支持者），有自以為是受神差遣去傷害某某名人的人，有自以為命中注定要跟某某明星結婚的人，有的以為某些媒體人物正被挾持，千奇百怪不一而足。從這些個案裡，我們可以學到的東西很多。以下，我想借一件個案來證明，即使是最凶險的威脅，也不是無法駕馭的。

迄今為止，本書已經探討過死纏爛打、死亡恐嚇、跟蹤、精神疾病、虐待兒童、持槍濫射和弒親等議題，但我以下要提的個案，卻集上述眾多成分於一身，堪稱是美國暴力的集大成之作。

一九八三年七月二十日當天下午大約四點，我人在洛杉磯一家大飯店內，正準備跟一個剛出席完公開場合的客戶會面（我公司受委託保護他），當我走過飯店大廳時，一個我公司的保安人員向我招手。他告訴我，從公司那邊來了一通緊急無線電，請我立刻上車去接聽。走到停車地點的時候，我一如往常那樣看到我公司的車隊排成一列，候在那裡；每輛車上的司機都如箭在弦，隨時準備好在出現突發狀況時飛速上

路。

無線電傳來了一個很駭人的消息：「路易斯安那州詹寧斯郡的警方發現了五具被用殘忍手法殺害的屍體，頭號嫌疑犯是麥克．裴里（Michael Perry）。」這個消息將占用掉我接下來三十天的全部時間。

他朝父母雙眼開槍，他的死亡名單共有十人

這不是我第一次聽到麥克．裴里這個名字。他是數以千計我們受託評估其危險性的糾纏者之一，也是極少數我們會列入最危險範疇的人物之一。這通無線電對我而言有著切身的關係，因為裴里在糾纏的那位女名人，不只是我的長期客戶，也是我極要好的朋友。

我這位好友是一位國際知名的影歌星。過去一年來，我們有一組保安人員日夜駐守她家裡。之所以要動用到全天候的保鏢，除了是我們預期裴里總有一天會找上門以外，也是為了防範另一個同樣危險的癡心客（雷爾夫．諾）。駐守在加州馬里布市客戶家的保鑣和公司內部員工透過無線電在做著簡報。公司的威脅評估管理部也與警方和聯邦調查局的官員談過。

媒體名人受騷擾的事情極其普遍，而通常在深入了解一件個案後，我們都會發現事情沒有想像中嚴重。但麥克．裴里的情形卻完全相反。詹寧斯郡的謀殺案發以後，我的一位同仁立刻把裴里的檔案調出來重讀，另一位則向詹寧斯郡警方索取更多資料。

平常我並不會跟客戶討論例行性的安全議題，也要警察別與客戶談論特定的案件，除非客戶他們有什麼個人理由想知道。但當時，裴里的狀況已經到了該跟客戶談談的時候了：那時裴里已迷戀我這位客戶整整兩年。期間他這位老手為了追她，已往返洛杉磯好幾趟了。裴里的父母也在被謀殺對象之列。警方清查

後發現，裘里父母家遺失了一把高殺傷力的來福槍和最少兩把手槍。從案發到我接到消息這段時間，裘里要是有上洛杉磯來的打算，時間綽綽有餘。甚至最近，裘里才向他的心理醫師表示過，我的那位好友「是個邪惡的人，應該被殺掉」。

我本來只打算知會我的好友多小心，不過，在收到一項最新的報告後，我改變了主意。儘管客戶一直以來都面臨著嚴重威脅，但從裘里留在謀殺現場的一張紙，我仍做了一個我從未做過的決定。我打電話給我的好友，要她趕快簡單收拾收拾，說我會在一個半小時以後到她家，接她到一家飯店暫住。我現在已不再認為我們在她家裡保護得了她——就算配置了一組保鏢也不行。

在我到達她位於馬里布（Malibu）的寓所的時候，警察已經封鎖了四周街道，上空也有直升機在盤旋。沒幾分鐘，我朋友就上了我的車子，焦急地問這問那。在另一輛車子護送下，我的車子朝一家飯店疾馳而去。早已有另兩名我公司的人員在飯店候著。我們從起卸貨區的出入口進入飯店，然後利用貨梯上樓。我們把位於她套房附近的一個房間改裝為指揮中心。

我派去路易斯安那的兩位同仁在案發第二天早上抵達現場，當時屍體都已經被搬走。不過，單從警方所拍的照片，就可以看出這樁謀殺案有多血腥：裘里射殺他父母的時候，是正對著他們的眼睛開槍。他還殺了同屋中一個尚在襁褓中的侄兒；然後，他闖入另一間房子，殺了另外兩個人。

在他父母房子的起居室內，裘里朝壁爐射了好幾發子彈。他為什麼要朝壁爐開槍，又為什麼要朝被害人的眼睛開槍，都頗耐人尋味。不過，最引起我們注意的，還是一本小本子。

警方在屍體附近發現了一本乾洗店送給客人當贈品的小本子。小本子的第一頁密密麻麻寫了一堆名字，這些名字，有些在被劃掉以後又重寫，有些則被用線跟另一個名字連接，有些被圈起來，有些在底下畫了線；有些歸在同一欄，另一些則三四個歸成一堆。裴里這樣塗塗寫寫，是為了挑出十個他決定要殺的人。這些人有幾個住在路易斯安那，有一個住在德克薩斯，有一個住在華盛頓，有一個住在馬里布（這是我們最關心的一個）。名單上的人大概做夢也想不到他們彼此之間竟是裴里那詭異競賽場上競死的敵人，也想不到遠在路易斯安那一間又小又髒的房子內，會有一個人坐在三具屍體的旁邊，冷靜而勤奮地衡量應該是讓他們生還是讓他們死。

裴里在他已殺掉的人的名字旁邊寫下「升天」二字，並把不夠資格進入前十名的名字劃掉。但他沒有劃掉我好友的名字。我非找到他不可。

他的這份名單將我們帶進了泥濘不堪的沼澤。在接下來幾個星期，我細心研究了裴里的個人歷史。透過各種資料，我認識了他的親人和鄰居，認識了他那位精神分裂的姊姊，認識了那位裴里告訴他自己要殺「一組十個人」的醫生，認識了一位驗屍官，他把犯案現場找到的裴里鞋印打成石膏用聯邦快遞寄給我們，認識了那個告訴我們裴里把他的狗斬首的鄰居小男孩，認識了那個借裴里有關求生術書籍的圖書館員，而裴里就是看了這本書才難以被逮捕。一言以蔽之，我成了比任何一個想要捉裴里的人都更了解他的人。

迴避嚴厲監視的眼睛，憎惡有權力的女性

在我們派往詹寧斯郡的兩名同仁展開忙碌的第二天的同時，我的朋友也在我們人員的戒護下，離開了飯店，轉往一棟租來的、位於在州界外的房子暫住。我們還派員前往內華達州、德克薩斯州、華盛頓、紐約，甚至非洲，追查線索。詹寧斯郡小小的郡治安官辦公室把僅有的三名調查員全投入到裴里案的偵查

上，而我的公司更另外加派了十四名人手。

裴里的父母早有預感自己有朝一日會死於兒子之手。每次裴里回到鎮上，她母親都會把自己鎖在屋子裡，而除非丈夫在家，否則絕不讓兒子踏進家門半步。他們把家裡的槍全藏了起來；而每當裴里伸手向他們要路費時（前往加州窺探我朋友的路費），他們都樂得給他錢，因為，只有在裴里遠行的時候，他們才有安穩的覺可睡。我們不確知裴里從什麼時候開始憤恨地孤立起自己，不過，據推斷有可能是在他七歲那一年。當年，小裴里曾被母親推向壁爐——他腿上那塊醜陋而不光彩的燒傷疤痕至今還每天提醒著他這件事情。壁爐上那來得又小又遲的彈痕，就是裴里等了二十多年的復仇。

裴里成長過程中發生的大小事總是四處流傳，以至於到後來，鄰居都懶得再費心去猜他為什麼又會有某項驚人之舉。例如，他喜歡人家用他的外號「螃蟹」來稱呼他，但他後來又雇了個律師，幫他把名字正式改為「眼睛」。大家以為這不過是他無數不可理喻的行為之外又添一樁罷了，但其實他這樣做，是有原因的。裴里不是唯一一個會被下班後的爸爸質問這天有沒有犯什麼錯的六歲孩子，像是騎腳踏車上街之類的。但他可能是唯一一個會被父親知道所有惡行的孩子——有個女鄰居答應為他注意小裴里的一舉一動。裴里的父親曾對他說：「我上班的時候，會把眼睛留在家裡。」裴里花了二十八年的時間去迴避眼睛的窺探，他甚至想透過象徵的方式（改名字）讓自己也變成一雙眼睛。終於，在一九八三年的七月十九日，他下定決心讓父親的雙眼永遠闔上。

裴里家的房子蓋在離地一隻腳高的支架上，可以想見，小裴里一定也會像很多擔心床底下藏著什麼恐怖東西的孩子一樣，擔心屋底下會不會藏著什麼異物。但裴里和其他小孩的不同之處是，他的恐懼並沒有隨著年歲的增長而緩解，即使長大以後，他仍然常常錯覺有死屍忽然從房間地板下冒出來。

既然裴里的諸多問題都源起於他自己的家，那他的心思為什麼又會盤桓到一個遠在一千五百英里外的女名人身上呢？為什麼他會認為殺了她，自己就可以獲得心靈的平靜呢？

列名裴里謀殺清單內的另一位著名女性是珊卓拉・歐康諾（Sandra Day O'Comor），她近期才被任命為最高法院大法官。為什麼她會引起裴里的注意呢？據裴里後來的解釋是：「沒有女人應該爬到男人的頭上去。」

裴里對有權力的女人並不陌生；就像大部分小孩一樣，從小養大他的，就是世界上最有權力的女人：母親。但裴里卻覺得他母親濫用了自己的權力，他對這種權力的恨把他整個人銷蝕殆盡；雖然裴里腿上的燒傷早已癒合，但他依然用繃帶貼住傷疤，不願被人看見。有一次，裴里從馬里布回家以後，痛打了母親一頓。郡警把他抓了起來，還把他送入了精神病院。但他很快就逃了出來，跑回到母親家裡去。郡警上他母親家找他，但他母親卻說什麼都不讓他們進屋把裴里帶走。郡警很堅持，但她更堅持，最後他們讓了步。裴里的母親大概不會料到，郡警下次再來，那位盛氣凌人的女性已經死了。

社會學家華特・芮斯勒（Walt Risler）是暴力預測領域的先驅人物，他擔任我公司的全職顧問已經超過十年。案發當天，他就立刻起程前往路易斯安那。他在路易斯安那拜訪了裴里的親戚，研究了裴里寫的東西，還研究了一些其他的證據。對芮斯勒來說，凌亂無章的謀殺現場正是他最如魚得水的地方。在裴里父母家起居室的一個嬰兒床裡，芮斯勒發現了裴里所疊起來的一堆雜物：一個十字架、一個枕頭、三張正面朝下的家庭照、一幅聖母瑪利亞的掛像，還有一隻陶蟹。在芮斯勒看到這堆東西以前，裴里是唯一明白它箇中意義的人。

守株待兔，意外獵物入網

有充分的理由叫人相信，裘里現在可能在路易斯安那追捕名單上的人、在華盛頓跟蹤歐康諾大法官，以及在馬里布，以上三個地方的其中之一（或在通往這些地方的路上）。要是他在馬里布，他就大有可能是躲在我好友家背後方圓幾千英畝的荒原內。要斷定他是不是打算做出什麼駭人之舉並不困難，我們在案發前就這麼評估了；難推斷的是，他打算用什麼方法逼近他的獵物，以及他有多少伺機而動的耐心。

某晚深夜，當我坐在辦公室的書桌前，重新審視（已經不下百次）跟本案有關的種種資料時，有一份報告內容引起了我的注意。上頭提到，詹寧斯郡的圖書館遺失了一本由捕獵專家湯姆．布朗所寫的書；還提到，裘里以前在這家圖書館借過另一本湯姆．布朗（Tom Brown）的著作《搜尋》（*The Search*）。會不會裘里他用書上的知識來躲避追查時，其實就祕密住在我好友家後方的丘陵裡？會不會他可能離我們走的小路才幾公尺遠，而我們就這麼走過他身旁卻沒注意到？這問題我知道該問誰了。

湯姆．布朗寫過一打以上跟捕獵和大自然有關的書。以前，他也曾被召去過協助搜捕危險人物。他現已不再熱衷做這一類的事，但在經過一小時的電話長談後，我終於說服了謹慎又不情願的他飛來洛杉磯，幫忙搜捕裘里。我開車到機場去接他，出現在我眼前的，是一個像克林．伊斯威特（Clint Eastwood）一樣稜角分明、表情肅穆的硬漢。在我把布朗載去坐直升機的路上，他問了我一堆關於裘里的問題：他喜歡什麼樣的食物？他吃肉嗎？他抽煙嗎？他穿什麼樣的鞋子？他穿什麼樣的衣服？他頭髮是什麼樣子？

直升機一下子就把我們載到了馬里布山丘地帶的上空。布朗一邊俯瞰整個地區的山丘，一邊找尋裘里。有幾位看過裘里照片的消防員告訴我們，之前在臨時營地曾見過他，之後我們飛到那塊區域，布朗指出了一些我應該派人加以搜索足跡或山脊。布朗自己也加入了搜索行列。接下來幾天，布朗教了我們派去隨行的武裝人員很多野外搜捕的要訣。布朗這個人真是神乎其技：雖然是荒郊野嶺，但哪裡有人走過，哪裡有人睡過，哪裡有人站過，全都逃不出他的法眼。他憑藉的是一些很細微的線索及一連串奇特的標誌：彎折的草叢、不規則的卵石、泥土中的暗影，還有許許多多一般人不會注意到的細節。

布朗倒不認為自己的本領有什麼神奇之處。他對我解釋：「有人在你家裡動過什麼的話，你一定可以察覺出來。有人在樹林裡動過什麼的話，我也可以察覺出來。」

伴隨布朗搜尋的人員隨身帶著一個腳印的模子（腳印是在詹寧斯郡謀殺現場外面的爛泥巴裡找到的）。布朗不時會叫他們把模子拿出來，和他在泥土裡找到的印痕做比對。

有一天下午，在把布朗送回飯店休息之後，我收到了一通無線電。在無線電中，我公司的人員告訴我，在距我好友寓所大約一英里遠的一戶人家向警方報告，說是剛剛有人敲他的門，問及那「神奇的電影明星」的種種。之後他就走上山丘去了。我聞訊後火速趕回馬里布朋友家；我相信，我絕對比剛才問路那傢伙到我朋友家到得要快。我到達的時候，屋內已聚集了十幾名郡警和兩名我公司保安組的人員。我們靜候了大約三十分鐘之後，警犬開始吠叫，並向山坡上衝去。

所有人都尾隨著警犬往山上跑。沒多久，我們就清楚看得見有人在灌木叢中爬行。幾個郡警圍攏上去，警方的直升機也從天空向那人慢慢逼近。隨著腎上腺素飆高，郡警一湧而上，把那個入侵者撲倒在地，扣上手銬。我趕忙跑上前去認人，一心希望搜捕裴里的行動能至此告一段落。他被半吊著坐在地上，我一眼就認出了他——但他不是裴里。他叫華倫，是另一個精神有問題的癡心客。幾年前我們就找他談過，後來也不時聽到有關他的消息。他一直癡心妄想要跟我的好友結婚。

華倫不是個有什麼邪惡動機的人。與其稱他為危險人物，倒不如稱他為倒楣人物。他經過好幾年的盤算，又跋涉了好幾千里，才來到他心目中的麥加（我好友家），但卻什麼都來不及做，就被抓了起來。在被帶上警車時，他還不斷喃喃自語：「怎麼會戒備得這麼森嚴？」

第二天深夜，三個保安組的人員運用布朗教他們的技巧，在我好友家附近找到了一些可疑的蛛絲馬跡。他們把我帶到現場，用手電筒照射在地上，讓我看那不尋常的土紋。說實在，我可是什麼都沒看出來。儘管如此，我還是跟著他們一路往前走。在經過了一個小峽谷以後，我們走進了一個黑漆漆的灌木叢。我們屏息靜氣，一方面希望能把裘里一舉成擒，另一方面又隱隱有點希望不要在這個時候碰上他。走著走著，前方出現了一個由木頭和樹枝搭蓋成的東西——這一次，就連我也可以一眼看出，那是一個臨時性的棲身之所。我們慢慢向它接近，看得出來，裡面沒有人。

在樹枝棚裡面，我們找到一樣東西，足以證明在此棲身的，是一個對我好友不懷好意的人：我好友出的一張唱片的封套。樹枝棚內還有一些破爛衣衫、一只叉子、一些火柴和一件簡陋的武器：兩塊繫在一根繩索頭尾的石頭。爬出小屋後，從這裡眺望得到我好友每天開車往返的道路。如果住在這裡的人確實是裘里，料想他就是在這裡監視我好友的動向。

過沒多久，我們就聽到有人從灌木叢的方向向我們這邊走過來。我們屏息以待。藉著月色，我們可以看得見來者有一頭亂糟糟的黑髮。他的頭髮，比我所知道的裘里要來得多。他頭上還戴著一頂由樹枝和樹葉編成的王冠。我們從三面圍攏上去，把他擒住；當我們給他扣上手銬時，他不斷大喊：「我是國王，我是國王！」他不是裘里，而只是另一名神智有問題的癡心客。他一直窩在這個地方監視我的朋友（他的「皇后」）。

（從我們搜索裘里期間附帶揪出來的兩名癡心客，各位就可以知道，公眾人物的生活有多麼危險。所以當各位下次看到哪張小報大字標題報導有明星被「瘋影迷」跟蹤的時候，你就會知道這種炒作有多蠢。事實上，這一類標題適用於每一個明星每一天的生活，視之為是「新聞」，只是小報找頭條充版面的伎倆。）

永遠忘不了那張像母親一樣醜惡的臉

就像我們在馬里布隨時都有可能碰上裴里，芮斯勒和我們的其他調查人員也隨時都有可能在詹寧斯郡四周沼澤區的蘆葦叢中找到他。某個公路警察如果夠幸運的話，也有可能在裴里駕著他老爸的老爺車在高速公路馳騁時發現他；不過，也有可能最高法院的法警會在歷史悠久的法院內碰上鬼鬼祟祟的裴里。

芮斯勒在裴里的妄想大海中遊歷後認為，華盛頓和馬里布這兩座城，就是裴里眼中的索多瑪城和蛾摩拉城。＊在經過對各種資料的反覆推敲後，芮斯勒推斷，裴里目前最有可能藏身的地方就是華盛頓。於是，我立刻跟華盛頓方面一個幹練的凶殺組探員湯姆．基庫倫（Tom Kilcullen）聯絡，告訴了他有關裴里的種種。基庫倫聞訊後馬上展開搜尋裴里的行動。

在馬里布，我們訪談了每一個裴里可能會接觸的人。我們知會當地的商販，如果碰到有人問起關於我朋友的事情，立刻通知我們。我們特別留意馬里布的圖書館，因為我們從裴里父母的通話記錄中得知，裴里以前去加州時從這家圖書館打過幾次對方付費的電話給他們。另一則通話紀錄更是令人恐懼：我朋友常常到比佛利山的一家店購物（六個月前一張小報報導過這件事情），而裴里的電話正是在這家店門外的電話亭打的。我們面對的，是一個幹練的癡心客。

為了瞭解裴里究竟對自己被追捕的事知道了多少，這幾周以來我看了許多新聞報導。在瀏覽《今日美國》（*USA Today*）時看到了幾則標題，「犯下五口殺人案的嫌犯」、「大規模凶殺犯仍在逃」、「家庭凶殺案的通緝犯」；有趣的是，以上這些全都不是在講裴里，這種事只有美國才會發生吧。

整整十一天，多路人馬在全國不同的地方搜索裴里，直到七月十一日，芮斯勒的推斷才終於被證明為正確。在華盛頓，警方接獲來自一家廉價旅館的報案，說是有一個房客聲稱另一個房客偷了他的收音機。一個警官被派去處理這件事。他在詢問過兩個互有嫌隙的房客之後得出的結論是：根本沒發生過任何偷竊事件。警官剩下來唯一要做的事情，就是例行性地透過無線電，查一查這兩個陰陽怪氣的房客是不是什麼逃犯之類的人。他請面前的兩個人稍等無線電另一頭的電腦結果出來。這位警官以為，他正在處理的只是一件雞毛蒜皮的小事。他錯了。他碰到的是他進入警界以來最重要的一件大事：站在他面前耐心等候著的兩個人之中，有一個就是麥克·裴里。

基庫倫警探不出一個小時，就打電話告訴了我這件事情。他還問我要不要透過電話和被拘禁中的裴里談一談。我怎樣也料不到，兩個星期以來無時無刻不盤據在我心頭的歹徒，會瞬間就出現在我電話的另一頭。

我在毫無心理準備的情況下，與這位全國最窮凶惡極的殺人犯裴里展開了對談。由於我可以確定他曾到過我好友寓所的外面窺探，所以第一個問題就問他這一點。但裴里像個說謊老手一樣，毫不猶豫地否認了有這麼一回事。

＊因罪惡深重而被上帝燒毀的兩座城市。

裴里：我從來沒到過她家，先生。真的沒有。

我：真的？

裴里：真的。從來沒有。

我：這麼說，你也沒來過加州囉？

裴里：我來加州只是為了到海灘游游泳，露露營，不為別的。

但接下來，不用我問，他就自己透露了是什麼理由讓他產生殺我好友的念頭。

裴里：在那部電影裡，每當她要轉過身去的時候，她的臉都會變一個樣子。她看起來像我老媽一九六一年時的樣子。一九六一年，我老媽走進我的房間，那天我比誰都起得早。我老媽走進來的時候，帶著的就是跟電影上一樣醜陋的臉。我看著她的臉，然後她轉過身去，用頭碰了碰肩膀。電影上那張臉讓我想起了一九六一年。它破壞了我看電影的心情。

也許，他想到的是他母親把他推向壁爐的當天。那天的事情，就像烙印在他皮膚上的傷痕一樣烙印在他的腦海，永難磨滅。但裴里隨即轉換了話題，並再次否認有到過我好友家這回事。罪犯拒絕向問他話的人提供資訊，是件很平常的事；通常，你越想知道什麼，他們越不會說。不過接下來，裴里又不打自招了他試圖進入我好友家時的情形。

裴里：你知道嗎，那裡有一個很像露天戲院的裝置〔大門的對講機〕，你需要按一個按鈕。另外，還有一盞紅色的小燈〔保安系統的一部分〕。它讓我產生一種印象：屋子裡面一定有一個很大很大的避難地下廣場。我按了鈴。然後有個攝影鏡頭伸了出來。那妞沒理睬我；我也不理睬她。我對自己說：「我沒找對地方。」我覺得那裡是一個很古老的地方，她不像是住在那裡。這是一種很強烈、很強烈的感覺。

他停頓了下來。當他再度說話的時候，他談到的是他自己那個著了魔的自我。雖然不是很熟練，但他對自己內心經驗的描述，精確度絕不亞於任何一個心理醫師。

裴里：我真的不想把它挑起來。但它就是自然而然會出現在我的腦海。它像爬蟲一樣，在我的腦子裡攀爬。從來沒有任何事情會讓我那麼揮之不去，從來沒有。你知道嗎，即使是今天，即使是今天，即使是今天……

接下來，他又沉默了下來。我在電話的另一頭什麼也沒說，靜待他開口。

裴里：在HBO那個特別節目上，我看到她的眼睛變了顏色。變了好多。

我：變得像什麼樣子？

裴里：我一點都不喜歡。那妞有可能是個女巫。如果她知道我講過這些話，她有可能會毀了我。我只是看到什麼說什麼。它們看起來像我媽的眼睛。我根本不想淌這趟渾水，因為我知道，如果能忘掉它，我就能自由自在。她是個電影明星，再說，雜誌上刊載的她家地址也不是正確的，所以，想到要跟她碰面，我就有點怕怕的。我不知道屆時會是什麼光景。那將會是一個很棘手的場面。我很多個夜晚都醒著想這件事情。

我：如果你在她家裡看到她，你會怎樣？

裴里：我沒試過，所以不知道；再說，她已經有了男朋友。不過你知道嗎，是她要求我這樣做，所以我才會這樣做。但我不想與她太親近。我現在被逮捕了，我只希望你明白這一點。他們把大家叫回家，然後發現家裡出了什麼事情，像有賊之類。那不是我幹的。

他又把話停了下來。很顯然，那個為驅趕內心的魔鬼而朝自己母親臉部開槍的男人，至今仍然被內心的魔鬼糾纏著。

我：那你根本不喜歡整件事情囉？

裴里：不喜歡。她唯一讓我討厭的事情，就是轉身的動作和她那張醜臉。那張臉和她原來的一張完全不同。她長得像我媽，那是個災難。因為覺得很恐怖，所以我就把電視關了走掉。老兄，我不想談這件事談太多，因為自從我看到那部電影以後，已經耗掉我相當多的時間。我對自己說：「太多了。」它花我太多時間了，我不想再花時間去談它。

他的聲音慢慢沉了下去，然後電話就「卡」的一聲掛斷了。我坐在辦公桌前，有一種疑幻疑真的感覺。沒想到一場讓我公司人仰馬翻的緊急事件，不是結束於警察監控，也不是結束於槍戰，也不是結束於特警隊的突襲，而是結束於一通電話；我千方百計想了解的人，居然就這麼直白地告訴我他的犯案動機。我走向威脅評估管理部，對還在那裡為搜捕裴里一事忙個不停的同仁說了一句：「我剛剛和麥克．裴里通過電話。」大家沒進入狀況，但當時這確實不是在說笑。

房間中張著九隻巨大眼睛

當時我一直都跟詹寧斯郡的檢察官保持聯絡。裴里被逮捕後的第二天，我就搭機到了華盛頓與檢察官碰面，去了解一切可以對起訴裴里有幫助的證據，因為接下來的首要事情就是要讓裴里被定罪。

抵達華盛頓以後，基庫倫告訴我，裴里開的車子已經找到了，現在就放在附近的拖吊場。我們一起開車到拖吊場，看看能不能在裴里的車上找到什麼罪證。

裴里父親的綠色老爺車因為經過長途跋涉而顯得蓬頭垢面。一個警方人員只朝車窗內望了一眼就急急後退半步。「車裡面都是血。」他說。果然，有個黑色泥狀的東西黏在椅墊上。打開車門以後，我看到地板上有一些西瓜籽。座墊上的液體不是血，而是西瓜汁。顯然，裴里在前來華盛頓的途中是一面用左手開車，一面用右手吃西瓜。

裴里在華盛頓選的落腳處，是一家距離最高法院大約一英里半、名叫安納克斯的廉價旅館。從他房間內的景象，就可以知道他身上的錢所剩無幾。我們在他房間內看到的東西是個媒體時代的怪誕博物館，是個將暴力、瘋狂與電視交織在一起的普普藝術。裴里在他那小小的房間內一共塞了九台電視，全都開著，而畫面一律定在雜訊狀態。他在其中一台電視的螢幕上用紅色麥克筆潦草地寫上「我的身體」幾個大字。另外有好幾台電視的螢幕上都畫著一對大眼睛，其中一台螢幕的周邊還龍飛鳳舞地寫滿我好友的名字。

路易斯安那的警方派了艾溫·特拉漢來把裴里押解回路易斯安那受審。一般來說，押解像裴里這一類罪犯，都會選擇坐商業航班或美國法警押解專用的囚車噴射機，但特拉漢和他的拍檔卻選擇了開車。他們沿著裴里前來華盛頓所走的高速公路，反方向把他送回路易斯安那。夜宿沿途上的汽車旅館時，兩位員警輪流警戒，而裴里則自始至終都沒闔過眼。在兩天押解過程結束後，裴里請他們傳我一個口信：「你最好二十四小時張大眼睛看著她。」

我真的好幾年沒聽過這種冷嘲熱諷了。裴里還問特拉漢他們，他的案子會不會被送到最高法院，由珊卓拉·歐康諾審理。「要是那樣的話，那我就一點機會都沒有了，因為她是個女的。」他說（出人意料之外的是，裴里的案子最後竟然真的和最高法院發生了牽連）。

裴里被帶回到路易斯安那沒多久，我們就安排了華特·芮斯勒到拘留所和他會面好了解他那些邪惡的警告。當芮斯勒提到我好友的時候，裴里激動地說；「告訴她離希臘遠一點。這就是我現在想對你說的事情，老兄。我覺得很不舒服，很不舒服。我滿腦子都是臭水。」

為了讓談話可以繼續下去，芮斯勒問了裴里一個他會感興趣的話題：電視。裴里的反應是：「老兄，現在的電視真是不知所云。我根本搞不懂它在演什麼。所以電視對我唯一的意義就是，比起其他節目上的不知所云，看著什麼都沒播只有一堆雜訊的空頻，還更有意義。」

接著，裴里叫他的律師暫時離開一下，好讓他可以和芮斯勒私下談談。律師出去以後，裴里握住芮斯勒的雙手，告訴他，當局要是不釋放他的話，就會大難臨頭；他說他在城外沼澤藏了枚核子彈，要是他被處決，核彈就會發射。「你看罷，把我放出去，對每個人都有好處。我只是想挽救些人命。」

最後，裴里站了起來，用以下的話結束他和芮斯勒的會面：「老兄，我滿腦子都是臭水。你可以從我想的事情看出我有多離經叛道嗎？」

裴里不是在裝瘋——他是徹頭徹尾的瘋子。

返回洛杉磯後，我收到了珊卓拉．歐康諾大法官的一封信。在信中，她除了感謝我的幫忙，讓警方及時把裴里繩之以法，也哀悼著：「這個國家有多少精神不穩定的人，足以對別人的安危構成真正的威脅？」（幾年後，當最高法院採納了我設計的 MOSAIC 危險評估系統後，我曾在歐康諾大法官的辦公室內會見過她。）

裴里最後被判處死刑。不過，基於一個有趣的理由，他後來又跟歐康諾大法官扯上了關係。事情緣起於監獄當局要求醫生在裴里接受死刑的時候，對他施用可以讓他心智暫時恢復清醒的藥物，但醫生們卻拒絕了，認為這不符他們病人的利益，而他們的義務也僅止於提供行刑用的致命藥物。這個爭論最後被送到最高法院仲裁。雖然裴里曾經威脅過其中一位大法官的性命，但最高法院仍做出一個史上最無私的決定：不能為了行刑的理由而對死刑犯施以藥物。就因為這個規定，裴里的死刑迄今沒有執行。

裴里的個案向我們顯示，即使最不個人性的犯罪，也有著最個人性的緣由。儘管各位會被列名某張謀殺名單的機會微乎其微，但裴里的案子仍然可以幫助各位多了解暴力行為的本質，和一窺那些被新聞媒體煽情報導所掩蓋起來的人性事實。電視上的謀殺新聞報導，永遠用同一個框框看事情，毫無深度可言，也抹去事情的種種細節（像各位在上文所讀到的那些細節）。這類報導唯一的效果就是助長社會大眾不必要的恐懼心理。這樣的報導不要也罷。

第15章 名為恐懼的禮物

「我們是被教導而學會了恐懼；只要願意，我們一樣能學會消弭恐懼。」

——卡爾．門寧格（Karl A. Menninger），精神科醫師

我們都知道，人們不時總因各種理由而感到恐懼。問題是，究竟何時才會感到恐懼？直覺所誤判的危險，導致太多人老是緊張兮兮。但真的沒有必要這樣。當你能不帶否認、又正確地尊重與評估直覺所發出的訊號（願意相信結果是好是壞都有可能）時，就不必老是小心翼翼；因為屆時你會相信，如果真有什麼值得注意的事發生，你的直覺都會通知你。其實，恐懼本身有其可靠性，那本來就不是一種拿來浪費的機制。一旦你開始接受求生訊號，同時立刻評估環境或所處局勢，那麼恐懼就會消失。所以，信任直覺與活在恐懼中，這兩者是完全不同的。只要你的身心開始懂得傾聽那清脆的風鈴聲，自然就不需要被警鈴大作帶來的提心吊膽警醒；那麼最終，恐懼在你生活中占據的地位將會減輕許多。

真正的恐懼是一種非常簡練的訊號，它僅為直覺而服務，從出現到結束為時甚短。至於另一種無限上綱且無端的恐懼，雖然鮮少有人質疑它帶來的壞處，但人們卻還是選擇沉浸其中。人們可能忘了或根本從未理解，恐懼不像悲哀或快樂是一種情緒，可以持續一段長時間；也不像焦慮，是一種心理狀態。真正的恐懼是一種求生訊號，只有在危險逼近時才會出現。地球上沒有一種生物會像人類一樣，老是被無端的恐

懼弄得成天緊張兮兮。恩斯特・貝克（Ernest Becker）在《拒絕死亡》（*Denial of Death*）一書裡告訴我們：「動物為了生存，必須要依賴恐懼來保護自己。」有些達爾文主義者相信，早期的人類之中，越是懂得恐懼的成員，存活下去的機率就越高。就像恩斯特・貝克所說的，久而久之，人類就變成了「一種生活在高度緊張中的動物，一種就算沒什麼好擔心、仍會千方百計找些事情來擔心的動物。」這是很沒有必要的。

最近的斐濟之行，讓我又再次理解了這點；跟洛杉磯的交叉路口比起來，這整個國度沒有什麼令人恐懼的事物。某天早晨，在一座平靜好客、名叫瓦努阿島的島嶼*，我在大街上走了一英里。街道兩旁滿布著低矮的蕨類植物。我能不時聽見呼嘯而來的卡車聲蓋過左側沉靜的浪濤聲。在返回下榻農場的沿途，我閉上眼睛，盲走了一會兒。因為我對直覺很有自信，所以起初什麼也沒想地就保持著雙眼緊閉，即使這樣走在這條大街上也不會有事。在分析這奇特的感覺時，我發現這件事很正確：這座島嶼沒什麼危險的動物，也沒有攻擊性犯罪；如果我斜著走，腳就能觸碰到道路兩旁的蕨類，也有足夠的時間能聽見行駛而來的汽車聲，然後輕鬆地睜開雙眼。令我意外的是，在下一部車經過身旁時，我已閉眼走了一英里。我完全信賴我那悄悄保持謹慎的感官和直覺。

談到求生訊號，在我們試著去了解事情之前，我們的心靈早已先盡力完成這項工作了。其實，如果我們能夠毫無遲疑地聆聽直覺的話，甚至在聽到起跑的槍響聲之前，我們就已抵達終點，輕鬆贏得比賽了。

我非得小心翼翼不可

不可否認地，那是在斐濟盲走才會成立，如果在美國大城市盲走會怎麼樣呢？不久前，下班後我在一部電梯裡和一個上了年紀的婦女相遇，她那時正要去地下停車場。看得出來她很緊張，因為我看到她握鑰匙的手勢像是在握武器。我一進電梯她就很怕我，我想在她處於劣勢的時候，碰到任何一個陌生男人，大抵都是同樣的反應。

我可以理解她的恐懼，但我也為她以至於其他數百萬計像她一樣整天提心吊膽的人感到悲哀。如果一個人無時無刻不提心吊膽的話，那當她真正需要警訊的時候，警訊就不會為她現身了。在電梯裡單獨面對一個陌生男人，也許是一件可怕的事情，但如果對方不是跟妳在同一樓層進入電梯（顯見不是尾隨著妳），沒有對妳投以不恰當的注視，也不是要跟她去同一層樓，衣冠整齊，安靜，站得又不是太靠近的話，沒發出什麼要傷人的舉動，那妳的恐懼純屬多餘，所以不要這麼做。

謹慎小心是件好事，不過，許多人認為若要確保安全，額外的警戒是必要的（甚至我們也都接受這種教育）。他們有所不知的是，高度的警戒狀態反而會降低一個人對危險的感知能力，這麼做對安全也是有害的。如果妳老是東張西望，想著「不知道有沒有人會從那個籬笆後面跳出來」、「不知道有沒有人躲在那輛車子後面」，妳的感官知覺就會被妳的想像力所取代掉；我們只有不把注意力放在等待某個特殊警訊的出現上，我們才能對所有可能出現的警訊敞開耳目。

一隻小動物在穿過田野的時候，縱使沒有什麼危險的狀況，仍然會以縱橫交錯的方式向前疾走。你一定以為牠是在恐懼些什麼。事實不然。疾走只是一種策略、一種防禦措施，不是對恐懼的反應。防禦措施是一種建設性的東西，而不實的恐懼卻是有破壞性的東西。不實的恐懼還會造成恐慌，而恐慌往往比我們

* Vanua Levu，斐濟第二大島。

所擔心可能會發生的那件危險本身更危險。攀岩家和長泳選手都會告訴你，會致人於死的既不是山也不是水，而是恐慌。

梅姬的工作是照料有暴力傾向的精神病人。她告訴我，上班的時候她不會有任何恐懼的感覺，可是每當晚上要從停車地點走向公寓的時候，她都會怕得要死。當我建議她不妨放輕鬆，說這樣反而更能保障她的安全時，她說：「荒謬，假如我放輕鬆的話，我可能會沒命。」她說她必須全神貫注，留意每一個可能出現的危險。我跟她解釋，「可能」是一種在腦子裡的東西，而危險則是一種在腦子外的東西，必須用眼睛才看得到。眼睛看的是正在發生的事情，而不是可能發生的事情。

但梅姬仍對我的話不以為然。我知道，雖然她很堅定地為她的恐懼辯護，但她巴不得能早早擺脫這種恐懼。

我：妳什麼時候會開始覺得恐懼？

梅姬：停好車之後。

我：每個晚上都一樣嗎？

梅姬：對。如果我還聽到什麼聲音的話，我的害怕會增加十倍。所以我必須全神貫注。住在洛杉磯這地方，你就非得長時間全神貫注不可。（注意，她提到洛杉磯——這可是一個資訊衛星。）

我告訴她，如果她每個晚上都怕得要死，全神貫注於每一個可能出現的危險，那當真正有危險出現的時候，她內心的警訊就不會響起。理想上，出現恐懼的時候，我們要環顧四周，順著恐懼感來自問我們感知到了什麼。所以，倘若我們想著某個危險會不會出現時，我們就會忽略掉那些我們沒有想到的危險。我敦促她要對周遭環境稍微放輕鬆，而不是全神關注在自己的想像當中。

雖然我很肯定梅姬的焦慮不是由危險引起的，但我知道這種焦慮一定其來有自。我問她，她認為自己在回家路上可能會碰上什麼樣的危險。

梅姬：這種問題會出自你口中，真是不可思議。洛杉磯這樣的城市什麼樣的危險沒有？我可不願住在這種地方。

我：妳不是選擇了住在這裡嗎？

梅姬：不，不是我選擇的，是我的工作把我誘來這裡的。我不得不住在這裡，才必須面對各種危險。洛杉磯這裡每天都有人被殺，所以每晚走回公寓的時候，我都怕得要死。我非得小心翼翼不可。

我：任何時間都有可能發生任何事情。既然妳從車子走回公寓已經走過不下千次，也都沒碰到過任何意外狀況，可見妳的害怕並不是因應某種危險而發的訊號。它一定是個要傳達什麼別的事情的訊號。妳對自己的了解有多少？

梅姬被我問得有點惱怒。她說不知道我的問題是什麼意思，而且她現在也不想再談下去；她說她回家後會把我的問題好好想一遍。第二天中午，她打了電話給我。她告訴我，她經過徹夜的思考後，終於明白了我的問題，而且也知道了答案。她承認，她的直覺的確是在通知她一些什麼，但它通知她的不是立即的危險，而是她不想待在洛杉磯、不想繼續留在現在的工作崗位這件事情。她每天晚上從停車地點走回家的那段時間，正是她內心的聲音對她說話說得最大聲的時間。

關於恐懼的兩條法則

我每天都要接見不同的客戶，他們有的感到恐懼，有的感到憂慮，有的則只是感到有點擔心。我第一件會做的事就是去搞清楚，他們感受到的是上述三種感覺中的哪一種。如果他們感受到的是真正的恐懼，那我就知道，他們真的是碰到了攸關安危的事情。

有兩條關於恐懼的法則，如果你認識了它們，並願意接受它們的話，你將能善用良性的恐懼和減少惡性恐懼出現的頻率，而你對生活的感受，亦將大大改觀。這是個很大的餅，不過不要「恐懼」，試著敞開心胸去估量我所說的這兩條法則。

法則一：如果你恐懼什麼的話，代表它還未發生。

恐懼是一件幫助我們做預測的利器，它會告訴我們，接下來會有什麼事情發生。所以，值得你恐懼的，是接下來會發生的事情，而不是現在正在發生的事情。舉個荒謬的例子來說，如果你站在一個懸崖峭壁上的話，你可能會擔心靠得太近懸崖邊，但如果你站的地方就是懸崖邊的話，你恐懼的事情就不是太靠近，而變成害怕掉下去。愛德華·戈里（Edward Gorey）用他的黑色幽默很精確的說明了，一個人在往下掉的時候，他怕的並不是往下掉，而是著陸：

那個自殺者，當她往下掉之際，
在月色的照映下，
後悔不已，一想到自己馬上要死，
就感到毛骨悚然。

恐慌是求生的大敵，可以把它看成難以操縱的恐懼萬花筒。想減低恐慌，第二條有關恐懼的法則很有用處：

法則二：你恐懼的東西，很少就是你表面上一心害怕的東西；正確來說，真正讓你恐懼的，是該恐懼讓你進一步聯想到的事情。

挑一件你很害怕的事情，然後，評估這件事情果真發生的話，會帶來的一切可能後果。可靠的恐懼，要不是跟逼近的危險有關，就是跟痛苦或死亡有關。當直覺對我們發出一個恐懼的訊號時，它早已計算出全部的後果。因此，對於警訊最好的回應，就是有意識地去思考這些聯想，並循著它們抵達危險的終點。若我們只恐懼某個人從暗巷走向我們這個聯想，而不是恐懼他可能在暗巷裡傷害我們，那麼這份恐懼就浪費掉了。那是因為，迎面而來的人很少會傷害我們。

有一項調查指出，在人們的各種恐懼中，劇烈程度最接近死亡的恐懼，就是在公開場合講話。為什麼有人會把演講視為一件跟死亡一樣可怕的事情呢？為什麼有人對公開演講發自內心的恐懼呢？演講明明就跟死亡八竿子打不著不是嗎？但只要我們把連結建立起來，就會知道因果關係了。這些懼怕公開演講的人，實際上怕的是表現不好而失去身分認同，而身分認同又根植於生存需求。從螞蟻到羚羊，在所有的社會性動物中，身分認同就是一張被群體接納的通行證，所以是否被接納，會關乎生死。如果嬰兒不被父母認可，那很可能就會被拋棄。這對人類嬰兒來說形同死亡。若是成人不被部落、村莊、社會或文化認可，那麼結果無異於放逐與死亡。

有些人之所以會害怕站在五百個人面前就他的事業領域發表演說，並不是只是因為害羞，而是因為害怕表現不佳的話會被視為無能，從而失去職業，失去家庭，失去對社會的貢獻，失去人生價值，更失去自我認同；而對人來說，失去自我認同不啻於死亡。把一個不實的恐懼的種種後果引申出來，往往可以幫助你減低你的恐懼。儘管你會發現公開演講跟死亡有關，但你也會了解這會是一趟漫長而不可能發生的幻覺之旅。＊

遇到小偷闖入竊盜時，請運用這兩條恐懼法則。首先，恐懼本身該就被視為好消息，因為這表示現下還沒有發生危害。由於生活中有許多危害發生得悄無聲息，所以我們可以抱著「謝謝老天爺給我警訊來行動」的態度歡迎恐懼（然而我們卻更常先否認恐懼，然後去想也許換個念頭就會沒事了）。

記住，恐懼意味著有些事情會發生。如果事情真的發生了，我們就該停止恐懼，並且開始回應它、處理它、聽任它。或者，我們該開始擔心下一個我們預感會發生的事。如果強盜真的闖入家中，我們就不需要再害怕被闖入；該害怕的是對方接下來會做什麼。不管怎麼樣，當我們在害怕的時候，就表示事情還沒發生。

人憂心是為了帶來好處

接下來，我們要更深入地探討恐懼的本質：一九六〇年代有人做過一項研究，想找出哪一個單字對人們的心理具有最大的震撼力。研究者拿來測試的單字包括了**蜘蛛**、**蛇**、**死亡**、**強暴**、**亂倫**、**謀殺**等。結果脫穎而出的是**鯊魚**。但為什麼人類最恐懼的，會是鯊魚這種他們接觸得極少的東西呢？

鯊魚的隨機攻擊往往來得出其不意是原因之一。這種巨大的生物悄然無聲地靠近，然後冷冷靜靜地就把我們的身體與靈魂分離了。人類對鯊魚而言不過就是塊肉而已，沒有什麼身分認同的問題；但對人類而言，失去認同則無異於死亡。在《大白鯊》（*Great White Shark*）一書中，讓—米歇爾．庫斯托（Jean-Michel Cousteau）稱鯊魚為「地球上最可怕的動物」。不過，地球上當然還有一種比鯊魚更可怕的動物。

科學家對大白鯊的掠食能力讚歎不已，他們推崇牠的速度、殘忍的力量、感官的敏銳度和明顯的主宰力；只不過，人類的掠食能力要比大白鯊來得更強大。大白鯊不懂得以下幾點：欺騙、靈巧、狡猾、聰明和偽裝。大白鯊也不如人類的殘忍，最少牠不會對同類做出人對同類會做的事情。我們自己也清楚，人類相殘的特性深植在細胞裡；所以偶而害怕另一個人類，就是我們的天性。

如同鯊魚的攻擊一樣，我們最懼怕的，就是以為人類的暴力總來得出奇不意；但現在你已明瞭，人類的暴力行為很少出奇不意，它總會有蛛絲馬跡。不可否認，來自人類的危險遠比來自鯊魚的更複雜，畢竟要怎麼安全地逃離鯊魚總歸五個字：別往海裡去。透過強化生活經驗，你也早已具備如何免於人類帶來的危險的能力（希望藉由本書能有效地組織起來）。

---

* trip 原意為旅行，俚語為用藥之後產生的幻覺。

我們可以選擇坐在戲院，沉浸在那種不會真的發生危險的恐懼之中，但我們對人產生的恐懼往往都被誤植了；恐懼其實也可以是份祝福。由於我們每天都跟地球上最可怕的動物生活在一起，因此搞懂恐懼的性質，將為我們的生活帶來莫大的益處。

人們用**恐懼**（**fear**）這個字常常用得很隨便。要知道它的精確意義，要知道它跟恐慌（panic）、憂慮（worry）和焦慮（anxiety）有什麼不同，最好的方法莫過於是回顧一下凱莉在預感強暴她那個人計畫殺她時，所感受到的那種排山倒海的恐懼感。很多人在提到自己的恐懼經驗時，都會說類似「我當時被嚇呆了」之類的話。不過，真正的恐懼不會讓人靜止不動，它會為人注入動力，驅使他們做一些原來不敢做的事情。凱莉是一個例子，羅德尼．霍斯是另一個例子。有一次，羅德尼在游泳時碰上了鯊魚攻擊：「我突然感覺我在水面上的移動速度比我從前任何時候都要快。我隨即意識到，原來有一條鯊魚咬住我的胸口，把我往下拖去。」當孔武有力的鯊魚要把羅德尼拖向水底之際，一種更孔武有力的力量驅使他伸出兩隻手在鯊魚的頭部摸索；在找到鯊魚眼睛所在的部位後，他用兩根拇指猛力戳了下去。鯊魚立刻鬆開嘴巴，但羅德尼卻沒有鬆開牠：為防牠轉過頭來對他再次展開攻擊，羅德尼死命抱著鯊魚不放。在下潛了一段距離之後，羅德尼才一腳把牠踢開，穿過被血染紅的海水游上水面。

恐懼把血液灌入羅德尼的手和腿，驅使他放手一搏。要是由羅德尼自己來做決定的話，他絕不會敢跟一條大白鯊戰鬥，但恐懼沒有給他考慮的時間。結果，他從大白鯊的兩排利齒間撿回了一條命。

羅德尼狂野的行動和凱莉靜悄悄的行動都產生自相同的原動力：真正的恐懼。花點時間喚起這種感覺，去了解它跟擔心、憂慮與恐慌有什麼不同。即使最強的憂慮也無法驅使一個人去跟一條鯊魚戰鬥，也無法驅使一個人不動聲色地跟在一個準殺人犯的背後。

唯一值得恐懼的事情就是恐懼本身

最近，我應邀跟一群企業員工談論人身安全的問題，但一如往常，很快就變成在討論恐懼。在我還沒有開講以前，就有好幾個人對我說：「請你跟西莉亞談一談，她等今天的聚會已經等了好幾個星期。」結果，西莉亞跟我談的是她有多害怕會被人跟蹤（她已經跟其他同仁談過很多次了）。每當有人帶著恐懼來找我的時候（來自於陌生人、同事、配偶或影迷歌迷），我做的第一件事情就是去斷定，他所感受到的，究竟是真正的恐懼還是只是憂慮或精神疾病上的恐懼症。要做到這一點很簡單，因為正如我在上述所說的，真正的恐懼只會出現在有危險逼近的場合，而且常常跟痛苦或死亡有關聯。

為了瞭解西莉亞是否在對恐懼訊號做出反應（屬於非自主的），或者她是否只是在擔心（屬於自主的），我問她，在我們現在所處的會場內，她會不會覺得恐懼。

她笑道：「當然不會。我只會在晚上下班後去拿車的時候感到恐懼。我的車停在一個很大的停車場；因為我每天都是公司最晚下班的人，所以等到我去拿車的時候，偌大一個停車場就只剩下我一部車子。停車場裡空蕩蕩的，靜得嚇死人。」由於她並沒有向我指出什麼有危害的點，所以我斷定，她的擔心並不是直覺發出的訊號，而只是很多人都喜歡耽溺在其中的憂慮。

為了追蹤她的恐懼和痛苦或死亡有沒有關聯性，我就問她，她為什麼會害怕被人跟蹤。她答道：「讓我真正害怕的不是被跟蹤。我害怕的是有人突然從後面攬著我，把我推到車子裡面去。你知道，由於我是公司最後一個下班的，所以有壞人的話，他們就可以對我為所欲為。」她好幾次提到自己是公司最後下班的員工這件事情，這讓我得到了一個資訊衛星。

憂慮其實是一種出於自願的選擇，而人們之所以會選擇憂慮，是因為憂慮會為他們帶來好處。例如，如果一個人為他即將面臨的一次公開場合演講感到憂慮，他就可以找到取消演講的藉口，或在表現不佳的時候為自己找到開脫的理由（「我講話當時怕得要死」）。但西莉亞的憂慮又能為她帶來何種好處呢？

我問西莉亞，她為什麼不能早點下班，她的回答是：「如果我早點下班，別人就會認為我是一個不賣力的人。」原來如此，西莉亞真正擔心的，原來是失去公司最賣力員工這個頭銜。她常常找人談她的恐懼，為的就是一再提醒別人，她是全公司最晚下班的人。這就是憂慮能為她帶來的好處。

法蘭克林．羅斯福總統說過一句名言：「唯一值得恐懼的事情就是恐懼本身。」我覺得這句名言可以稍稍修改為「除非你真的感到了恐懼，否則沒什麼好恐懼的。」憂慮、焦慮、擔心，這些感受全都指向一個目的，但它們都不是恐懼。除非你的害怕可以和痛苦或死亡關聯起來，或它是危險逼近的一個訊號，否則它就不是恐懼。這是值得去了解去管理的一點，但憂慮本身並不會幫助我們解決問題，它只會阻礙我們尋找解決問題的方法。

在憂慮的最原始意思中，去擔憂他人，就是騷擾、勒死或使對方窒息的意思。同理，讓自己憂慮就是騷擾自己的意思。想降低憂慮在我們生活中的比重，我們首先要知道它是什麼。

憂慮是我們自己製造出來的恐懼——它不是真實的。如果你喜歡憂慮，那你就儘管憂慮，不過你要明白，那是一種出於你自願的選擇。大部分時候，我們選擇憂慮，是因為它會帶給我們若干「好處」。憂慮會帶給我們的「好處」，依情況而異，以下是較常見的幾種：

- 憂慮讓一個人可以迴避改變；如果我們憂慮什麼，就用不著去做憂慮的那件事了。

・憂慮可以讓一個人無須承認自己的無力感，因為憂慮讓他覺得自己好像有在做事（在這一點上，禱告和憂慮有點類似。不過即使最死硬派的不可知論者都會承認，禱告是一件比憂慮積極的行為）。

・憂慮是一種讓人倒胃口的人際交流方式。一般人以為，為某個人憂慮代表你愛他，不為某個人憂慮代表你不關心他。不過，憂慮事實上只是愛的粗劣代替品，它反映的是一個人愛的實際行動的闕如。

・憂慮可為一個人減低失望所帶來的衝擊。例如，如果一個學生在考試前就憂慮自己不通過，如果他當下就先感受、演練、說出落榜的經驗，而他後來也果真沒通過的話，那他的失望感就不會那麼強烈。不過，這種憂慮的生意實在沒什麼賺頭，因為考試前先為不通過難過，並沒有比考試後再來為不通過難過划算多少。尤有甚者，如果他通過了考試，那他先前的憂慮就都白挨了。

高曼在《EQ》一書中指出，很多人都不自覺地把憂慮當成是「護身符」，彷彿只要憂慮某件事情，它就不會發生似的。高曼也很正確的指出，大部分人們會憂慮的事情，都是出現機率偏低的事情，因為，對出現機率偏高的事情，人們都會比較願意去積極應對，而不僅只停留在憂慮的層次。那麼你就知道了，下次你在憂慮什麼事情，正表示那件事情不太可能會發生！

傾聽它，不要去製造它

恐懼和憂慮的關係，就好比疼痛和苦難的關係。心理上的恐懼和生理上的疼痛一樣，都有傳遞警訊的好處，也是人生必需之物；但憂慮卻跟苦難一樣，對人有害，也不是人生非有不可之物。（很多大慈善家所致力消除的，是人類的苦難，不是疼痛。）

在對形形色色的憂慮經過長達數十年的觀察以後，我得出一個結論：憂慮對人所帶來的弊要遠大於利。它會擾亂人的思考、浪費人的時間、縮短人的生命。當你感到憂慮時，不妨問問自己：「憂慮對我有什麼好處？」然後，你可能就會發現，憂慮所花掉的心力還比改變來得大。想要能擺脫無端恐懼掣肘的同時又能善用真正的恐懼天賦，你就應該朝三個目標努力。我承認，它們不容易達到，但仍值得一試：

1. 恐懼出現的時候，傾聽它的聲音。
2. 在你沒有恐懼感的時候，也不要去製造它。
3. 如果你發現自己正在製造憂慮的話，去找出原因。

正如同有人老往壞處想事情一樣，也有人在危險出現的時候，硬是不願意去正視。會這樣常常是源自於錯誤的信念，即一旦辨識與陳述出危險，那麼它就真的會發生。這類人有一種幻想：只要不去想或不去正視危險的存在，它就不會出現。人類是唯一一種在證據確鑿的時候，仍然會否定危險存在的動物。

有一家大企業，它位於紐約的總部裝設有先進的保全設施，每道辦公室的門都會自動上鎖，沒有門禁卡不能進出。這個大企業的總裁請我跟一個名叫阿倫娜的女職員談一談，因為她老是不願意帶她的門禁卡。她向我抱怨說，門禁卡會嚇到人，它讓人覺得沒有安全感（不妨稱她這種心態為對恐懼的恐懼）。她承認，由於很多職員都會工作到很晚，所以某種安全措施是必要的，但不一定要使用門禁卡，在大廳加設警衛也未嘗不是可行之道。她說：「磁卡讓這地方看來像個軍營，也讓人們整天提心吊膽。」

為了知道阿倫娜對磁卡的恐懼跟痛苦或死亡有沒有關聯性，我就問她，為什麼磁卡會讓人覺得提心吊膽。「使用門禁卡會增加危險的出現機率。」她解釋說：「因為它會讓外面的人以為這個地方有什麼貴重的東西可偷。」

我又問她，由於門禁卡可以防止閒雜人等進入辦公室，所以它會不會讓在裡面工作的人員安心一點，從而減少他們的恐懼呢？她說不會，因為人們不會這樣想事情。「他們寧願不要有人提醒他們危險。」她舉了個例子：機場的金屬偵測器不會讓乘客覺得安心，只會提醒他們存在著劫機的可能。她還說，防偽包裝也一樣無法讓人安心，只徒增憂慮，因為這就好像在「邀請人來竄改一樣」。

在阿倫娜自信滿滿談過她對人性的見解後，我問她是否同意，如果辦公室的門沒上鎖的話，在裡面工作的人員有可能會遭遇危險？她說：「我當然同意。我自己就碰到過這類事情。我任職的前一家公司，辦公室的門就從來都不鎖；有一天晚上，我工作到很晚，結果有個壞人闖了進來，對我意圖不軌——所以，不用教我什麼叫危險，我比誰都清楚。」

「不要告訴我任何有關危險的事。」*這句話清楚不過地反映出阿倫娜駕馭恐懼的哲學。幸而，她後來在聽我談過有關家居、行經地下道、購物和約會應注意的安全事項以後，終於同意了使用公司的門禁卡。

---

* 阿倫娜說的原句是「不用教我什麼叫危險」（Don't tell me about danger.），但 don't tell me about danger 亦可解作「不要告訴我任何有關危險的事」，作者遂借此引申，阿倫那駕馭恐懼之道就是拒絕正視危險。

只有不在的事物我們才能想像

有時，恐懼沒有呼喚我們，是我們自己去找它；有時，恐懼呼喚我們，但我們卻對它不理不睬。至於比爾．麥克肯納醫生的情況，則可說是介乎兩者之間。

「我太太琳達因公出差，所以晚上我就帶兩個女兒出外用餐。我們回家得很晚；確定女兒都入睡以後，我自己也上床就寢。在昏昏沉沉、將睡未睡之際，我聽到樓下傳來一些聲響。不知道為什麼，那些聲響讓我覺得害怕。不是因為它很大聲——我現在甚至記不起來那聲音像什麼——但它就是讓我覺得毛毛的。於是我就起床下樓去看個究竟。我在屋裡迅速繞了一　，什麼也沒發現，便再返回床上去。大約半小時後，我被一個很輕很輕的聲音吵醒；我到現在還很奇怪，我在睡夢中怎麼會聽得見這麼輕的聲音。那是人的呼吸聲。我把燈打開，竟然看到一個人站在房間中央，手上拿著我的槍指著我，腋下夾著我家的CD播放器。」

如果比爾在當初下樓時，切切實實做到「看個究竟」的話，那就不會發生有人拿槍站在他床頭這樣的事了。他收到了直覺送給他的禮物，但隨後又棄如敝屣。在聽到樓下的聲響時，如果他有意識地去聯想剛剛所感覺到的恐怖後果的話（正如他的直覺所發出的訊息），那麼他就會認知到當下的風險不低，再來他就會好好徹底地找出危險，而不是鴕鳥心態般地認定「沒事」。

如果比爾對自己的直覺夠尊重的話，他就會在闖入者找到他家的槍以前先找到對方。如果他當時問了自己：「我覺得害怕，所以一定有原因。究竟是什麼原因？」那他就會把他直覺早已了解到的事情一一捕撈起來：回家時，他發現客廳的燈亮著；小貓不知道用什麼方法跑到了屋外，正在玄關處候著；在他家車道的附近，停著一輛沒見過的老舊汽車（車子引擎的金屬還在喀吱作響，表示才在這裡停沒多久）等等。正是有這些不尋常的跡象出現在前頭，比爾才會在聽到樓下有聲響的時候感到恐懼（同樣的聲音在其他時間不見得會讓他感到恐懼）。

比爾和他的兩個女兒（分別是四歲和五歲）被挾持了超過一個小時。

那個闖入者讓兩個小女孩在樓下的主臥室觀看《美女與野獸》（*Beauty and the Beast*）的錄影帶。他告訴比爾，他需要時間去「考慮他人生中最重要的一個決定」。他問比爾：「你曾經碰到過很頭疼的問題嗎？」比爾點了點頭。

比爾告訴我，在闖入者挾持他們父女期間，他一直保持警覺，但並沒有任何恐懼的感覺。「當有人用槍指著你的時候，就已經沒時間恐懼了。還有很多事情需要專心去做：例如讓自己保持鎮定，好讓兩個女兒不會驚惶失措——也好讓用槍指著我的那傢伙不會失控。總之，我的恐懼就如同闖入我家那傢伙一樣：來了一下，便又走了。」

比爾對闖入者不感到恐懼，跟他當初聽到樓下有聲音時感到恐懼一樣，都有其緣由。首先，歹徒自己並沒有帶槍（他用的是比爾的槍），可見他沒有要準備殺人。第二，從歹徒對比爾家的CD播放器也感興趣，可見他是一個相當輕量級的盜匪。第三，他對比爾透露自己正在考慮「人生中最重要的一個決定」，而一個動了殺機的人根本不會跟他即將要殺的人討論私人問題。

那個闖入者離開的時候連ＣＤ播放器也沒帶走。他還對比爾一家做了件好事：把他們的槍帶走。這樣，將來若有更危險的歹徒闖入，歹徒就沒這把槍可用了（比爾後來沒有再買一把新的）。比爾讓兩個女兒把錄影帶全部看完再睡。她們記得的，是有「一個拿著槍的警察」來過她們家，而不是什麼恐怖人物。

她們感覺不到父親在害怕，這也應證了比爾前面告訴我的，他當時沒感到恐懼。

可靠的恐懼是客觀的，但大多數人的恐懼卻不是如此。雖然明明沒有半個人在附近，梅姬仍然害怕被謀殺，西莉亞仍然害怕被跟蹤。雖然門禁卡明明可以增加安全，阿倫娜仍然害怕門禁卡（相反地，比爾在被人用槍指著的時候卻不感到害怕）。這就印證了我在前面說過的，大多數人對危險的評估方式都奇怪得可以。閃電殺死的人十年加起來都不及吸煙一天殺的人多，但人們對在雷雨天被雷劈中怕得要死，卻對吸煙不以為意。這根本就不合邏輯，可惜焦慮很少會跟邏輯為伍。

最近，我碰到來自佛羅里達的一對中年夫婦，他們才剛領有執照，可以隨身帶槍。那個做丈夫的向我解釋他為什麼覺得有必要隨身帶槍：「如果有個傢伙，走進餐廳，無緣無故開火的話——像在德克薩斯的路比市發生的那樣——我就不用坐以待斃。」

說起來，如果他是這麼看重安危的話，那他隨身要帶的東西還多著呢。他最少應該帶著一劑腎上腺素針劑，以防碰上過敏反應時可以救急（某些食物過敏反應有致命之虞）。另外，他也應該帶一根細尖的管子，以防有人噎到可能窒息時，馬上把管子插入他喉嚨，幫助他呼吸。當我問他有沒有帶著像這樣的東西在身時，他說：「打死我都不敢把一根東西插到別人的喉嚨裡去。」他不敢把一根東西插入別人的喉嚨，卻敢把一顆子彈射入別人的身體！

純就機率來說，這對夫婦持槍互射的可能，還比他們射擊某個歹徒來得高。如果那個做丈夫的是因為怕死而帶槍的話，他更應該做的是把身上那多出來的四十磅肥肉給想辦法去掉，因為那才是最可能讓他心臟病發作的原因。他的焦慮源於對人的恐懼，他認為暴力是無法預測的。**焦慮一律是因為不確定感而引起的**。這也是焦慮與恐懼之間的一大分野。

基本上，這是因為對預測沒有足夠的信心所造成的。如果你預料你會被開除，而你對這個預測又十拿九穩的話，你根本不會為你會不會被開除的問題而焦慮，而是會擔心失業之後怎麼辦等等這類無法準確預測的事。自信的預測能讓你從容去回應、調整、感受、接受、準備，以及做任何需要的事情。因此，想降低焦慮，最佳的辦法就是加強你的預測能力，從而增加預測的肯定性。這是一件很值得一做的事情，因為焦慮和憂慮這兩個詞都源出於與阻塞有關的字根。而「阻塞」也正是焦慮和憂慮所加諸我們身上的事情。

我們的想像力是憂慮和焦慮的沃土，從這片沃土，憂慮和焦慮會生根發芽，長出一大叢一大叢的野草。如果我們在想像中肯定某件事情會發生，將與普魯斯特所說的「不可抗拒的法則」發生衝突：「只有不在的事物我們才能想像。」換句話說，你所想像的就如同你所害怕的，根本不會發生。

不要相信自己所想像出來的可怕後果

唐娜今年二十九歲，為了成為一個電影製作者，她毅然放棄了在紐約的工作，前來洛杉磯尋求電影公司支持她拍一些有意義的紀錄片。她用聰明和熱情說服了一位著名的製片公司經理見她一面。就在她前赴會面地點中途，一件她始料未及的事情發生了：在離會面地點十英里外的地方，她的老爺車拋錨了，整個卡在路中央。車子拋錨所可能帶來的後果一個接一個躍上她的心頭：「我一定會遲到。他絕不可能會同意改期。讓像他這樣一個大人物等我，我被錄用的機會就等於零。這樣，我就會付不出房租。然後，就會被趕出公寓。然後，我就得靠社會保險過活了。」諸如此類的念頭此起彼落。這種思考方式乍看之下是一種邏輯推理，但它其實只是一種偽裝的邏輯。它也是我們最蠢的創意練習。

就在唐娜還在那裡天馬行空地想著自己悲慘未來的時候，一輛車子緩緩在她身邊經過，上面坐著一男一女。那男的大聲問她有沒有什麼要幫忙的。唐娜揮手示意叫他們繼續開車，不用管她。她帶著十分懊惱的心情下了車，沿街找修車的地方，沿途還不忘繼續創作她的破產故事。她發現剛才那輛汽車一直跟在她旁邊，但她沒理它，只自顧自往前跑。她走到一個公共電話亭，打了通電話給電影公司的經理，說明自己的狀況，問對方會面可不可以延期。不出所料，對方說無法延期。她的職業生涯也就結束在這電話亭當中了。

唐娜跌坐下來，在電話亭內號啕大哭。剛才跟著她那輛車子，這時又向電話亭的方向緩緩駛來。儘管這台車一直跟著她，但她完全不害怕。一個女的下了車，走到電話亭旁邊，敲了敲玻璃，問道：「是妳嗎，唐娜？」唐娜抬起淚眼一看，對方竟然是她大學時代的好友兼室友珍妮特。

在問明唐娜原委後，珍妮特和她男友火速把她送到了會晤地點（但唐娜並沒有得到她的工作），然後又載她一起去用餐。幾個星期以後，唐娜和珍妮特就成為生意上的夥伴。她們經營的事業是到世界各地收購藝術品和古董，再轉賣給美國的買家。她們的生意非常成功，兩年後，唐娜就存夠了資金，拍攝她第一部的紀錄片。

唐娜在車子拋錨後所想像出來的故事中，並沒有包括碰到老朋友，並跟她成為生意夥伴、到世界各地旅行這樣的劇情，更沒有她會存夠資金拍紀錄片的劇情。

在碰到意外、不好的事情時，很少人會去預測有什麼美事會接踵而來，不過，很多時候，要是能這樣做的話，一個預測將會更形精確。發明史上充滿著由失敗發明所衍生出來的成功發明（例如，詹姆斯·瓦特就是因為製造了一部動不了的破幫浦才悟出製造真空狀態的方法來的）。我過去喜歡用懷疑的眼光去看待我的直覺，後來，我學會了改把這種眼光轉移到我想像出來的各種可怕的後果上，因此獲益匪淺。所以唯有透過強力的質問才能擊退憂慮。

如果你能常常運用你的想像力（就當成是智力練習好了），試著在一些不好的遭遇裡想像它們會帶來什麼樣的好處，你的創造力將可望大幅提升，這個建議就像小時候祖母總鼓勵著我們要從黑暗中找出一線光明。因為創造力能與直覺建立起連結，所以我便把這點寫入本書中。而直覺又是幫助我們克服生命中各種最艱鉅的挑戰的重要憑藉，愛因斯坦說過：「如果你能追隨直覺行事的話，解決問題的方法就會油然而生，雖然你不知道它是怎樣來的。」

一個名叫安德魯的青年好不容易才約到一個他心儀已久的女孩子，出來看一部她很想看的電影。可是，約會當日，他卻查不到電影在哪家戲院上演。等他花了大半天功夫找出戲院的所在地以後，電影票卻已販售一空。他們只好退而求其次，去看一部她第二想看的電影。不過，在排了四十分鐘的隊以後，售票員告訴他：票賣光了。至此，安德魯的約會可謂一敗塗地。安德魯的沮喪可想而知，而他也對看電影之難忿忿不平。可是，他並沒有因此而跟自己說：「也許這個令人洩氣的黃昏，反而會鼓勵我去發明一個電腦語音查詢系統。透過這個系統，想看電影的人不但可以知道有什麼電影正在上演、在哪裡上演，還可以事先購票。」

這正是安德魯．賈里奇（Andrew Jarecki）所做的事。結果，他發明了一套電腦化的電影查詢及購票系統，現在，全美國每星期都有數百萬的人在使用這個系統。（他後來也跟那個和他約會的女孩子結了婚。）

講了這麼多危險與傷害的故事，也分享了許多好的結果，我想將之歸結於一個重點：要記住，憂慮是一種出於自願的選擇，而在碰到可憂慮的事情時，我們的想像力並不是只有一種選擇。這個道理，在那些無關安危的場合（像面試或約會）也許關係不大，但在攸關生命安危的場合，卻有可能會救你一命。

在我們的天性中包含著美好的守護天使

基於工作需要，我常常會去做一些負面的預測。我的這種技巧是種強大的資產，因為人們總是渴望預先知道有什麼可怕的事情可能會發生在自己身上。你不相信？如果人們不是熱衷於知道可怕的事情，大城市的電視台又怎麼會一天花到差不多四十個小時的時間，去報導像下面這一類危言聳聽的事情：「**最新研究指出，手機可致人於死。詳情請觀看十一點的整點報導。**」「**三位民眾在吃了被污染的火雞肉以後一命嗚呼！當心你和你的家人會成為下一個受害者！**」

我對這類危言聳聽的新聞之所以感興趣，是因為它們可以幫助我了解，恐懼在我們的文化裡是怎樣運作的。我相當關注這點，因為要生存下來，就必須得知道什麼會對我們造成傷害。這就是為什麼我們在遇見嚴重車禍時會駐足現場。這不是什麼非自然的反常行為，這是在了解事故原因。大部分時候，我們藉著案發現場來吸引教訓：「駕駛可能喝醉了」、「他們一定是試著闖過才這樣」、「這種小跑車果然很危險」、「這個路口危機四伏」。我們將這些理論記起來，也許有一天可以用來救自己。

恩斯特・貝克指出：「人會恐懼什麼，是由他看世界的方式所形塑出來的。」他又說，動物的恐懼源於本能，「但沒有本能的動物（指人）就沒有設定好的恐懼（programmed fears）。」他錯了，我們有設定好的恐懼，而設定者就是電視新聞，另外所有的觀眾也受到一股無形的強大力量所保護，那就是我們的求生意志。電視新聞從來不會告訴你任何真正有助於改善你安全的事宜，而只會在那裡緊急地播出假的重要事件，讓你不得不對它投以十二萬分的注意。情形就如同有個人衝進你家裡大喊：「不要外出，否則你就會被殺！仔細聽我說的話，我的話會讓你得到安全。」這是電視新聞的叫賣手段。恐懼在我們的生命中確實占有一個重要的位置，但這個位置絕不在市場裡。

（說件私人的事情：雖然我的職業和各種犯罪息息相關，但我不看電視新聞已經有很多年了。睡覺以前有很多值得做的事情，沒必要花三十分鐘看那些號稱緊急、號稱與你的安危休戚相關的擾人畫面。況且這些都是捏造出來的緊急事件，它們常常錯誤地暗示你，收看這則新聞很重要。）

電視新聞嚇唬觀眾的伎倆有很多種。其中一種就是不時把一件駭人聽聞的舊新聞拿出來翻炒。各位應該還記得發生在加州小鎮喬奇利亞的學童綁架事件吧？綁架者挾持了一輛載滿學童的巴士，然後把巴士連學童一起關在一個採石場的坑洞中。後來，綁架者被捕，二十六名學童全部獲救。一年後，電視的新聞節目對這件事情做了回顧，同樣的新聞片被重播了一遍，整件事情的經過也被覆述了一遍。在回顧結束的時候，一個新聞記者在喬奇利亞鎮的街上緩緩向鏡頭前面走過來，然後用凝重的語氣告訴電視機前面的觀眾：「雖然事情已經過了這麼久，但這個小鎮的居民仍然常常會因為擔心舊事重演而從夢中驚醒。」

真的？他們真的會常常從夢中驚醒？真的還在擔心同樣的事情會重演——再有另一批歹徒將一車子的學童關在採石場的坑洞中？鬼才信。這類可笑的結語要不是為了要讓一則報導顯得重要，就是為了要給報導留下一個缺口，讓故事有可以繼續發揮下去的餘地。「究竟是否有更多人死亡仍有待商榷」。在電視新聞的世界裡，恐怖的故事永遠沒完沒了。我們很少會聽到一則報導會以以下的話作結：「這則新聞可說的就只有這麼多了。」

電視新聞最愛的用詞之一就是「警方在某某城市有驚人的發現」。衛星時代使得駭人畫面片段大增，所以現在就算你居住的城市沒有發生可怕的案件，你依然能在新聞上聽到「警方今日在里諾發現一起恐怖事件」，地點也可能會換成芝加哥、邁阿密或是委內瑞拉首都加拉加斯。案發地點雖然可能不是本地，但絕對會有駭人的鏡頭，這真是見鬼了。不管這些媒體有沒有在當地還是在全球及時找到恐怖題材，這些案件對你而言都既沒價值，也與你無關。電視新聞只不過是《資訊焦慮》（*Information Anxiety*）作者理查・伍爾曼（Richard Saul Wurman）口中的：「一系列無情死亡、事故及災難的清單，以及生活中的暴力壁紙」。

我談這些，不純粹是因為出於氣惱。弄清楚電視新聞的本質和它對人的影響，是一件跟各位的安全休戚相關的事情。首先，懼怕犯罪本身就是將自己受害者化的一種形式。再來還有個比這更實際的議題：一個恆常暴露在「緊急」或「危險」的吶喊聲中的人，在真正有危險出現的時候，反而很難將求生訊息從雜音之中辨識出來。由於電視新聞的目的是煽情而不是提供資訊，所以在究竟什麼才會造成危險這點上，我們只得到了扭曲的觀念。

試想一下，有一則廣為電視報導的新聞：「海豚攻擊泳者！」這樣的新聞會在數以百萬計的人心中建立一種新的連結：海豚具有危險性（但牠們一點都不危險）。雖然動物攻擊人類是電視新聞偏愛的題材，但人類卻顯然不是動物偏愛的獵食對象（因為我們骨多、肉少，又比鬼還精）。這種新聞的唯一效果就是把人們的注意力引向不大可能發生的危險，讓他們虛擲掉好一些察覺危險的本能。

電視新聞最喜歡做的事情是給罪案歸類和取名字。這樣做，除了可以加深觀眾的印象和對他人有毫無根據的恐懼以外，一無是處。我想起了一則發生在洛杉磯的新聞，說的是所謂的「高速公路槍擊案」。從電視上，我們可以看到駕駛人指著汽車擋風玻璃上的彈孔接受訪問的鏡頭，但卻沒聽到新聞主播告訴我們，當年高速公路發生的槍擊事件，事實上要比前一年為少，現況也跟從以前到現在發生過的事沒什麼不同，一樣沒有犯罪趨勢、沒有一連串攻擊，也沒有犯罪熱潮。最近，電視上也完全聽不到有關「高速公路槍擊案」的新聞。是因為不再有大熱天和攜帶武器的憤怒駕駛堵在車陣當中了嗎？還是高速公路槍擊真的絕跡了，還是因為這案件是連續劇的最後一季，所以記者沒新劇情可報了？

唯一的趨勢是，只要找到兩件類似的犯罪，而且都有衝擊性的畫面或聳動的訪談，電視新聞就可以把它們歸為一類，然後給它們下一個駭人的名字。以後，每發生一件類似的犯罪，電視台就會找出不同的受害者大肆報導，然後詳細告訴你，罪犯是怎樣得手的。久而久之，拜新聞報導的促銷所賜，這一類犯罪有可能真的會流行起來。

打開電視新聞，你常常會看到一個表情肅穆的記者，煞有介事地告訴你一件目前最流行的犯罪：「我站在最新一件『跟回家強盜案』的案發現場，受害者是城西一戶優雅的人家。這種強盜案，最近有增加的趨勢。你知道要怎樣才能避過同樣的災劫嗎？」聽他的語氣，就像如果你不細心注意他說的話，就會小命不保似的。接下來，他會告訴你一系列該注意事項（而其中有一些是連老嫗也懂的，例如：「不要讓陌生人坐你的車子」）。再接下來，你還會看到一個被冠以「『跟回家強盜案』專家」頭銜的人在螢光幕前侃侃而談。可是到了某一天，你會以為這類強盜案已經突然絕跡，因為電視新聞上再也看不到這一類的報導。接下來上場的新聞新寵，有可能變成是：「注意躲在手提袋裡跟你一起回家的歹徒！」而你的該注意事項則變成「手提袋變重」、「手提袋關不攏」、「有怪聲從手提袋中傳出來」等等。

雖然電視新聞讓我們有了不同的思路，但對我們而言最重要的問題不是「我有可能會怎麼個死法」，而是「我們要怎樣才能活下去」；要活下去，我們就得靠自己。

我的生活和工作，讓我有機會接觸到人類靈魂最黑暗的部分（希望我見過的就是最黑暗的一面，不會再有更可怕的了），但這反而加深了我對人類靈魂高潔部分的體認。體會過暴力之刺的惡毒，讓我更深刻的感受到仁愛之手的溫暖。

有鑒於各種暴力產業的瘋狂力量，而大部分的人仍然沒因此變得暴力，這點足證在我們自身之內，包含著某種神奇的東西。為了抗拒我們物種和我們文化所包含的惡質成分，我們不應該再把大銀幕上那些怒氣沖沖的復仇者當成英雄。真正的英雄應該是每一個尋常而善良的老百姓。林肯總統說過，在我們的天性中包含著美好的守護天使。這樣的天使肯定存在，因為我們大部分人就是靠著與祂們攜手同行，才會安然度過每一天。

許多年來，我一直生活在杞人憂天的心態之中，但我後來終於領悟到：世界雖然危險，但也很安全。各位和我一樣，其實都已不自覺地歷經了無數重大的風險，特別是我們每天都要在可能致我們於死的龐大機器間穿梭卻還沒有閃失，這類機器像是：噴射客機、地鐵、公車、電梯、電扶梯、摩托車、汽車（雖然有人中途出車禍受傷，但絕大部分都還是能抵達目的地）、家裡的瓦斯和電流，這些東西全都有可能致人於死。

更令人惶恐的是，我們周遭充斥著身懷武器且常常滿腔怒氣的同類。這些事情兜在一起，使得每天都像高危險障礙賽一般，連我們的祖先看了都會直打哆嗦。儘管如此，我們當中大部分的人還是安然無恙的存活了下來。這堪稱是個奇蹟。但數以百萬計的人不去為這種奇蹟驚訝，反而攪盡腦汁找些事情來讓自己憂慮，真是本末倒置。

馬克吐溫在暮年的時候講過一句智慧的話：「我一生擔心的事情多得不可勝數，但它們絕大部分都沒有發生。」

從本書所列舉的大量事例中，各位想必已經學到了很多跟預測與防範暴力有關的事情：從陌生人帶來的危險，到被親朋好友施加的打擊；從日常會接觸的暴力，到只會發生在少數人身上的駭人犯罪。我期望各位讀者，別再無端地恐懼他人了。我也期望，各位此後能更善用自己辨識警訊的能力。我最衷心期望的是，各位能夠透過本書認識到，凶險只存在於少數幾朵烏雲之中，而在烏雲的前後左右，盡是寬廣明亮的藍天。

後記

在寫這篇後記時，《恐懼，是保護你的天賦》的初版已上市將近一年，那時我還上了知名脫口秀主持人歐普拉．溫芙蕾的節目，坐在她身旁聽著她向觀眾介紹說：「每位美國女性都該讀讀這本書，因為有一天這本書很可能會救了妳。」我一直希望、甚至期待她這句話說得沒錯。不過，我可不期待讀過本書的美國讀者寄來成千上萬的信，（舉凡像是男男女女、家長、教師、學生、警察、檢察官和孩童等等），這意味著他們都遭遇到了危險（儘管他們能成功應用本書教授的觀念趨吉避凶）。不過，這些信對我而言，一直以來都是份禮物。

在歐普拉的推薦下，買了本書的人們之中，有位叫珍妮特（Janet）的加州女性。而在她購買本書之前，她手邊有一本複印本，那是她在亞利桑那州讀大學的女兒布萊兒（Blair）給的。在研讀本書幾周，這對母女迅速用了本書的測驗工具判斷出：布萊兒碰上危險了。

布萊兒與兩位女室友，亞曼達（Amanda）及雪兒（Cheryl）一同在校外租房子。雖然他們三人彼此和睦相處，但布萊兒的來信卻提到了一個長久存在的問題，說的是雪兒的海軍陸戰隊男友尼克（Nick）。布萊兒跟亞曼達都有個不喜歡他在屋內閒晃的充分理由，因為這舉動嚇到她們了：年初的時候，尼克打算在她們的租屋處自殺。她們都被他如此不穩的狀態搞得憂心忡忡。

因為雪兒跟尼克交往，所以她們覺得尼克可以來見她；但當尼克「從軍隊中退」並搬進來住之後，布萊兒便戰戰兢兢了起來。亞曼達總說，她無法忍受尼克在屋內走來走去、四處遊蕩，但突然間她卻不敢堅持要尼克搬走，也許因為她也害怕了吧。三人當中唯有布萊兒沒忽略掉以下這些顯而易見的事：一來尼克哪也沒去，二來他沒在找工作，三來他也沒在找住處。最後，她（布萊兒）認為總得做些什麼。

布萊兒跟她媽媽討論這個情況，然後讀了我這本書，她們馬上就注意到第十章家庭暴力裡面寫的一些警訊：尼克在控制雪兒（不讓她見朋友，決定她該穿什麼不該穿什麼等等）還有他極端的嫉妒心（隨時隨地打電話給雪兒，要雪兒交代行蹤，跟誰在一起）。她們母女還注意到，雪兒對此視而不見。

布萊兒試著讓亞曼達認清一件事，就是尼克確實是住進來了。她的信中描述了當時的感受：「我無法入睡，只要在房內我就感到不安，腦海中盡是迴盪著叫我趕快離開的聲音，感覺有什麼事要發生了。」

布萊兒做了最後努力，試著讓室友振作起來，可惜的是，她的這場振作大會失敗了。「當我們直接找雪兒談時，亞曼達居然說她跟尼克沒什麼問題，這讓我目瞪口呆。在跟我說了一年多她有多害怕尼克後，她居然還能這麼說。就在亞曼達能起身說出自己認定的事實時，她卻退縮了。不過我沒有，我對你有信心而且相信你的書；我內在的聲音遠比這間屋子裡的任何人都還更明瞭事實是什麼。」

這段期間，布萊兒隨時向她母親珍妮特更新近況，之後珍妮特決定聯絡兩位室友的父母，打算跟他們討論這情形。

這兩對父母都同意珍妮特所說的，他們也討厭尼克。他們告訴珍妮特，他們希望尼克搬走（然而單單希望並不能真的讓尼克走）。其中一位父母甚至要求尼克當天就走（不過要求並不會比希望來得更有力）。對珍妮特來說，很明顯地，另外兩對父母並不太願意干涉。

跟其他兩對父母通過幾次電話後，主題似乎變成珍妮特對她女兒自己就能處理好的事反應過度了。不可否認，珍妮特在跟成年女兒做朋友，與照顧已離巢子女的母親這兩種身分之間拔河，這尷尬的處境讓她對下一步該怎麼做（如果真該做點什麼的話）變得不知如何是好。她之外的其他父母對於該提供什麼樣的協助，都有不同程度的擔憂與想法；即使如此，雪兒的父母仍堅定認為：尼克並不危險。

於此同時，雪兒持續向尼克報告父母們討論的所有細節，就在某天珍妮特跟其他父母通過電話後，尼克狂暴地衝進布萊兒的房間，說道：「這都是妳的錯。妳最好有心理準備對未來會發生什麼後果付出代價。」

珍妮特當然願意透過否定問題的存在，來為其他父母帶來和平，但倘若條件是以女兒的人身安全來換呢？之後她就從女兒那裡聽到了「對後果付出代價」這句警訊，還聽到女兒和她另一位室友提到尼克這個「神經病」。

令人驚訝的是，幾天後尼克就搬出去了，但對其他兩位室友來說是好消息，在布萊兒看來卻是個問題。她不覺得尼克是個會輕易放棄的人。更重要的是，她的直覺對她發送了一則緊急訊號：「他會殺了雪兒，我就是知道他會。」她如此告訴她母親。

珍妮特聽了，立即毫不猶豫地前去帶布萊兒離開那間屋子。（之後她告訴我：「儘管無須再照料子女了，但父母終究還是父母。」）

在開了十小時的車到布萊兒住處後，珍妮特一刻也沒得休息。這對母女默默地趕緊打包行李。不需要解釋，他們倆都有股難以言喻的急迫感。很快地，布萊兒和她的行李都上了車，至此這對母女才從數周以來的不安中釋放。雖然布萊兒這頭沒有戲劇性的結局，然而雪兒那邊的結局卻很慘烈。

就在布萊兒搬走後不到一小時內，尼克帶著槍到她們住處綁架了雪兒。尼克綑住雪兒的雙手，載著她漫無目的開著車，一開始到遙遠的沙漠區，之後又開到了一間她們住過的小型汽車旅館。尼克在那停好車，便對雪兒咆嘯並大肆威脅，一些附近店家的員工看著他們想一探究竟，卻都下結論認為這對情侶只是在「鬥嘴」。這時，一名女顧客鼓起莫大的勇氣，毫不遲疑地跑向店員急呼道：「他車裡有槍，快叫警察！」

雪兒的恐懼（這次她不再否認了）當場釋放了出來，這給了她許多力量。她奮力抵抗尼克，最後終於逃出車子奔向店家。這會兒店家的反應速度倒快了起來，趕在尼克進來前將雪兒鎖進儲物間。失去雪兒的尼克相當沮喪，帶著滿腔怒火，從貨架上拿起一瓶清潔劑哭喊著：「我想死！」隨後就一口氣喝光了清潔劑（對一個帶槍的人來說，這種自殺方式有點奇特）。

一想到沒辦法抓到雪兒，尼克便從店裡開溜，但第二天隨即被警方逮捕。他被指控數條罪名，當中包含綁架。

我們能夠理解，也能夠原諒，為何布萊兒的兩位前室友以及她們的父母不願正視危險的事實。然而，那些室友的父母不顧雪兒在槍口下被綁架這個事實，仍然老練地否認到底，並指責布萊兒才是造成尼克這些舉動的「元兇」。幸好，布萊兒本人相當清楚，她沒能力、也沒有讓尼克變成一個暴力分子。難道以下這幾件事他們也要責怪布萊兒嗎？尼克幾個月前打算自殺、在軍中出的問題、出言侮辱並虐待雪兒卻又迷戀她。那股在尼克體內作用的力量，早在與布萊兒相遇前就存在了。

倘若在尼克持槍闖入屋內時，布萊兒還待在那，那麼她必定會親身付出代價，記取教訓。不過，正是因為珍妮特和布萊兒不顧他人的批評，堅持傾聽自己的直覺，才未招此厄運。

在我聽完珍妮特的故事一周後，另一位母親寄來了一封令人矚目的信。梅蘭妮（Melanie）正跟她十三歲的兒子布萊恩（Brian）在國內旅行。布萊恩的父親幾個月前過世了，所以這是趟療傷之旅。這趟旅程到洛杉磯之前一切安好，不過在他們下榻洛杉磯的一間飯店時卻遇上了個小麻煩，最後更持續了整整一年。

櫃台告訴他們，房間至少還要一個小時才會好。基於對飯店的信任，梅蘭妮同意將行李寄託給櫃檯人員（嗯，至少行李會放在櫃台人員周邊）。接著她就與布萊恩一同到飯店附近的商家閒晃。一個小時後他們回到飯店，櫃台講了一件事令他們方寸大亂：「您的房間準備好了，但如果您們剛剛有寄放行李在這的話，有人不小心把您們的行李裝上禮車送去機場，還放在那了。我們現在試著去找您的行李，然後，嗯，很抱歉讓您不安了。」

櫃台以毫無創意的方法在解決這麼大的麻煩，而且事實上他們根本就只有沉默，於是梅蘭妮要求找其他人出面解決。接著櫃台指著一位正在跟布萊恩談話的男士說：「副理哈德遜（Hudson）正在處理您的事情。」梅蘭妮心想這也太奇怪了吧，他跟我兒子談卻不跟我談。嗯，至少他真的在談。

梅蘭妮穿過大廳要加入他們談話，途中她聽到副理說：「我很確定我可以給你一支安德烈．阿格西（Andre Agassi）的簽名網球拍。」很顯然的，布萊恩跟這位副理分享了他對網球的熱情，雖然簽名球拍是份大禮，但這並不能解決他們當下迫切的需求。然而，哈德遜先生還準備好要幫其他的忙。他幫他們安排了一間雙人床套房，提供牙刷、牙膏、兩把梳子，當中最有用的莫過於飯店隔壁那間百貨公司價值兩百五十美金的禮券。最後他還表示，他甚至能在他們回芝加哥時，幫他們把機票升等到頭等艙。總的來說，除了哈德遜先生持續到後來的慷慨之外，這趟旅程的收尾還不算差。

旅程結束數周後的某個下午，梅蘭妮發現布萊恩正坐在廚房裡，不知跟誰在友好的講著電話。她很自豪她有個許多母親都擁有的特殊能力：能夠單從對話的一頭就精準辨識出她們的孩子在跟誰聊天。但這場對話的跡象卻不太正常。那是他哪個朋友嗎？布萊恩這方面實在太含蓄了。對方是陌生人嗎？但他們的對話聽起來卻又很熟似的。雖然這通電話講的都是一些尋常話題：運動、電腦、網路，但其中也參雜著一些不尋常的話題：服飾、旅行，當中最奇怪的一個是：本地旅遊。最後就連這位布萊恩什麼都會向她招供、同時也是世上最了解他的首席專家也被難倒了。梅蘭妮不出聲的問道：「在跟誰講電話？」布萊恩手摀著電話答道：「艾迪。」

「誰是艾迪？」

「你還記得嗎？就是那位在洛杉磯的飯店幫我們的那個人。我上個禮拜跟他通過電話，他說他要來我們鎮上。唉，他到了，他想要知道我能不能帶他到密西根湖附近的海灘逛逛。」

梅蘭妮想起了當初哈德遜先生（現在叫艾迪〔Eddie〕）幫了他們多少，而且布萊恩很顯然很喜歡他。這個人看起來沒什麼問題，但說到要跟他去遊湖還是覺得不太舒服。

於是她告訴布萊恩，艾迪可以順道來拜訪一下，不過就僅此而已。

艾迪隔天就登門來拜訪他們了，還帶了一支網球拍要給布萊恩（儘管沒有簽名，但確實是支漂亮的球拍）。他和布萊恩坐在客廳聊天，梅蘭妮則探頭出來簡短說了句你好。

幾周後艾迪又登門拜訪。這次的旅程他花了些時間在布萊恩和他的兩位朋友身上。

艾迪離開後，布萊恩找他媽媽提了一個大要求：艾迪想帶他去亞特蘭大看網球錦標賽。考慮到布萊恩已經失去了爸爸，梅蘭妮覺得布萊恩花點時間跟成年男性來往對他有益，但對象不該是什麼剛認識的人，也不該是什麼城外之旅。梅蘭妮告訴他失望的兒子，她們必須拒絕。不過她同意了布萊恩的請求，至少要告訴艾迪她們的顧慮。

艾迪對這趟旅程提出了一個更加有力的論據：這是人生難得一見的機會，布萊恩熱愛網球，他會遇到許多跟他同齡、也跟他一樣喜愛這場比賽的孩子。他們一天半之後就可以回家了，而且整趟旅程不需要花任何一毛錢。正當梅蘭妮想著這會不會有點太慷慨時，艾迪又提出了要給她兩張環遊機票，任她想到美國哪裡都可以。

梅蘭妮跟艾迪說她得想想，她也真的在思考。她將這件事告訴了她幾位朋友，這些朋友認為她應該接受艾迪的好意。（毫無意外地，最贊成這個想法的人，正是可以跟梅蘭妮來趟免費之旅的那位。）梅蘭妮覺得布萊恩很享受與艾迪一同相處。最重要的是，她覺得艾迪看起來是個非常好的人——不，他就是好人。

但總覺得哪裡怪怪的。

請回想第四章比利的故事，就是在飛機上釣馬子的那位。僅僅看這個背景脈絡，就顯示出一些可以做的預測。讀到本書第四章時，梅蘭妮系統性且客觀地重新敘述了整件事的脈絡：妳遇見了一位有專業能力的人（比如說飯店副理），他留了妳的電話號碼，之後又直接打給妳十三歲的兒子。他兩次橫跨半個國家去見一個才剛認識的男孩，然後還邀他出城遊玩。這對梅蘭妮來說，已經是足夠的判斷資訊了。

儘管布萊恩持續遊說梅蘭妮，也顯得相當沮喪，但她還是不讓布萊恩去。接著梅蘭妮還做了一個鐵定相當不受她兒子和艾迪歡迎的決定。某天傍晚，艾迪帶布萊恩和他兩位朋友看完電影後，她要求跟艾迪單獨談談。

「我對於你出現在布萊恩的生活裡感到不舒服，所以我決定一切就在今晚打住。謝謝你一直以來所做的，而我也會向我兒子解釋我的決定。」

相當詭異地，艾迪沒有詢問原因、沒有協商，事實上他連說也沒說什麼。他就只是離開了。梅蘭妮覺得艾迪立刻就接受她的決定很是可疑。然而，稍後看見難過的布萊恩，她不禁懷疑自己的直覺是否誤導了她。但她也無須懷疑很久。

雖然艾迪已離開他們的生活，但有個充分的理由，所以他仍留在布萊恩的心中。布萊恩不願告訴他母親的事實是：艾迪常常跟他討論性事和情色書刊。某天傍晚，布萊恩的兩位朋友來家裡玩，而梅蘭妮正好外出一小時。就在那時，艾迪帶了支露骨的情色影片給這三位男孩看。

梅蘭妮最終還是知道了這些惱人的細節。倘若她讓布萊恩跟艾迪去旅行，毫無疑問的，只會滋生更多事情。她救了兒子，讓他免於最糟的友善傷害，而這種友善通常來自於所謂的「好」人。

今年我還聽到了其他幾則引人注目的故事，比如有位叫芭芭拉（Barbara）的女性來信寫到，她生命中的兩位朋友皆因受不同的連續殺人犯謀殺而逝世。第一位朋友於一九七六年死於加州聖馬刁郡（San Mateo County, California）連續謀殺犯之手，她是這位人犯所殺的五位女性之一。然而這宗案件始終未偵破，所以芭芭拉也不清楚兇手究竟是誰。不過第二宗案件，芭芭拉就很明確知道是誰殺了她朋友。事實上，她甚至在案發前就知道會發生數宗謀殺案了。

她在信中解釋：「起初我不覺得我室友帶來的兩個人最後會殺了她。但是，我對他們兩位的反應，就好像她帶了兩位惡魔的化身回來一樣。的確，她真的帶了惡魔回來。凱琳（Karyn）想讓他們住進來，還辯稱他們無處可去，但我堅持他們得立刻離開。令人難過的是，凱琳決定跟他們一起走。」

芭芭拉遇到的這兩個人叫做蘇珊（Suzan）和麥克・卡森（Michael Carson），就是本書第十二章提到的連續殺人犯。「我知道，要是凱琳一開始就跟我一樣對卡森感到害怕的話，那她就能倖免於難了。當初我保護得了我自己和其他幾位室友，卻保護不了凱琳。傾聽直覺救了我一命，也許得救次數比我想的還多。」

另一位叫做莎拉（Sarah）的女性來信跟我說：「直到讀了你的書我才了解，直覺它以前曾試著警告過我好幾次。」信中她還提及一位十四歲時結交的閨密邦妮（Bonnie）。邦妮是她每天高中放學後一同打工所交的朋友，也是上同一所大學的朋友。她講述了從一開始不願懷疑，到極度懷疑邦妮男友湯姆（Tom）的過程。莎拉憶起了湯姆如何讓她與她的童年好友邦妮越來越少見面、越來越疏遠的事，直到最後再聽見她的消息，就是憾事了：邦妮被捅了十幾刀後放火燒掉。那個被逮捕並以謀殺罪被起訴的人（可預料得到）就是邦妮的男友湯姆。「因為我眼見心中的不祥預感真的發生，所以他們之間的慘事對我的預感而言就更說得通了。」得知謀殺判決被推翻的莎拉萬般沮喪地說。

在眾多來信當中，有許多女性的至交閨密被丈夫和男友殺害，莎拉的朋友邦妮就是其中之一。她們每一位的直覺都曾對她們發出警訊，然而當下她們卻都不當一回事，且她們畢生還被訓練要忽視這類警訊。

在他人認定珍妮特和梅蘭妮的直覺有誤的情況下，她們仍能傾聽自身的直覺，這才得以拯救自己的孩子。布萊兒和芭芭拉傾聽了一則再清楚不過的警訊：恐懼。正因她們用心傾聽了內心的恐懼，所以才能趨吉避凶。但事情並不總是如此；我實在遇過太多不好好傾聽恐懼的人了。去年在全美各地舉行新聞發布會宣傳這本書時，我注意到一個有趣的型態：幾乎所有我遇到的記者，都會在某個時間點打斷正式訪問，然後開始重述自己曾害怕過某某人的親身經歷。當中某個記者曾被「怪」鄰居威脅而陷入麻煩。另外一個則是她的前男友死不讓她走。還有幾個很害怕他們的同事。我真的很習慣聽到這句話：「請問你會介意我問你一些事情的意見嗎？」

聽眾會叩進廣播節目，問我一些危險暴力相關的問題；電視節目的現場錄影觀眾也等著錄製完後跟我聊聊，另外還有許許多多的人會寫信問我意見。當中有些人能確切找到自己害怕什麼，有些人則不；但無論找到與否，這些恐懼都搞得人們憂心忡忡，所以他們才想找我談談。我能了解對談本身為這些人帶來的好處。雖然大部分的人難以啟齒自身的恐懼，不過一旦以新的思路來看待，就能得到寬慰：這思路就是把恐懼當成人類經驗的一部分。一位名叫安德莉亞．羅菊格（Andrea Rodrigue）的女士來信寫到：

> 閱讀你的著作前，我任由想像還有新聞上的所見所聞奪走我最美好的生活。我持續四處徘徊，等著壞事降臨。不過現在我了解，一旦我腦海裡盡是這些令人提心吊膽的事，我就無法看清眼前即將發生什麼。比如：我停好車，穿過漆黑的停車場走向雜貨店時，若耳中滿是因害怕受攻擊而產生的嗡嗡聲，而假使這時有人靠近我，我反而會因此聽不見。順帶一提，我因為種種恰當的理由（包含有趣）和一個有毛病的原因，才改開一部兩人座的小車：因為在買這部新車前，我常常得反覆確認舊車後座是否有陌生人。我猜大概是看了太多十三號星期五系列電影*的關係吧。

我收到安德莉亞的來信時，美國正深陷於一場極大的恐慌中：安德魯．庫納南（Andrew Cunanan）連環殺人事件（這位兇手殺了時尚設計師凡賽斯〔Gianni Versace〕和其他許多人）。我回想起庫納南開始出現在新聞報導上的那幾周，常態節目時常被最新的恐怖預測插播給打斷。舉例來說，新聞告訴我們只要庫納南還留在街上，那我們每位美國人就危險了。

事實是，如果庫納南這十年間以同樣的速率殺人的話，也不會相當於一小時內吸菸致死的人數，或是一周內遭父母所殺害的孩童人數。換句話說，每位美國人**並不會**因為庫納南而身陷危險。再來，我們還被警告他是隻變色龍，是個偽裝大師（但所謂的偽裝不過就是**戴不戴眼鏡**而已）。

因為媒體鋪天蓋地的報導，全美所有人都信從了庫納南很可能會出現在家門口的無端恐懼。隨著安德莉亞的來信，這讓我想了解為何美國人在擔心這種搖不可及的危險。答案似乎是因為我們有大把的時間可以擔心。有別於地球上大部分的人，我們美國很安全、很繁榮，正因很安全所以我們擁有杞人憂天的**奢侈**。

試問，有位波士尼亞（Bosnia）媽媽在戰亂中試著保護自己和她的孩子，那麼她有時間能夠享受許多美國人所著迷的恐懼嗎？我不認為她有。**

我們來重新檢視一下美國人究竟在恐懼什麼。題材取自一篇刊登於《今日美國》由輿論研究公司（Opinion Research Corporation）所做的全國性民意調查，這是一份地方新聞報導的模擬災難指數（virtual index of catastrophes）。例如，民調顯示有五分之一的回覆者說他們害怕遇到空難。有鑑於每當世界各地發生飛機墜地的事件時，我們總能在新聞上看到相關報導，所以這數字並不意外。但結果是，有些人在開車前往機

---

* 美國八〇年代的知名恐怖片。

** 在此作者指的是爆發於一九九二年至一九九五年的波士尼亞戰爭。

場的途中，大概還在牽掛著墜機事件。諷刺的是，他們當下在做的，就是美國人所做的最危險的事之一：不專心開車（你會假定七四七的機長在執飛時因為害怕車禍而曾分心嗎？不可能吧。但這類擔憂在統計上卻相當顯著）。

儘管實際上只有一五〇分之一的機率，但仍有三分之一的美國人恐懼成為暴力犯罪的受害者。這並不難理解，雖然人們有時候將恐懼放錯地方了；然而，在電磁領域（有百分之十六的美國人會害怕）或食物汙染方面的恐懼（占百分之三十六）呢？這類最新的恐懼，跟餐點內含的膽固醇一樣諷刺；因為未受汙染或所謂的安全餐點，實際上卻貢獻了更多死亡數（高膽固醇就等於心臟病）。

其他人還害怕什麼呢？嗯，好吧，還有待在不安全的建築物內（占百分之二十四）或暴露在外來病毒之下（占百分之三十）。順帶一提，我還真的遇過這類的人。有一檔新聞特別製作了致命新型病毒的節目，討論的是在周末結束前，此種病毒會橫掃全國殺光所有人。這聽來駭人聽聞、難以忽視、得好好瞭解個究竟、「親愛的，請好好待在家！」不過，這當然是電視節目杜撰出來的疾病。正如你早已猜到的，這是食肉菌感染（Flesh-eating disease）。沒有什麼人真的感染到這種疾病，電視台帶來了一位擔心自己**可能**罹患此病的女性。在她走進攝影棚前節目組的人將我介紹給她，而我在觀看她的訪問時，心中突然想到，她可以在跟我握手前就告訴我這些的。但無論如何，她沒有罹病，我也沒有，而你也不會有。

我已跟好幾位新聞製作人討論過這種恐懼，其中一位自信滿滿地告訴我：「一點小擔憂並不會傷到任何人。」然而事實上，擔心與憂慮確實傷害了許許多多的人，舉凡像是罹患高血壓、心臟病、憂鬱還有抽菸等等的緊張習慣。以上種種習慣每年殺害了成千上萬的人，其數量遠遠高過外來病毒、電磁領域以及墜機事件的總和。

這些天看著本地新聞的故事播報方式，我想到每晚的播報應該可以像這樣簡單開場：「歡迎收看本節新聞；很驚訝您又成功度過了一天。」

總的來說，民調顯示出一件不可思議的事情：比起他們的成長時期，現今有整整百分之九十的美國人感到更加不安。但讓我們來好好思考一下，那個年輕時「更加安全」的世界。對民調中大部分的回覆者而言，在吸菸減少之前，在癌症早期檢測之前，在九一一緊急電話號碼系統向調度員顯示遇難者的地址前，當時並沒有所謂的安全氣囊或強制繫安全帶的規定。你回憶起的那個無所牽掛的五〇年代，是個還沒有所謂的電腦斷層掃描、超音波、器官移植、羊膜穿刺和冠狀動脈繞道手術的年代（不可否認，當時沒有愛滋病，但卻有小兒麻痺）。你回憶起的那個如此安全的六〇年代，還是個憤怒的世界強權計畫著核武攻擊、而學童還得做常態空襲演練的年代。

本書已探討了許多類別的暴力，而我們在這個媒體時代所見的暴力，顯然比起我們年輕時的更加駭人。但重點是我們「**所見**」的暴力。多年前的冷戰時代，我們曾有過一連串小規模的恐懼可供參考。如今身處衛星年代，我們不用親身經歷那些災難；但我們會親眼經歷**每個人的**災難。這也難怪會有這麼多人害怕這麼多事。

也許你認識一些人，這群人相當擔心致命悲劇會發生在自己身上。根本上，有個方法可以知道，他們並不認為這類事情真的會發生。在此我來解釋原因：請在紙上畫一條直線。在線的左端寫上「出生」，然後在線的另一頭寫上「死亡」。隨後，依據現下的生活狀態要求這些人在線上做個記號。您也可以試試：

出生 ———————————— 死亡

你將看見，幾乎所有人做記號的地方，都顯示出他們還期待能活得更老。所以，我們還有大把光陰。難道我們想將它耗費在擔憂上嗎？當然，我們無法控制什麼事會降臨，但我們可以控制該專注在什麼事上頭。是安德莉亞．羅菊格在信中如下談到本書如何影響她，才讓我有了以上的想法：

我不是在說往後我光憑著直覺會救我這點，就可以盲目地走在漆黑的巷弄間，而是說我會有意識地清除心中那止不住的憂心忡忡。

謝謝你，安德莉亞。聽到妳說本書讓妳和其他人變得更安全、更免於害怕，我心存感激。妳行事不魯莽，同時也不會瞎操心。妳知道恐懼在必要時才會過來，引起你的注意，也知道其他時候它並不會打擾妳。

蓋文．德．貝克　一九九八年五月

致謝

一旦各位讀者自本書中學到各種知識，定會想感謝各位專家的專業奉獻。他們當中包含了我的經紀人、親友凱西·羅賓斯、優秀的編輯以及教練比爾·飛利浦。為了節省書籍空間，在此將不一一列出他們教我的一切一切。我也想感謝讀過我初稿並給予意見的以下這些人，他們給了我很大的指教，他們是：熱誠的艾瑞克·厚瑟、邏輯極佳的泰德·凱鴻、直覺力強的艾瑞克·艾斯納、鼓舞人心的山姆梅利爾、讓人放鬆的哈威·米勒、照顧人的維多利亞·普林斯波、真誠的羅德·路里、富有法律意識的梅德琳·夏特、支持我的凱特·貝爾斯、蘿拉·哈里斯、大衛·喬立夫、艾利森·博內特，最後還有力求正確的首席研究員康尼·米屈那，謝謝你們。

查爾斯·哈武德、沙拉·克里屈頓以及彼得·貝內德克，感謝你們至始至終的支持。投入了本書這片知識叢林後，有幸依靠著你們三位的睿智及經驗指引出路：帕克·迪茲、華特·黎斯勒以及約翰·莫納漢。感謝你們。

感謝美國特勤局的拜倫·沃斯奎爾和羅伯特·凡博士帶領我探索各種新觀念。你們的「傑出案件研究企畫」本身就相當優秀，它定能大大降低世界最危險工作的危險性，也就是美國總統。

感謝司法部長珍妮特·雷諾和美國法警局主任愛德華多·岡薩拉兩位在「馬賽克威脅評估系統」上的鼓勵，以及史蒂夫·威斯登及其加州警察特調組同仁。美國聯邦調查局行為科學組的羅伯特·雷斯勒、吉姆・萊特、羅伊・黑茲伍德。美國中央情報局數位不具名同仁。美國最高法院的丹尼斯・查帕斯及其同仁。洛杉磯郡警長部的警長謝爾曼・布拉克、助理警長麥克・桂恩、中尉蘇・泰勒，謝謝你們的熱情與支持。洛杉磯警察局的約翰・懷特、吉姆・麥莫里。波士頓大學的史蒂芬・代林。耶魯大學的吉姆・佩洛帝。美國國會大廈員警威廉・季默曼、理查・羅培茲。也感謝創建洛杉磯警察局危機管理組的羅伯特・馬丁。

回顧至一九八三年參與過我公司第一個「威脅評估與管理會議」的華特・里斯勒、麥克・凱林頓、凱比・卡能、比爾・麥門、伯頓・凱茲以及皮爾斯・布魯克。因為有你們，這個會議才能稱得上勉強順利進行，我由衷感謝。

感謝我傑出不凡的朋友，你們提供的課程貫穿了整本書：琳達・修梅克、亞瑟・修羅克、蘿絲梅莉・克魯尼；米格爾、賈比爾、摩西塔、拉斐爾以及瑪麗亞・費爾；琴・馬丁、吉娜・馬丁、斯坦・佛雷伯格、堂娜&堂娜・佛雷伯格、麥可・葛雷果里、派梅拉、波蘭及摩根・梅森、彼得、艾莉絲、安德利亞以及湯姆・雷斯里、柯尼・賈拉漢、葛雷果里・歐爾、歐爾、瓊・瑞維斯、艾倫・卡爾、布魯克・歐爾斯、維多利亞・普林斯波、哈利・葛雷斯曼博士、珍妮佛・葛雷、麥可・福斯以及崔西・波蘭、廉、小艾德・貝葛利、湯姆・漢克斯以及莉塔・威爾森、東尼及貝奇・羅賓斯、妮娜・泰斯拉、傑瑞・萊文、傑夫・金博文、雷斯里・安・華倫、蘿拉・鄧、榮恩・塔夫特、傑米・法蘭克福、吉米・米勒、大衛・維斯可、湯姆・諾蘭、馬克・布萊恩、麗莎・葛登、蓋瑞・山德林、湯姆&琳・史考特、艾瑞克、坦雅・埃朵、安德魯、南西・賈瑞奇。

再來是生命課程的導師群：比奇斯・佛斯特、傑夫・雅各、諾曼・里爾、華特・紀夫金、諾曼・柏克、戴羅・萊特、比爾・善梅斯、布魯斯・金、珊迪・李維克、哈利・葛羅斯曼、鮑勃・溫岑、邁可・康特瑞、羅傑・戴維斯、吉姆・查菲、蓋瑞・皮爾、林登・果斯、約翰・威爾森、華特・德克爾、詹姆斯・起普斯・史都華、法蘭西斯・皮茲里、史蒂芬・佩吉・蓋里堤、唐納・凱爾、莉莎・蓋塔、芭芭拉・紐曼。特別感謝來自李察・布蘭登的勇氣與鼓舞。

再來要感謝教導家庭暴力並致力減少此方面傷害的專家，我獲益良多，他們分別是：史考特・葛登、瑪西亞・克拉克、克里斯・達登，吉爾・賈西堤、比爾・哈吉曼、凱洛・雅內特、凱西・葛恩、湯姆・席克爾、貝蒂・費雪。謝謝克服暴力互助會的成員。致葛曼家族、彼得・傑柏曼還有丹尼爾・彼得羅切利，謝謝讓我加入你們的團隊。

接下來是要致謝我幾位朋友，是你們教會了我及其他友人在人生態度上該追求榮譽、誠實正直，以及負責任，他們分別是：歐普拉・溫芙蕾、勞勃・瑞福、蒂娜・透納、麥可・艾斯納。

感謝史蒂芬・史匹柏、芭芭拉・史翠珊、梅莉・史翠普、湯姆・漢克斯等演藝人員的貢獻，你們在電影中教會了大家如何在各種場合機智地對抗挾持人質的惡棍，比如摩天大樓、航空母艦、機場、飛機上、火車、地鐵以及巴士等等。

感謝你們的勇氣：泰瑞莎・索爾達娜、雪羅・蘭德爾、魯賓、麗莎・布萊德、傑克・戴爾、奧莉薇亞・紐頓強。

感謝蓋文・德・貝克顧問公司的所有同仁：麥可・拉菲佛、傑夫・馬垮特、喬許・戴瑟琳、喬許・高斯曼、羅伯特・馬丁、萊恩・馬丁。還有負責非公開作業的其他外部同仁RNI，EPR，BNI，FAL，GCO，MDE，REA，KKE，CBC，SGA，BDU，BCA，JJC，JVD，JTI，RMO。你們全體都至關重要，你們的優異能力、專業素質、全然致志還有不凡成果令我感到驚喜。最重要的是，很榮幸與你們共組團隊。

致斐濟的幾位朋友，由衷感謝你們成為我的研究對象。

若沒有查理．羅斯介紹我認識李察．布蘭登和什溫．紐蘭，並將我們引介給其他眾多的優秀作家，本書將無法付梓。

最後，致蜜雪兒．菲佛，你不只是我最珍愛的朋友，還是這世上最棒的女演員。致我的好兄弟尚恩．凱塞迪，敬我們二十四年間的情誼與相互支持。致凱莉．費雪，謝謝妳在妳著作之一的文末對我寫上：「沒有這些人的幫助，就沒有機會成書並在此獻上致謝。」凱莉，在此我也要用妳的這句謝詞向妳致上謝意。

當然最後也要謝謝凱莉。

附錄一

訊號及預測策略

前事件指標（PINs）
強加的同志感
迷人與親切
放債
堆砌細節
不請自來的保證
加標籤
對「不」字不予理會
面試
相反相成原理
羅列三個替代預測選項
正當性、剩餘選擇、後果、能力（JACA）
可靠度、嚴重性、花費、有效度（RICE）

直覺的徵兆

煩躁不安
不對勁
幽默
納悶
焦慮
好奇
預感
直覺
懷疑
嫌疑
猶豫
擔憂
恐懼

附錄二

可用資源

全國家庭暴力熱線1800 799-SAFE

這支熱線提供各種資訊、支援以及將受害者轉送到就近的受虐婦女庇護中心。網址：www.ndvh.org

IMPACT自衛課程

為女性提供肢體接觸自衛課程，課程中會提供以下資源：穿著護具假扮成攻擊者的教練、避免衝突的語言技巧（以降低受害的可能性）、將女性體格當成自衛優勢的技能。美國各大城市皆有提供。詳情請洽IMPACT。電話：323 467-2288 網址：www.impactpersonalsafety.com

美國兄弟姐妹會（BIG BROTHERS / BIG SISTERS OF AMERICA）

致電代表號：215 567-7000（電話依地區有所不同），內有相關傑出指導計劃如何運作的詳細資訊。網址：www.bbbs.org

愛藍儂家族團體（ALANON FAMILY GROUPS）

幫助酒精成癮家庭的單位。大部分的區域都有針對孩童及青少年提供特殊援助團體。您可直接與愛藍儂或透過當地的酒精成癮匿名辦公室聯絡。或致電757 563-1600 網址：www.al-anon.alateen.org.

全國犯罪受害者中心（NATIONAL CENTER FOR VICTIMS OF CRIME）

提供犯罪受害者資訊援助的非營利組織。該中心不只提供研究贊助，也為公司行號及政府行政單位提供訓練，亦是犯罪司法相關資訊、統計數據及解決方案的資料庫。電話：1800 394-2255網址：www.ncvc.org

附錄三

槍枝安全

對某些人來說，禁制槍枝在心理上就等同於被政府閹割掉一般，所以我必須澄清：我並不是在挑戰美國所謂的擁槍權（順帶一提，在美國因擁槍權之名死於家中的人數還比戰場上多得多）。而我也不是在提倡槍枝管制，我提倡的是更實際的東西：**子彈管制**。

我提議應該讓槍枝製造商跟其他消費產品一樣，用同樣的標準對其產品負起法律責任。想像一下，如果用類似加油站的槍型油管方式來販售具腐蝕性的水管疏通劑，豈不是很容易傾倒嗎？若還透過名人代言吸引小孩購買不就更危險？雖然這並非該產品的用途，但在這種狀況下，疏通劑就是容易傷到人。手槍有明確的用途，難道這幾十年來製造商就不該被要求在手槍上內建實用的技術安全機制嗎？連電鑽都有安全扳機了，但左輪手槍卻沒有。

槍上應該要有個零件用來防止小孩誤擊，或是一種限制槍枝主人才能操作的科技（比如說密碼鎖或腕帶，或內建的組合鎖），但同時又能像開小孩的維他命罐一樣，輕鬆地擊發大部分的手槍。

談到瓶裝產品的防偽標籤，在泰諾（註：Tylenol，止痛劑品牌）受污染的產品造成八人死亡後，數百萬瓶消費產品上使用的設計就做了變更。該悲劇事件完全超出了廠商的控制範圍；相較之下，槍枝製造商明知道他們的產品**每周**會造成五百名美國人死亡，卻仍蓄意熱情地製造槍枝，而且我們也不要求安全機制。

廠商販賣著專門設計來破壞身體組織的產品，這產品有效、快速、易攜帶而且致命，比起你用的其他產品安全要求還更低，你認為這有道理嗎？

槍枝製造商會說，他們的買家都清楚也接受槍枝帶來的危險，但這無法解釋為何單單一年內就有四十名紐約人死於意外流彈，也無法回答為何有些人購買彈藥是一種不得不的選擇。

要確定槍枝製造商沒有誤解，讓我現在就做我希望更多美國人一起做的事，就是向廠商嚴正聲明：

我，不接受你們的產品能夠預防危險。作為一位潛在受害者，我不會與柯特、史密斯韋瑟、儒格（Colt, Smith & Wesson, Ruger）等軍火公司簽署任何帶有暗示性的協議，因為你們的槍枝並未內建兒童安全鎖及其他安全機制，而這正是明顯減少可預期傷亡的功能。據此，我也要求你們負起責任。

有些擁槍者解釋說他們沒有小孩，所以不需要槍枝安全鎖。嗯，但是別人有小孩啊，有一天總會上門拜訪吧！比如說，你周末緊急叫水電工來修水管，他會帶上他那無聊到發愁的九歲小孩，然後無意間發現你的槍。

另一個常見的不上鎖理由是，他們必須得在緊急的時候能立刻開槍，譬如深夜時分。想像一下，在你熟睡時，轉瞬間發現自己在漆黑的高速公路上，以七十公里的時速開著一輛向前猛衝的卡車。這就是槍枝擁護者大力堅持的條件，他們希望一從床上坐起來就能不假思索地朝黑暗中開槍。根據美聯社的報導，一名槍枝主甚至連從坐都沒坐起來；她將手伸到枕頭底下拿起她的點三八左輪手槍，以為是她的氣喘藥，接著子彈就打到臉上了。

雖然光是加州每年就有近十萬把槍遭竊，但加州人每年仍買了六十五萬把槍作為彌補。這也難怪在一周內，就有近乎一千名加州人遭受槍擊。而大部分倖存下來的人訴說著這些磨難，讓聽到這些恐怖故事的人嚇到連忙衝出門去買槍。這點相當值得思考，但我的重點是，只要這些被偷的槍有上鎖打不開的話，那它也就沒什麼價值，也不會造成傷害了。

同時，若你擁有一把槍，那你可以做一件廠商所忽略的事：將它上鎖——不是把槍鎖在櫃子裡還是衣櫃或抽屜之類的，而是鎖住槍本身。這對部分小孩來說很重要，因為有人會認為他們已經把槍放在小孩拿不到的高處，或槍本身很難擊發，事實上卻不是如此。

手槍鎖可以上槍械店和運動用品店購買。儘管有些鎖不是專門賣給槍枝用的，但許多種掛鎖仍然可以穿過扳機護環，放在左輪手槍扳機後面。若要選高品質的鎖，可以選擇柯賓（Corbin）公司出產的數字密碼鎖，各大五金行都有賣。這種鎖的好處是如果入侵者拿著你的槍指著你，那麼你一眼就能看見槍還上著鎖。密碼鎖也可自行設定密碼，只有槍主才能迅速解碼卸鎖。

附錄四

做好戰鬥的心理準備

防彈心：在遭遇暴力時占上風…與之後（*The Bulletproof Mind: Prevailing in Violent Encounters... and After*）。由我蓋文·德·貝克指導的訓練系列影片，內含五大部分，總長四小時。

警察與軍人都知道為了戰鬥的需要，就得長保身體準備就緒，但因為心靈控制著我們的四肢五官，所以在鍛鍊身體之前，更重要的是先妥當地做好心理建設。

本系列影片邀集了執法及軍事領域專家與全國權威專家齊聚一堂，討論唯一的主題：殺人。從中你會學到面對死鬥、有人企圖要殺死你時，你身體的血流速、肌肉、判斷、記憶、視野以及聽覺究竟如何反應。此外還能學到如果已遭到射傷，要如何繼續逃跑，要如何做什麼心理建設求生而不是等死。

戴夫·葛洛斯曼（Dave Grossman）的訓練不僅富含資訊，它也能讓你帶上盔甲安然度過一生。

若欲知更多**防彈心**的資訊，請上下列網址：www.gavindebecker.com

附錄五

蓋文・德・貝克公司事務所

自一九七七年起，蓋文・德・貝克事務所已發展出許多開拓性的策略來保護公眾人物、政府機構、公司行號以及其他面臨大量私人安全挑戰的人。現今，共有兩百位夥伴一起在各大城市提供保全相關諮詢服務，我們有提供辦公室服務的城市如下：洛杉磯、紐約、華盛頓特區、芝加哥、西雅圖、舊金山、聖塔芭芭拉以及夏威夷。

保全部（Protective Security Division）

本公司的保全部為世上最優質的頂尖保全服務商，為高風險公眾人物與場所提供保全服務。部門內還有另一單位「安全運輸辦公室」，該單位提供安全機密運輸服務，採用裝甲強化車輛運輸。對七人或以上的合格團體，該部門提供保護公眾人物的專門培訓（內含公司的學會活動）。

威脅評估管理部（Threat Assessment & Management Division）

威脅評估管理部專職評估具威脅及不當的通訊方式，並且協助顧客處理那些不請自來的各式情況。對於顧客所面臨種類繁多且不斷變化的安全私人挑戰，該部門也能提供諮詢服務。

部內另設有調查小組，專門執行安全及福祉相關的高級別祕密調查。當中包含收集不受歡迎人士的資料、職前背景調查以及對影響顧客福祉的人和企業做詳盡評估。

訓練

公司每年會在加州大學洛杉磯分校會議中心舉行兩次的進階威脅評估講座。參加這場廣為人知課程的與會人員來自世界各地，當中的專家包含來自美國聯邦調查局行為科學組、美國中央情報局、美國最高法院、美國國會大廈警局、各大警察部門、檢察官辦公室、各大專院校以及財星世界五百強內一百五十間以上的公司。

MOSAIC威脅評估系統（MOSAIC）

蓋文・德・貝克公司事務所開發的這款 MOSAIC 威脅評估系統（MOSAIC®），利用綜合方法來評估可能潛在的暴力情況。本公司獲州警單位之邀設計這套評估系統，該系統為以下單位／人物提供幫助：十名州長、二十五所大學校警、美國最高法院警察、美國法警局、美國國會大廈警察、美國國防情報局以及美國中央情報局。這套系統現在被威脅評估從業人員用來審查對公眾人物的威脅、評估家庭暴力情形、學生的威脅還有職場暴力。該部門還開發了新的客製化評估系統拿來作為特別應用，像是加州政府委託訂製的家庭暴力訓練系統，就被分發給州內的八百個警察部門。

技術安全部（Technical Security Division）

技術安全部的職責在於對各種資產做全面調查，針對降低並排除安全疑慮也提供科技及程序上的建議。同時也為建商及系統安裝商提供技術規格說明。

資訊安全部（Information Security Division）

資訊安全部執行資訊系統方面的審核，並提供解決方案，以防敏感個人資訊在電腦及無限網路間傳輸時洩漏產生損失。

公司網站：www.gavindebecker.com

附錄六

左右預測成敗的要素

(1) 可測量性

4 既明顯又明確
3 足以發現且夠清晰
2 足以發現但一閃而過或反覆無常
1 不可預測／難以發現

(2) 立足點*

3 視野良好
2 透過指標／媒介獲得視野
0 有障礙物，無視野

* vantage point，指觀察事物的有利地點／時刻

(3) **急迫性**

4 相當急迫

2 可預料

0 還早

(4) **脈絡**

3 完全揭露

0 還很隱晦

(5) **前事件指標**

5 有好幾個、可靠、可察覺

3 極少、可靠、可察覺

0 不可靠或無法察覺

(6) **經驗**

5 廣泛，經歷過兩種結果／後果

3 僅經歷過兩種結果／後果

2 經歷過一種結果／後果

0 僅有基本／部分／不相關的經驗

(7) **可比較性**

4 本質上可比較

1 可比較

0 無法比較

(8) **客觀性**

2 相信兩種結果都有可能

0 相信只有一種結果或兩種結果都不可能

(9) **涉入程度**

3 完全涉入

1 感情上涉入

0 無涉入

(10) **可預演性**

5 很容易

2 需要靠範例或代替品

0 不實際或不可預演

⑪ 知識

2 相關且正確

0 部分或不正確

這個量表用來幫助你測定能否成功做出某個特定的預測（這與能否成功不同）。要評估一個預測，就得回答第六章出現的那十一個問題，請將上述問題的答案配分加總起來：

22分或低於22分：沒有預料可靠度；只是偶發事件／機會問題

22到27分之間：預料成功但可能性低

28到32分之間：可預料

32分或32分以上：高度可預料

註：問題二的立足點，問的是預測者是否身處在可以觀察到前事件指標和脈絡的位置。如果可以直接當場觀察到現場狀況和前事件指標，那麼就該選第一個選項「視野良好」，但如果只能透過一些媒介來觀察，如報導或其他事件等等，那麼請選第二個選項「透過指標／媒介獲得視野」。

以下是一些常見的預測，答題者已盡可能客觀地評分這些假設性問題，其分數結果顯示出了答題者對結果關心的程度：

誰能奪得奧斯卡？ （預測者：影史家羅德・魯理）	22分	偶發事件／機會問題

已鎖定的威脅者會攜帶武器出現在總統的周遭嗎？ （預測者：美國特勤局的布萊恩．沃斯奎爾和羅伯特．費恩）	33分	高度可預料
我的好友會還不出錢來嗎？ （預測者：常借錢給朋友的出借人）	33分	高度可預料
面前這隻狗會咬我嗎？ （預測者：犬類行為專家吉姆和莉亞．卡尼諾）	34分	高度可預料
出版商會對這本書的構思有興趣嗎？ （預測者：文學代理商凱西．羅賓斯）	37分	高度可預料
這本書的銷售會如何？ （預測者：預付給作者費用時的編輯比爾．飛利浦）	29分	可預料
下周的脫口秀嘉賓會表現良好嗎？ （預測者：《今夜秀》及《深夜秀》執行製作人彼得．拉薩里，主持人強尼．卡森與大衛．賴特曼）	30分	可預料
下周的脫口秀那位單人喜劇演員會表現良好嗎？ （預測者：彼得．拉薩里）	36分	高度可預料

補充：我們大眾對怎麼樣才算是好的喜劇效果，有著相同的定義（就是能逗觀眾笑），所以這個預測分數會高於嘉賓自身的預測。而對嘉賓而言定義上怎麼樣算好就不一定了，也許是觀眾能得到什麼資訊、能被娛樂或能被感動等等。而這個預測分數之所以比較高，最重要的原因是，喜劇效果可以被觀眾複製。

今年洛杉磯會發生大地震嗎？ （預測者：地理學家喬治・德恩）	22分	偶發事件／機會問題
我搭的飛機會墜機嗎？ （預測者：平穩跨國飛行中的百萬里程俱樂部會員湯姆・諾蘭）	24分	預料成功但可能性低
我六歲大的孩子會喜歡某種特定的食物嗎？ （預測者：家長麗莎・高登）	34分	高度可預料
我下周會戒菸成功嗎？ （預測者：過去曾戒菸失敗，但又重新開始）	35分	高度可預料
登機乘客中，有沒有可能哪一位會劫機？ （預測者：票務人員）	19分	偶發事件／機會問題
演唱會上，有沒有哪一個坐在前排的人會離座企圖登上台去？ （預測者：受過彈藥訓練的專業保鑣傑夫・馬垮特，負責觀眾管理、監控和觀察）	33分	高度可預料
知道自己要被請辭的員工會持槍濫射嗎？ （預測者：蓋文・德・貝克有限公司威脅評估管理部主管大衛・巴查）	35分	高度可預料
有辱罵虐待習慣的丈夫得知妻子要提出離婚後，會升級他的暴力行為嗎？ （預測者：他的妻子）	35分	高度可預料

附錄七

詢問小孩學校以下問題

■ 你們有政策方針指南或教師手冊嗎？我能拿一份副本或當場檢視嗎？

■ 學生安全在政策方針指南或手冊中是列為優先項目嗎？如果沒有的話那是為什麼？

■ 學生安全完全解決了嗎？

■ 有解決暴力、攜帶武器、吸毒、性虐待、孩童間性虐待及防止閒雜人等進入校園的解決方針嗎？

■ 有對所有員工做過背景調查嗎？

■ 背景調查時會審查哪方面的資料？

■ 誰負責蒐集資料？

■ 行政單位內誰負責審查資料，誰決定應徵者是否適任？

■ 取消申請人資格的標準是什麼？

■ 所有員工都適用審查程序嗎（教師、警衛、學生餐廳員工、保全人員、兼職人員等等）？

■ 學生在校時，保健室護士會一直都在嗎（包含上下學前後）？

■ 護士的教育程度和受過的訓練為何？

■ 我的孩子能隨時聯絡我嗎？

- 我能隨時來學校看小孩嗎？
- 你們聯絡家長的時機標準是什麼？
- 通知家長的程序是什麼？
- 接送小孩的程序是什麼？
- 你們怎樣決定小孩可以讓非家長的人接走？
- 有特殊情形時，學校會怎麼解決（如監護權爭議或兒童綁架問題等等）？
- 課間休息、午餐時間、上廁所休息時，高年級學生與低年級學生要怎麼分流？
- 在學校發生的暴力行為和犯罪行為都有記錄下來嗎？這些統計數據有維護好嗎？
- 我能檢視這些統計數據嗎？
- 過去三年間，校內發生過什麼暴力或其他犯罪事件嗎？
- 教師與行政人員有定期做簡報討論安全與保全議題嗎？
- 有行為不端史的小孩轉到班裡，老師會收到正式通知嗎？
- 班上的師生比是多少？休息和用餐時時比例也一樣嗎？
- 學生上廁所時有受到監督嗎？
- 教師若有不當行為影響到我小孩的安全福祉，學校會通知我嗎？
- 校內是否有保全人員？
- 有提供保全人員書面的方針指引嗎？
- 在安全指引方針中，學生安全是第一要務嗎？如果不是的話是為什麼？

- 有對保全人員做特殊背景調查嗎，當中包含什麼面向？
- 有做進出校園的人員管制嗎？
- 若教室內發生緊急事故，教師怎麼找人幫忙？
- 若在操場發生緊急事故，教師怎麼找人幫忙？
- 指引方針和處理程序中包含哪些緊急狀況（火災、國內動亂、地震、暴力侵入者等等）？
- 多久做一次緊急狀況演習？
- 小孩受傷時，會採取怎麼樣的程序？
- 小孩若在事件中受重傷，會被送到哪間醫院？
- 我能指定醫院或指定家庭醫生嗎？
- 負責學校勤務的警察局是哪一間？
- 在警局那邊哪位是學校的聯絡窗口？

對於提問這些問題的人，校方應早就做好回覆的準備。透過詢問這些問題的過程（這些程序應做成書面），能夠幫助學校人員辨識出哪方面尚未考慮到或未完全解決。

延伸閱讀

Abbott, Jack Henry. In the Belly of the Beast: Letters from Prison. New York: Random House, 1991.

Becker, Ernest. *The Denial of Death.* New York: Free Press, 1985.

Berendzen, Richard and Laura Palmer. *Come Here: A Man Copes with the Aftermath of Childhood Sexual Abuse.* New York: Random House, 1993.

Bingham, Roger and Carl Byker. *The Human Quest.* Princeton, NJ: Films for the Humanities and Sciences, 1995. Videocassette series.

Branden, Nathaniel. *Honoring the Self: The Psychology of Confidence and Respect.* New York: Bantam, 1985.

Bremer, Arthur. *The Assassin's Diary.* New York: Harper's Magazine Press, 1973.

Burke, James. *The Day the Universe Changed.* Boston: Little, Brown, 1995.

Burke, James. *Connections.* Boston: Little, Brown, 1978.

Clinton, Hillary Rodham. *It Takes a Village: And Other Lessons Children Teach Us.* New York: Simon and Schuster, 1996.

Dutton, Donald and Susan K. Golant. *The Batterer: A Psychological Profile.* New York: Basic, 1995.

Faludi, Susan. *Backlash: The Undeclared War Against American Women.* New York: Crown, 1991.

Fein, Ellen and Sherrie Schneider. *The Rules.* New York: Warner, 1995.

Goleman, Daniel. *Emotional Intelligence: Why It Can Matter More than IQ.* New York: Bantam, 1995.

Gorey, Edward. *Amphigorey.* New York: Putnam, 1980.

Gross, Linden. *To Have or To Harm: True Stories of Stalkers and Their Victims.* New York: Warner, 1994.

Hare, Robert D. *Without Conscience: The Disturbing World of the Psychopaths Among Us.* New York: Pocket, 1995.

Konner, Melvin. *Why the Reckless Survive: And Other Secrets of Human Nature.* New York: Viking, 1990.

Larson, Erik. *Lethal Passage: The Journey of a Gun.* New York: Crown, 1994.

Miller, Alice. *Banished Knowledge: Facing Childhood Injury.* New York: Doubleday, 1990.

Miller, Alice. *The Drama of the Gifted Child: The Search for the True Self.* New York: Basic, 1994.

Miller, Alice. *Thou Shalt Not Be Aware: Society's Betrayal of the Child.* New York: NAL- Dutton, 1991.

Miller, Alice. *The Untouched Key: Tracing Childhood Trauma in Creativity and Destructiveness.* New York: Doubleday, 1990.

Monahan, John. *Predicting Violent Behavior: An Assessment of Clinical Techniques.* Beverly Hills, CA: Sage, 1981.

Mones, Paul. *When a Child Kills.* New York: Pocket, 1992.

Morris, Desmond. *Bodytalk: The Meaning of Human Gestures.* New York: Crown, 1995.

Peck, M. Scott. *The Road Less Traveled: A New Psychology of Love, Traditional Values and Spiritual Growth.* New York: Simon and Schuster, 1993.

Pipher, Mary. *Reviving Ophelia: Saving the Selves of Adolescent Girls.* New York: Ballantine, 1995.

Ressler, Robert and Tom Schachtman. *Whoever Fights Monsters . . . A Brilliant FBI Detective's Career- Long War Against Serial Killers.* New York: St. Martin's, 1993.

Schaum, Melita and Karen Parrish. *Stalked!: Breaking the Silence on the Crime Epidemic of the Nineties.* New York: Pocket, 1995.

Schickel, Richard. *Intimate Strangers: The Culture of Celebrity.* New York: Doubleday, 1985.

Snortland, Ellen. *Beauty Bites Beast: Awakening the Warrior Within Women and Girls.* Pasadena, CA: Trilogy Books, 1996.

Sulloway, Frank J. *Born to Rebel.* New York: David McKay, 1996.

Wrangham, Richard and Dale Peterson. *Demonic Males: Apes and the Origins of Human Violence.* Boston: Houghton Mifflin, 1996.

Wright, Robert. *The Moral Animal.* New York: Random House, 1995.

Wurman, Richard Saul. *Information Anxiety: What to Do When Information Doesn't Tell You What You Need to Know.* New York: Bantam, 1990.

Zunin, Leonard and Natalie Zunin. *Contact: The First Four Minutes.* Ballantine, 1986.

國家圖書館出版品預行編目 (CIP) 資料

恐懼，是保護你的天賦：暴力年代完全自救指南／蓋文・德・貝克（Gavin de Becker）著；梁永安、賴皇良譯
——二版——新北市：臺灣商務印書館股份有限公司，2022.12
面；公分（OPEN 1）
譯自：The Gift of Fear: Survival Signals That Protect Us From Violence
ISBN 978-957-05-3462-7（平裝）

1. 暴力犯罪 2. 犯罪防制 3. 犯罪心理學 2. 求生術

548.547 111018099

OPEN 1

恐懼，是保護你的天賦

暴力年代完全自救指南

原著書名 The Gift of Fear: Survival Signals That Protect Us From Violence
作　　者 蓋文・德・貝克（Gavin de Becker）
譯　　者 梁永安、賴皇良
發 行 人 王春申
選書顧問 林桶法、陳建守
總 編 輯 張曉蕊
責任編輯 洪偉傑
封面設計 盧卡斯工作室
內文排版 菩薩蠻電腦科技有限公司
版　　權 翁靜如
營 業 部 王建棠、張家舜、謝宜華
出版發行 臺灣商務印書館股份有限公司
23141 新北市新店區民權路 108-3 號 5 樓（同門市地址）
電話：（02）8667-3712 傳真：（02）8667-3709
讀者服務專線：0800-056193 郵撥：0000165-1
E-mail：ecptw@cptw.com.tw 網路書店網址：www.cptw.com.tw
Facebook：facebook.com.tw/ecptw

局版北市業字第 993 號
2022 年 12 月二版 1 刷
2023 年 2 月二版 3 刷
印刷 鴻霖印刷傳媒股份有限公司
定價 新台幣 590 元

法律顧問 何一芃律師事務所